服务性整合：
基层政府行为转变研究
——广东省容桂改革的案例研究

郭明 著

中国社会科学出版社

图书在版编目(CIP)数据

服务性整合：基层政府行为转变研究：广东省容桂改革的案例研究 / 郭明著.
—北京：中国社会科学出版社，2019.7
ISBN 978-7-5203-4578-1

Ⅰ.①服… Ⅱ.①郭… Ⅲ.①地方政府-政府行为-研究-广东 Ⅳ.①D625.65

中国版本图书馆 CIP 数据核字(2019)第 115333 号

出 版 人	赵剑英
责任编辑	许 琳
责任校对	鲁 明
责任印制	郝美娜

出　　版	中国社会科学出版社
社　　址	北京鼓楼西大街甲 158 号
邮　　编	100720
网　　址	http://www.csspw.cn
发 行 部	010-84083685
门 市 部	010-84029450
经　　销	新华书店及其他书店

印刷装订	环球东方（北京）印务有限公司
版　　次	2019 年 7 月第 1 版
印　　次	2019 年 7 月第 1 次印刷

开　　本	710×1000　1/16
印　　张	13
插　　页	2
字　　数	220 千字
定　　价	78.00 元

凡购买中国社会科学出版社图书，如有质量问题请与本社营销中心联系调换
电话：010-84083683
版权所有　侵权必究

目 录

第一章 导论 …………………………………………………… (1)
  第一节 研究问题 ………………………………………… (1)
  第二节 研究意义 ………………………………………… (5)
  第三节 概念界定 ………………………………………… (7)
    一 基层政府 …………………………………………… (7)
    二 "简政强镇"事权改革 …………………………… (8)
    三 服务性整合 ………………………………………… (8)
  第四节 文献综述 ………………………………………… (9)
    一 基层政府"经营企业"行为 ……………………… (10)
    二 基层政府"经营土地"行为 ……………………… (14)
    三 基层政府向"服务行为"变革? …………………… (16)
    四 文献评析 …………………………………………… (22)
  第五节 研究方法 ………………………………………… (24)
    一 个案研究 …………………………………………… (24)
    二 资料来源 …………………………………………… (25)
    三 田野个案:为什么是容桂? ……………………… (28)
  第六节 论证框架 ………………………………………… (31)

第二章 理论视角:基层政府行为与国家政权建设 ………… (33)
  第一节 国家政权建设理论的含义与争论 ……………… (33)
  第二节 基层政府行为变迁与国家政权建设 …………… (36)
    一 基层政府的代理性行为 …………………………… (39)
    二 基层政府的经营性行为 …………………………… (41)
  第三节 研究进路 ………………………………………… (44)

第三章 改革成因:基层政府改革的历史脉络 ……………… (48)
  第一节 政府主导型乡镇企业的崛起 …………………… (48)

一 "三来一补"模式兴起与容桂经济发展 …………… (49)
二 村镇企业的崛起及发展困境 ………………………… (52)
第二节 企业产权改革与经济再腾飞 …………………………… (53)
一 企业产权制度改革的推进 …………………………… (54)
二 企业产权改革与产业格局的优化 …………………… (55)
第三节 经济快速发展与政府职能滞后的悖论 ………………… (56)
一 社会管理与服务的现实挑战 ………………………… (57)
二 现代企业运行的现实需求 …………………………… (58)
三 政府行政管理能力逐渐弱化 ………………………… (59)
四 党政机构设置逐步僵化 ……………………………… (61)
第四节 广东改革试点的驱动与基层政府改革 ………………… (62)
一 中央政府的指导 ……………………………………… (63)
二 广东政府的推动 ……………………………………… (63)
三 顺德政府的实践 ……………………………………… (64)
本章小结 ……………………………………………………………… (66)

第四章 放权逻辑：从"上级权力下放"到"优化政府服务体系"……
……………………………………………………………………… (68)
第一节 党政机构改革的背景 …………………………………… (68)
第二节 上级政府权力的下放 …………………………………… (71)
一 基层政府社会管理权限现状 ………………………… (71)
二 基层政府社会管理权限提升 ………………………… (72)
三 理顺区级—镇街的财权与事权关系 ………………… (74)
第三节 党政组织机构的变革 …………………………………… (75)
一 党政组织架构的重组：以优化党政结构运作机制为
突破口 ………………………………………………… (75)
二 组建公共决策与事务咨询委员会：以提升政府公共
决策效能为目标 ……………………………………… (79)
第四节 政府服务体系的优化 …………………………………… (84)
一 街道行政服务中心：政府服务的有效整合 ………… (84)
二 延伸政府服务：社区行政服务中心的双重角色 …… (87)
三 "政社分离"：政府服务与社区自治的良性互动 …… (92)
本章小结 ……………………………………………………………… (94)

第五章 还权逻辑：从"基层政府还权"到"创新社会服务模式" …………………………………………………………… (96)

第一节 民众多元化公共服务需求对政府职能的挑战 …………… (96)
一 市场经济的渗透与民众服务需求的多元化 ………………… (96)
二 传统政府主导的理念与社会服务能力的弱化 ……………… (98)

第二节 政府还权与社会组织蓬勃发展 …………………………… (101)
一 变革社会组织登记制度 ……………………………………… (101)
二 社会组织承接政府职能 ……………………………………… (102)
三 政府强化对社会组织的监管 ………………………………… (102)

第三节 社会组织的发展与社会服务模式创新 …………………… (103)
一 经济类社会组织：经济社会发展的推动者 ………………… (104)
二 服务性社会组织：社会服务的供给者 ……………………… (106)
三 文体类社会组织：社区业余文化的营造者 ………………… (110)

第四节 政府购买社会服务的实践过程：以鹏星为例 …………… (113)
一 引进服务型社工的背景 ……………………………………… (113)
二 鹏星社会工作服务社的基本情况 …………………………… (117)
三 政府购买社会服务的成效与限度 …………………………… (122)

本章小结 …………………………………………………………………… (124)

第六章 改革绩效：基层政府改革的实践效果 ……………………… (126)

第一节 地方治理格局的创新 ……………………………………… (126)
一 优化党政机构：机构重塑、权力优化与决策民主 ………… (126)
二 创新社会管理：政府与社会组织良性互动、协同共治 …… (127)
三 创新公共服务：政府与专业性社会组织合作供给 ………… (128)
四 回归社区自治：政府管理与社区自治良性互动 …………… (128)

第二节 政府服务质量的提高 ……………………………………… (129)
一 政府服务的聚合：让政府服务提升起来 …………………… (129)
二 政府服务的延伸：让政府服务高效起来 …………………… (131)

第三节 社会服务水平的提升 ……………………………………… (135)
一 提升社会服务质量，满足民众多元化需求 ………………… (135)
二 拓展基层公共空间，丰富民众业余文化 …………………… (136)
三 激启社会组织活力，推动政社合作共赢 …………………… (138)

本章小结 …………………………………………………………………… (139)

第七章 改革动力：基层政府改革何以可能？ （141）
第一节 地方政府改革动力的两种路径 （141）
　　一　自上而下驱动改革的路径 （142）
　　二　自下而上主动改革的路径 （142）
　　三　地方政府改革的第三条路径 （143）
第二节 广东省政府的驱动 （144）
　　一　中央政府的指导 （145）
　　二　广东政府的推进 （146）
　　三　顺德政府的实践 （146）
第三节 基层社会的推动 （148）
　　一　民众对多元服务的诉求 （148）
　　二　企业深化发展的需求 （150）
第四节 地方政府的主动 （152）
　　一　改革者的敬业精神 （153）
　　二　改革者的学习精神 （154）
本章小结 （156）

第八章 基层政府角色转变的理论评析 （158）
第一节 政权角色转变：从"经营型政府"向"服务型政府" （158）
第二节 基层政府改革的实践价值与实践限度 （161）
　　一　实践价值 （162）
　　二　实践限度 （163）

结束语 服务性整合：国家政权整合基层社会的一种路径 （166）

参考文献 （171）

附录一 容桂街道"简政强镇"事权改革试点的相关文件材料 （187）
附录二 容桂街道"简政强镇"事权改革访谈提纲 （195）
附录三 容桂街道各社区主要干部访谈对象与访谈时间 （201）

图（表）目录

图 2-1 基层政权行为变迁的路径图 …………………………… （44）
图 4-1 容桂街道"简政强镇"事权改革之"放权逻辑"
示意 …………………………………………………… （70）
图 4-2 SJ 社区行政服务中心架构 ……………………………… （89）
图 4-3 镇街—社区（村）—行政服务中心组织架构调整示意 …… （93）
图 5-1 鹏星社会工作服务社的组织架构 ……………………… （118）
表 4-1 顺德区下放容桂街道第一批行政审批和日常管理权限
（事项）统计 …………………………………………… （73）
表 4-2 "简政强镇"事权改革后容桂街道党政机构设置情况 …… （78）
表 4-3 容桂街道第一届公共决策与事务咨询委员会委员情况 …… （80）
表 4-4 容桂街道公共决策和事务咨询委员会"委员在线"
社会管理组委员名单 …………………………………… （81）
表 4-5 容桂街道行政服务中心各单位办理业务一览表 ………… （85）
表 5-1 2013 年鹏星社会工作服务社社工个人服务节数一览表 … （120）

第一章

导　论

第一节　研究问题

基层政府行为研究①一直是政治学、社会学及行政学研究的重要主题。作为国家政权的基层组织，基层政府（乡镇、街道）是探讨基层治理不可缺少的分析主体，在基层治理体系中具有决定性的地位，在维护基层社会稳定中肩负着重要责任和扮演着关键角色。从国家政权建设的理论视角来看，国家政策的执行需要乡镇政府给予必要的承接进而转达到基层社会，国家政权主要依靠基层政府来完成对基层社会的整合。总之，基层政府在国家政权与基层社会之间扮演的角色及发挥的作用决定了国家政权建设的成效。

新中国的成立，农业集体化改造和人民公社运动彻底打破了乡村社会固有的结构。在此基础上重新构建了一种崭新的社会控制和治理模式，即以生产小队—生产大队—公社为基础的"人民公社"制度。正是这个治理体系，广大农民史无前例地被国家政权组织、动员起来。党和国家的决策、指示通过垂直高效的政权体系能够在极短时间内迅速传到农村社会的每个角落。有学者指出，新中国成立以来到改革开放这个阶段，中国处于国家总体上支配整个社会阶段，②并称人民公社时期的中

---

① 本书所指的基层政府一般指县级政权、乡镇（街道）政权，本书的研究对象是一个街道办事处。
② 渠敬东、周飞舟、应星：《从总体性支配到技术治理——基于中国 30 年改革经验的社会学分析》，《中国社会科学》2009 年第 6 期；孙立平、王汉生、王思斌、林彬、杨善华：《改革以来中国社会结构的变迁》，《中国社会科学》1994 年第 2 期。

国处于"总体性社会"①、"全能型政治结构"②。因此,上级政府"强大的行政监督没有给基层政府的经营提供多少空间,基层干部虽然绝对支配着生产资料,但这种支配主要来自干部的管理者身份,而不是来自于他们的经营者身份。"③ 基层政府及其官员主要目的是贯彻国家意志,维护国家利益,他们只是受国家的委托,管理、组织经济社会活动,这个时期的基层扮演着"代理型政权经营者"④角色。

改革开放以后,中国经济持续飞速发展,乡镇企业在经济腾飞中扮演重要角色。虽说乡镇企业的发展有其特殊的社会历史条件⑤,但是也离不开财政包干制度对县乡级政府的强力推动。⑥ 市场化转型时期,国务院颁布并施行了"划分收支、分级包干"的财政管理体制。这促进了中央政府与地方政府的财政关系由过去的"一灶吃饭"向"分灶吃饭"转变。乡镇政府发展经济的积极性被激发出来,他们通过卷入到乡镇企业的生产和运作当中,形成政府运作与经济发展相结合的方式来发展地方经济,乡镇政府像企业家一样成为发展地方经济的主力,他们通过参与企业的管理、资源的分配等方式经营企业⑦。地方(乡镇)企业成为推动中国经济增长的中坚力量。然而,基层政府"经营企业"获得的赢利并不是以为社区群众谋福利为目的,不再将自己应该担负的行政管理事务和为基层社会提供公共服务看作自己的主业,而是以获取与控制更多的资源为目的,

---

① 孙立平:《转型与断裂——改革以来中国社会结构的变迁》,清华大学出版社2004年版,第6—12页。

② 邹谠:《二十世纪中国政治——从宏观历史与微观行动角度》,牛津大学出版社1994年版。

③ 张静:《基层政府:乡村制度诸问题》(增订本),上海人民出版社2007年版,第48—56页。

④ 杨善华、苏红:《从"代理型政权经营者"到"谋利型政权经营者"——向市场经济转型背景下的乡镇政权》,《社会学研究》2002年第1期。

⑤ 邱泽奇认为,乡镇企业早期的发展主要得益于集体所有制度、人民公社制度的管理传统、计划经济体制、消费品市场真空等因素的结合。其中最重要的是政府权力对市场的替代。参见邱泽奇《乡镇企业改制与地方威权主义的终结》,《社会学研究》1999年第3期。

⑥ 渠敬东、周飞舟、应星:《从总体性支配到技术治理——基于中国30年改革经验的社会学分析》,《中国社会科学》2009年第6期。

⑦ Oi, Jean. "Fiscal reform and the Economic Foundation of Local State Corporatism in China". World Politics. 1992 45 (1); Walder Andrew G., "Local Goverments as Industrial Firms An Organization Analysis of China's Transitional Economy" American Journal of Sociology 1995.

将经营活动看作是自己的主业。基层政府逐渐演变为具有自主利益的行动主体,扮演着"谋利型政权经营者"①,基层政府的营利性行为凸显。因而,地方政府在扮演着地方经济发展的推动者的同时,也在某种程度上成为悬浮于民众之上的营利型政权组织,从而导致了政府与民众之间的紧张关系。

虽然"分灶吃饭"财政体制的实施为乡镇企业的繁荣奠定了基础,并且也推动了地区经济的快速发展,但是,一方面,中央政府对地方经济的调控能力却大为弱化,严重削弱了国家能力,国家汲取收入的能力逐渐下降。②另一方面,在推动中国经济快速增长的同时,基层政府越来越成为离间国家与农民之间的"自利性组织"。为此,1994年,国家实施了分税制。改革的目的一方面是把地方政府的部分财政收入按比例地转移到中央政府;另一方面是规范基层政府的赢利性行为。由于中央可以根据新的税制从乡镇企业拿走更多的税收,乡镇企业面临着严峻的税收负担,基层政府经营企业的动机遭到打击。与此同时,基层乡镇集体企业进行了大规模的产权改革,基层政府逐渐从经营企业行为中逐渐退出来。总之,分税制改革给基层政府的生存带来了一定的财政压力。③

财政集权效应导致乡镇政府财政乏力,财政政策的变迁对乡镇政府产生了"驱赶效应",乡镇政府逐步将财政收入的重点由预算内转到预算外、由预算外转到非预算。④从收入来源上看,乡镇政府不断地向基层社会中的个人和组织索取资源,获取资源的方式从依靠经营企业转向依靠农民税收和土地征收⑤⑥。这时,地方政府纷纷把目光转向了土地的转让与

---

① 杨善华、苏红:《从"代理型政权经营者"到"谋利型政权经营者"——向市场经济转型背景下的乡镇政权》,《社会学研究》2002年第1期。

② 王绍光:《分权的底线》,中国计划出版社2007年版。

③ 流行的说法是:"中央财政喜气洋洋、省市财政勉勉强强、县级财政拆东墙补西墙、乡镇财政哭爹喊娘"。

④ 周雪光借助科尔奈"软预算约束"的概念来解释中国乡镇政府自上而下的向所辖区域中的下属组织和个人索取资源的行为,他提出"逆向软预算约束"的概念。参见周雪光《"逆向预算软约束":一个政府行为的组织分析》,《中国社会科学》2005年第2期。

⑤ 周飞舟:《分税制十年:制度及其影响》,《中国社会科学》2006年第6期。

⑥ 徐建牛:《基层政府行为演进的制度逻辑》,上海三联书店2012年年版,第106—161页。

开发。土地征收成为地方（乡镇）政府集聚财力的主要手段，"大兴土木"①和"生财有道"②成为地方政府经济发展的增长点。

分税制集权化的改革带来了中央和地方的"二元财政"结构，进而导致地方政府的行为并非遵循中央的规范，而是发展出预算外和非预算资金。③ 然而，面临财政缺口压力的地方政府往往根据自身利益不断地卷入社会的利益博弈之中，具有明显的"自利性"④。基层政府为了本地区的发展大计，不惜损害农民利益，与经济集团结成同盟，导致地方政府角色的缺位和越位，让广大农民权益蒙受巨大损失⑤。因此，由于基层政府经济发展的行为变迁导致了农民负担的迅速增加，激化了地方政府与民众的冲突等意想不到的后果发生。在"压力型体制"⑥运作下的基层政府则变成了以维护社会稳定为重心的"维控型政权"⑦。

基层政府的谋利性行为和维控性行为最终导致基层政府的经济增长、维护社会稳定的行为替代了为公众提供基本公共服务的行为，公众对公共服务的需求被淡化，进而离间了国家政权与基层社会之间的关系。乡镇政府的"组织头衔，集体代表等公共地位，合理地发展出了他们对公共资产的合法运营权，表现出基层政府的经营者角色与公共政权组织身份之间的悖论。"⑧ 这在一定程度上制造了政府与民众之间的紧张关系，进而影响国家政权建设的成效。

时代的变迁及经济社会发展过程中所面临的困境激发了党和政府对创新地方治理模式的探寻和摸索。近年来，出于对经济发展与社会建设的需要，一些地方政府（广东、浙江等发达地区）正在探索新的地方治理机

---

① 周飞舟：《大兴土木：土地财政与地方政府行为》，《经济社会体制比较》2010年第3期。
② 周飞舟：《生财有道：土地开发和转让中的政府和农民》，《社会学研究》2007年第1期。
③ 黄玉：《乡村中国变迁中的地方政府与市场经济》，中山大学出版社2009年版；周飞舟：《分税制十年：制度及其影响》，《中国社会科学》2006年第6期。
④ 赵树凯：《乡镇治理与政府制度化》，商务印书馆2010年版。
⑤ 郭明、王金红：《农民维权的行为困境与路径抉择》，《阅江学刊》2010年第4期。
⑥ 荣敬本等：《从压力型体制向民主合作制的转变——县乡两级政治体制改革》，中央编译出版社1998年版，第29—30页。
⑦ 欧阳静：《策略主义——橘镇的运作逻辑》，中国政法大学出版社2011年版。
⑧ 张静：《基层政府：乡村制度诸问题》（增订本），上海人民出版社2007年版，第56页。

制，并形成了丰富的治理经验。这些地方政府的创新路径在于寻求新的治理机制来解决由经济社会发展过程中遭遇的现实问题，以求经济发展与社会建设的协调发展。

我们所研究的核心问题聚焦于地方政府创新时期基层政府行为转变如何影响国家政权建设？新中国成立初期至改革开放之前，中国处于国家总体支配社会的阶段。在总体性社会中，基层政府扮演着国家政权在基层社会的代理人；改革开放以后，在经济增长作为绩效合法性的背景下，基层政府扮演着具有一定自主赢利空间的经营型政府，成为经济组织和政治组织的混合体，而这种经营性行为在一定程度上制造了国家政权与基层社会的紧张关系。因而，无论是理论上，还是经验上，基层政府从经营型政府向服务型政府转变是强化国家政权建设的重要手段。

如何从经营型政府向服务型政府转变以强化国家政权建设的成效？我们选择容桂街道"简政强镇"事权改革实践为研究对象，以国家政权建设为理论视角，试图在经验事实与理论（概念）解释之间建立逻辑联系，探讨与揭示这一背景下基层政府的行为转变对国家政权建设的影响。

通过对容桂街道"简政强镇"事权改革实践的分析与阐释，在反思西方国家政权建设理论局限性的基础上，这个理论框架在解释当代中国的具体场景时将给我们提供更加多样性和复杂性的认识。最终，本书将参与到当代中国国家政权建设的理论对话当中，在此基础上凸显本书的研究价值。

第二节 研究意义

社会科学研究之根本目的在于认识世界和改造世界；其意义在于理论的增进和实践的应用。就其理论的推进而言，社会科学研究应该对既有的相关研究工作给予必要的拓展、修正或补充；而就其实践的应用而言，社会科学研究应该对社会现实具有一定的关怀。本书立足于"简政强镇"事权改革背景下的基层政府运作机制的研究，为基层政府行为研究注入了新的元素。因而，无论在理论价值上，还是在实践意义上，本书都是一项重要且有意义的工作。

理论意义：社会科学研究的目的在于认识世界与改造世界。虽说基层政府的研究文献已很多，但对基层政府运作机制的研究取向仍然以制度和结构性的描述分析为主，较少对基层政府行为的多样性和复杂性阐释，较少从基层政府的动态改革实践过程给予必要的关注，这是本书需要突破的。这是其一。其二，与既往有关基层政府运作机制的研究相比，本书的选题和研究视角具有一定的新意。本书以容桂街道"简政强镇"改革实践为切入点，以国家政权建设为理论视角，探讨"简政强镇"事权改革背景下基层政府的运作机制问题，尝试用经典理论解读新的案例。在此基础上，与现有国内外有关基层政府的理论研究成果和理论解释进行对话，在理论上丰富基层政府运作机制研究。这亦是本书的创新之处。

某种意义上，本书属于描述性研究、探索性研究和解释性研究的结合。乡村中国基层政府运作机制的变迁是本书的关注焦点。基于既往有关基层政府运作机制的理论解释的基础上，本书力图将这个研究主题进行必要的拓展和延伸，以国家政权建设为理论视角，探讨"简政强镇"事权改革背景下基层政府行为转变对国家政权建设的影响。

实践意义：中国基层社会的稳定关系到全社会的政治稳定，"基层不牢，地动山摇"。社会稳定既是重大的社会问题，也是重大的政治问题，是国家经济发展、社会进步的重要保障。不仅关系到人民群众的安居乐业，而且关系到国家和社会的安定和发展。此外，随着我国经济的快速发展和城市化的不断推进，农民的权利意识不断增强且利益多元化，各种社会矛盾不断出现，严重危害农村社会的和谐与稳定。本书有助于重构基层政府与基层社会的信任关系，推动政府与社会进行合作治理的可能，进而构建良性的公民政治参与机制，化解基层社会利益分化所带来的矛盾冲突。

研究局限：本书所研究的个案来自于一个珠江三角洲发达地区街道办事处。当然，经济发达地区基层政府类型并不能涵盖所有的基层政府，至多只是基层政府的一个类型。正如托克维尔在《论美国的民主》中讲到的，"要想用一个孤立的事实去反对我所引证的成组事实，或用一个孤立的观点去反对我采用的成组观点，那是轻而易举的。"[1] 也许，这便是个案研究的缺陷吧！然而，对容桂街道"简政强镇"事权改革的案例研究，探讨"简政强镇"背景下基层政府行为问题则有助于为国家政权合法性

---

[1] 托克维尔：《论美国的民主》，商务印书馆2011年版，第18页。

的增强和基层公共服务的优化奠定基础。从这个意义上来看,本书将彰显其理论价值与经验意义。当然,未来的研究议程主要从比较的角度切入,比较欠发达地区基层政府改革与发达地区基层政府改革的异同,尝试概括出基层政府改革的共同逻辑,在比较研究的过程中改善政府改革的成效。

第三节 概念界定

在展开之前,我们需要对本书中涉及的重要概念给予澄清和界定。这是本书进一步展开的前提和基础。它们或者是本书的行动主体,或者是背景性的概念。因而,需要澄清以下两个重要性概念:基层政府、"简政强镇"事权改革。

一 基层政府

理论上,政权指国家机关与国家权力的统一体。国家政权一般包括中央政权。中层政权(地方政权)和基层政府。中层政权主要的功能是上传下达。而基层政府作为国家政权的神经末梢,与基层民众联系较为紧密,成为国家政权的重要组成部分。按照中国基层政府的实际来看,基层政府主要包括农村基层政府和城市基层政府两个部分。在农村社会中,基层政府主要包括乡、民族乡及其镇一级。其组织构成主要有乡、镇、民族乡人民政府与人民代表大会;而在城市包括不设区的市、市辖区一级,其组织构成包括市(不设区的市)、市辖区人民政府与人民代表大会。然而,在基层政府体系中,由于中国共产党是执政党,党委处于政权体系的核心位置,人民代表大会和人民政府分别是权力机关和权力的执行机关。

出于城市行政管理的方便,我国城市基层政府一般设有其派出机构——街道办事处。作为城市基层政府的派出机构,街道办事处履行城市基层政府的诸多基本职责,主要有居民工作、社会管理、社会服务及城市管理等几个方面。本书的研究对象是顺德区容桂街道办事处。容桂街道办事处是由容奇镇和桂洲镇合并而成的。受佛山市行政区域调整的影响,2002年以后,容桂街道办事处经历了"由镇改区,又由区改街"的历程。2003年1月,顺德区容桂街道办事处正式挂牌。从法律意义上,虽然容桂街道办事处算不上是一级政权,但是却履行着基层政府的大部分职能,承担着城市社会管理和经济社会各项事业发展等任务，如科教文卫体、民政、公安、财税、司法等。因而，本书的研究对象容桂街道办事处也属于基层政府的范畴。在行文中，本书也会涉及顺德区级政权。

二 "简政强镇"事权改革

近年来，江苏、浙江、广东等发达地区启动了"强镇扩权"改革并取得了较好成效。浙江省"强镇扩权"改革赋予了乡镇政府县级管理权限，增强中心镇统筹协调、公共服务能力，激发中心镇发展动力和活力。通过这一改革，浙江省一些发达乡镇有效地解决基层政府行政权力、社会管理权限弱小，基层政府处理地方事务上缺乏自主权等困境，初步实现了使政府转型适应经济社会转型和发展的客观需求，实现统筹城乡发展，推进城市化进程的目的。江苏省"强镇扩权"通过赋予乡镇政府县级管理权限以解决"责任如西瓜，权力似芝麻"的困境，为更好地建设中小城市奠定基础。

2009 年 7 月，在顺德"大部制改革"的基础上，原广东省委书记汪洋提出在佛山和东莞一些镇街作为强镇扩权的试点单位。佛山市则选择了南海的狮山镇和顺德的容桂街道作为"简政强镇"的改革试点，其主要目的是解决经济社会发展过程中行政管理体制滞后的问题，以此来寻求新的治理机制来解决社会问题，实现社会和谐发展。从改革的实践来看，容桂街道"简政强镇"事权改革是从"内部改革"向"外部改革"延伸的过程。某种意义上，容桂街道"简政强镇"事权改革也是一个综合性改革。

三 服务性整合

"服务性整合"是本书所提出来的一个重要的分析概念。这个分析概念来源于国家政权建设理论。从西方国家政权建设的经验来看，国家政权建设意味着国家统治者通过创设一系列制度、规则和机构把分散的、多中心的、割据的社会通过权威贵族组织起来，实现国家的统一，从而建立起国家与社会的直接联系的转变过程，其基本目标是建立一个合理化的，能够对社会有效动员和监控的政权体系。从近代以来中国国家政权建设的经验来看，国家政权建设意味着国家政权通过一定的手段或方式（经济、政治及文化）实现对基层社会的渗透和整合。而本书所关注研究的问题是基层政府的行为转变对国家政权建设的影响。因而，本书中所使用的"服务性整合"便是在这一背景下提出来的。"服务性整合"指在上级政权的支持与推动之下，基层政府通过搭建公共服务网络体系将政府服务与社会服务渗透到基层社会的家庭和个人，缓解了政府与民众之间紧张关系，搭建起政府与民众的合作关系，强化了基层民众对国家政权的认同，改善了国家政权建设的成效。

第四节 文献综述

近年来，学界有关基层政府行为[①]的研究已经取得了很大进步，产生了一些重要的研究成果。如果按照时间段来划分的话，20世纪90年代中期以前的基层政府研究以村民自治为依托，主要把农村问题作为基层政府研究的阵地，村干部和村庄内的权力精英是关注的焦点。学者们通常采取制度主义的分析方法对我国基层政府的历史演变、权力结构、管理体制和运行机制等方面进行描述与分析，[②]但缺乏讨论的理论焦点，往往以政策导向、现象描述与文本分析为主。2000年以后，学界从研究策略、研究路径与方法[③]等方面对这一领域的研究进行了一定程度的推进，并产生了一些有分量的研究成果。

某种意义上，学术研究是一个在前人研究的基础上不断深入的过程，

---

① 文章表述中出现的基层政府一般指县级、乡级两级政府。基层政府一般指乡镇政权/街道办，县级政权。此外，乡镇政权包括乡镇党委、乡镇政府及乡镇人大等三个机构。

② 张厚安等编著：《中国乡镇政权建设》，四川人民出版社1992年版；李学举等：《中国乡镇政权的现状与改革》，中国社会出版社1994年版；李守经等主编：《中国农村基层社会组织体系研究》，中国农业出版社1994年版。

③ 尤其是1991年徐勇教授发表了题目为《重心下沉：90年代学术新趋向》一文之后，把国内政治学研究从国家政治层面延伸到基层政治层面。农村社会广泛开展的村民自治为中国政治学的研究领域和研究方法提供了契机，实证研究方法开始引入到中国的政治学研究之中，推动了中国政治学研究方法从"文本书"向"田野调查"的转向。参见徐勇、邓大才《政治学研究：从殿堂到田野——实证研究进入中国政治学研究的历程》，载于《中国人文社会科学三十年：问题与回顾》，复旦大学出版社2008年版；徐勇：《当前中国农村研究方法论问题的反思》，《河北学刊》2006年第2期。徐勇、慕良泽：《田野与政治：实证方法的引入与研究范式的创新——徐勇教授访谈》，《学术月刊》2009年第5期。

具有继承性和发展性。前人的研究不仅能给我们提供理论上的启示和方法上的借鉴，而且能够激发本书站在前人的肩膀上进一步探索与思考。本书的研究问题正是对既往研究工作梳理的基础之上而提出来的，在对已有的相关研究工作的反思和现实经验的观察的基础上，本书将对此研究主题进行拓展，以丰富对基层政府的研究进程。

处于官僚制的最末梢基层政府（乡镇/街道办）作为国家政权的基层组织，是探讨农村治理问题不可缺少的分析主体，在农村治理结构中具有决定性的地位。从国家政权建设的角度来看，基层政府扮演着极其重要的角色。国家政策的落实需要基层政府给予必要的承接进而转达到基层社会。一般而言，如果没有基层干部的配合或双方的"合议"，国家很难单独超越基层、直接同个体发生关系，村民的生产与生活秩序主要还是在基层权威的控制中。[1]

下面，我们将对学界所取得的有代表性的有关基层政府行为研究成果进行综述。在对学界关于基层政府行为转变进行综述的基础上，我们对已取得的研究成果进行了文献评估，进而指出本书的创新点及下一步的研究进路。

一 基层政府"经营企业"行为

改革开放以后，随着"分灶吃饭"的财政体制改革与农业非集体化改革的推进，中国的市场化改革首先在农村社会取得巨大的进步，农村工业化进程迅猛，并吸引了国内外众多研究者从基层政府行为的角度对这个现象进行解释。作为科层制组织的政府在经济发展和社会转型中的重要作用引起了学界的注意。[2] 戴慕珍（Oi, Jean）用"地方国家法团主义"来解释基层政府在地方经济发展中的重要作用。其核心观点是基层党组织、基层政府与企业组织之间相关嵌入的过程是地区经济的持续增长的重要原因。基层政府协调辖区内多种实业公司，这时基层政府的角色及其与企业的关系发生了重要变化，地方官员成为市场取向的代理人和行动者，政府

---

[1] 张静：《基层政府：乡村制度诸问题》（增订本），上海人民出版社2006年版，第45页。

[2] Evans, P., Embedded Autonomy: States and Industrial Transformation. Princeton: Princeton University Press; Migdal, J. S. , Atul, K. & Vivienne, S. , *State Power and Social Forces*: *Domination and Transformation in the Third World*, New York: Cambridge University Press.

与企业的关系演变为类似工厂或公司内部的结构关系。① 改革开放初期，基层党组织、基层政府和基层企业结合到一起是一个奇特现象，财政体制转型和计划迈向市场的转型是塑造基层政府角色转型的推动力量。② 同样，Walder 以财政体制改革为时代背景，从乡镇政府与下属企业的"相互依赖"关系入手，分析了基层政府组织的角色变化。他认为乡镇政府作为"市场取向的代理人"类似于一个公司或企业参与地区、国内和国际市场的激烈竞争，在一定程度上推动了乡镇工业的快速发展。③

Shue 通过对基层干部的角色进行分析并认为，跟改革开放前相比，基层政府干部的角色发生了变化，他们不再是此前纯粹意义上的"cadre"（干部），而是担当着"cadre/businessmen"（干部/经营者）的双重角色。基层干部角色越来越向公司的经营者靠近，而不再是家长式的基层干部，他们肩负着经济责任，他们更希望到体制之外去寻找机会。④ 彭玉生（Peng, Yusheng）通过定量分析来研究地方国家法团主义、非正式私有化和市场的监督对基层企业绩效的影响，他印证了"地方国家法团主义"的观点，把"基层政府比作公司"。⑤ Lin Nan 则以大邱庄为例，分析了"地方性市场社会主义"在农村社会的运作，用类似于"法团主义"的"地方市场社会主义"来解释中国基层企业的成功，其特征是在家族中提

---

① Oi, Jean, "Fiscal Reform and the Economic Foundation of Local State Corporatism in China", *World Politics* 1992, 45（1）: 118—122, Oi, Jean, "The Role of the Local State in China's Transitional Economy" *China Quarterly* 144. 1995; Oi, Jean, "The Evolution of Local State Corporatism" in Andrew Walder（eds.）, *Zou ping in Transition: The Process of Reform in Rural North China*, Cambridge Mass: Harvard University Press. 1998; Oi, Jean, "Local State Corporatism" in Jean C. Oi（eds.）, *Rural China Takes Off: Institutional Foundations of Economic Reform*, Berkeley: University of California Press. 1999.

② 金山爱:《基层干部的政治激励机制——中国地方政府发展经济的动力》,《社会科学报》2000 年第 17 期; Oi, Jean, "Fiscal Reform and the Economic Foundation of Local State Corporatism in China", *World Politics* 1992, 45（1）: 118—122.

③ Walder Andrew G., "Local Government as Industrial Firms An Organization Analysis of China's Transitional Economy", *American Journal of Sociology* 1995.; 转引丘海雄、徐建牛《市场转型过程中地方政府角色研究述评》,《社会学研究》2004 年第 4 期。

④ Shue Vivienne, *The Reach of the State: Sketches of the Chinese Body Politic*, Stanford University Press, 1988.

⑤ Peng, Yusheng, "Chinese Villages and Townships as Industrial Corporations: Ownership, Governance, and Market Discipline", *American Journal of Sociology* 106, 2001,（5）.

拔的基层政府领导者处于农村社会的主导地位，他们能动员社会资源并参与市场竞争。① 此外，还有学者提出"地方政府即厂商"、"地方公司主义"等观点。②

在国内的研究中，张静在国家政权建设框架下分析乡村基层政府，提出了"政权经营者"角色的概念。她认为：

> 在公社制下，强大的行政监督没有给基层政府的经营提供多少空间，基层干部虽然绝对支配着生产资料，但这种支配主要来自干部的管理者身份，而不是来自于他们的经营者身份。然而，在后集体化时期，授权来源由下向上的转移事实创造了基层权威构建集团（经济）利益的条件……基层政府的"组织"头衔，"集体"代表等"公共"地位，合理发展出了他们对公共资产的合法运营权，这是任何一个普通的经营组织或经济行动者所完全不及的。③

张静的研究发现基层政府在发展经济中的重要作用，也指出了基层政府的"赢利性"及给国家政权建设带来的消极后果。荣敬本、崔之元等围绕县乡两级用人制度对"官员企业家"进行讨论。他们认为，"官员企业家"本质上是政治权力与经济权力的结合会导致市场经济运行中的特权以及权力的滥用，为政治权力走向腐败找到了经济土壤，为官员企业家的腐败行为的蔓延埋下了祸根。④ 杨善华、苏红对张静的"政权经营者"做出进一步区分。他们认为计划经济时代的基层政府在经济领域贯彻的主要是国家的意志，维护的主要是国家的利益，他们只是受国家的委托，管理、组织和参加自己辖区的经济活动，扮演"代理型政权经营者"角色，80年代初的财政体制改革使基层政府不再将行政管理事务而是将经济活

---

① Lin N. "Local Market Socialism: Local Corporation in Action in Rural China", *Theory and Society*, 1995（3）.

② 丘海雄、徐建牛:《市场转型过程中地方政府角色研究述评》,《社会学研究》2004年第4期。

③ 张静:《基层政府：乡村制度诸问题》（增订本），上海人民出版社2007年版，第48—56页。

④ 荣敬本等:《从压力型体制向民主合作制的转变——县乡两级政治体制改革》，中央编译出版社1998年版，第48—51页。

动看作是自己的主业，其目的却不完全为了完成国家的计划指令，也不是为了社区的福利，而主要是为了本基层政府这个利益集团的赢利，扮演"谋利型政权经营者"角色。① 某种意义上，"谋利型政权经营者"是以离间国家政权与基层社会关系为代价的。

在此背景下，基层政府越来越具有公司化的转变，以GDP作为自身行动的目标，而弱化了对基层社会提供社会服务的动力。基层政府作为"营利性"主体，一方面有利于推动地方经济的发展；另一方面基层政府变成了离间于基层社会和国家政权之间的具有经营性特征的利益集团。基层政府不再以有效地为基层民众提供公共服务为主业，而是转变为一个积极谋求经济发展的政府组织，进而导致基层政府陷入发展地方经济与为社区公共服务之间的悖论。因此，基层政府不仅没有实现国家政权建设的目标，帮助国家权力渗透到基层社会，反而离间了国家与社会之间的关系，成为一个具有很强自主空间的利益共同体，② 出现了"公共服务与垄断经营"③ 的冲突，从而引发基层社会的失序。

从基层干部的行为来看，在财政压力与"目标管理责任制"④ 的双重压力下，乡镇领导干部的行为方式类似于企业家，为了争资源、争排名，他们主动去争取项目、引资金，这充分发挥了乡镇领导干部的积极性和创造性，各种类型企业家的出现，为中国经济的快速发展奠定了基础。然而，基层政府的运作原本应该满足基层社会需求的管理与服务，在实际运行中淡化了基层干部对基层社会的服务和管理职能而追逐经济利益，某种程度上成为制造社会冲突和政治经济紧张关系的焦点。因此，"地方国家法团主义"、"政权经营者"及其在此基础上生发出的相关命题有效地解释了国家权力为何难以渗透到基层社会。某种意义上，这些解释有效地揭示了基层政府行为所面临的困境。

---

① 杨善华、苏红：《从"代理型政权经营者"到"谋利型政权经营者"——向市场经济转型背景下的基层政府》，《社会学研究》2002年第1期。
② 赵树凯：《乡镇治理与政府制度化》，商务印书馆2011年版，第7页。
③ 张静：《基层政府：乡村制度诸问题》（增订本），上海人民出版社2007年版，第49页。
④ 王汉生、王一鸽：《目标管理责任制：农村基层政府的时间逻辑》，《社会学研究》2009年第2期；徐勇、黄辉祥：《目标责任制：行政主控型的乡村治理及绩效——以河南L乡为个案》，《学海》2002年第1期；张汝立：《目标、手段与偏差——农村基层政府组织运行困境的一个分析框架》，《中国农村观察》2001年第4期。

二 基层政府"经营土地"行为

财政分权化导致中央的财政压力变得越来越大,国家从经济发展中征得的税收越来越少,中央政府的行政管理能力和财力控制能力持续下降。[①] 严重削弱了国家能力,已经超过了"中央与地方分权的底线"。[②] 为了加强中央财力,1994年,国家实施了相对集权的分税制。分税制改革给基层政府带来巨大的财政压力,然而,分税制改革并没有引起基层政府经营本性的转变,只是激励了基层政府经营"内容"发生了变化。地方政府开始积极的从预算外,尤其是在土地征收中为自己集聚财力。财政政策的变迁对地方政府产生了"驱赶效应",地方政府"经营企业"变得无利可图,土地转让与开发变成了地方政府新的生财之道。[③] 这时,在"压力型体制"[④] 与"增长GDP"导向下的基层政府的行为开始由原来的"经营企业"向"经营土地"转变。"经营土地"、"经营城市"、"经营地区"成为地方政府财力新的增长点。[⑤]

分税制改革在乡镇/街道这一级产生了巨大的影响,基层政府面临越来越严重的"吃饭压力"。中国东部地区及城郊地区的基层政府可以通过土地开发与征用来保证基层政府的财力。在以工业化为导向的经济发展的引导下,地方政府不断通过土地征用获取租金最大化,这必然导致引起农民的强烈不满和大量抗争活动,进而危及到社会的公正性和稳定性。[⑥] 相关研究表明,基层政府"经营土地"的行为制造了基层政府与基层社会

[①] 沈立人、戴园晨:《我国"诸侯经济"的形成及其弊端和根源》,《经济研究》1990年第3期。

[②] 王绍光:《分权的底线》,中国计划出版社1997年版。

[③] 周飞舟:《生财有道:土地开发和转让中的政府和农民》,《社会学研究》2007年第1期。

[④] 荣敬本等:《从压力型体制向民主合作制的转变——县乡两级政治体制改革》,中央编译出版社1998年版。

[⑤] 周飞舟:《分税制十年:制度及其影响》,《中国社会科学》2006年第6期;周黎安:《转型中的地方政府:官员激励与治理》,上海人民出版社2008年版;徐建牛:《基层政府行为演进的制度逻辑》,上海三联书店2012年版。

[⑥] 周飞舟:《生财有道:土地开发和转让中的政府和农民》,《社会学研究》2007年第1期;赵余德:《土地征用过程中农民、地方政府与国家的关系互动》,《社会学研究》2009年第2期。

的紧张关系。① 一项调查表明，农村土地纠纷已成为了目前农民维权抗争活动的焦点，是当前影响农村社会稳定和发展的首要问题。② 近年来，由于政府征地所引发的群体性冲突已经引起了中央的高度重视，并采取有效措施遏制此现象的发生，但是，治理的效果并不明显。压力型体制下的各级政府追求短期利益的最大化，在某种程度上增加了干群的紧张关系，从而导致政治合法性的快速流失，降低国家政权建设的合法性。③

在中西部欠发达地区，基层政府主要依靠农业税收、"三提五统"等收入来维持政府机构的正常运转。周雪光把向下摊派充实基层政府财政收入的行为称之为"逆向软预算约束"④。然而，由于农民负担的逐年加重，农业税费征收难度逐年增加，产生大量的"钉子户"⑤。孙立平、郭于华在一个乡镇收粮的案例中指出，由于乡镇政府面临着严重的财政压力，迫使基层干部要努力地收粮以扩大乡镇财政收入。由于收粮具有困难性，基层政府官员对正式权力之外的本土性资源巧妙地利用，即将社会中的非正式因素（人情、面子等）大量地运用于正式权力的行使过程之中，从而保证收粮的正常进行。⑥ 吴毅在对"小镇"的研究中对乡镇权力运作技巧展现了乡镇政权干部与农民互动时的"正式权力的非正式运作"。对乡镇非正式的权力技术与策略——"摆"、"媒"、"示蛮"和"怀柔"等进行了动态的描述，以揭示乡镇达成其治理目标的非正式权力运作方式。⑦ 农业税征收中干部和农民互动的案例表明，在由农民抗税导致基层干群关系

---

① 叶麒麟、郑庆基：《论乡镇政府在征地中的角色定位——从乡镇政府行政行为的逻辑谈起》，《湖北社会科学》2006年第10期；王华华、陈国治：《我国城市化中土地征收引发的群体性事件防控研究》，《求实》2011年第10期。

② 于建嵘：《土地问题已成为农民维权抗争的焦点——关于当前我国农村社会形势的一项专题调研》，《调研世界》2005年第3期。

③ 于建嵘：《从刚性稳定到韧性稳定——关于中国社会秩序的一个分析框架》，《学习与探索》2009年第5期。

④ 周雪光：《逆向软预算约束：一个政府行为的组织分析》，《中国社会科学》2005年第2期。

⑤ 吕德文：《治理钉子户——基层治理中的权力与技术》，华中科技大学博士学位论文，2009年。

⑥ 孙立平、郭于华：《软硬兼施：正式权力非正式运作的过程分析——华北B镇收粮的个案研究》，载《清华社会学评论》特辑，鹭江出版社2000年版。

⑦ 吴毅：《小镇喧嚣：一个乡镇政治运作的演绎与阐释》，三联书店2007年版，第614—627页。

紧张的背景下，基层政府官员只能通过对正式权力之外的本土性资源的巧妙利用来强化自身权力，以保证国家权力能够渗透到基层社会，使国家的意志在基层社会中基本能够贯彻执行。

然而，这种"正式权力的非正式运作"本身就弱化了基层政府的治理能力，导致国家政权建设是不稳定的、非制度化的。国家应该形成一套完整的常规性权力以应对农村基层社会可能出现的"万变"。① 随着抗税"钉子户"的出现，国家权力在基层社会呈现出不断弱化的趋势，表现为政府对农民的动员能力下降。此外，国家也难以有效地监控基层政府行为，导致一些基层干部成为索取农民利益的"共同体"，进一步恶化基层社会的生态。

分税制改革引起了基层政府行为从"经营企业"向"经营土地"转变，基层政府行为的变迁引发的结果是什么呢？陈抗、Arye L. Hillman 等人通过构建一个中央与地方政府的博弈模型，并且使用省级数据来说明，"分灶吃饭"的财政体制下，地方政府扮演着"援助之手"来发展地方经济，扩大地方税基。而分税制改革以后，中央政府则从地方拿走大量的资源，这给地方政府带来了严重的财政负担。在这种发展模式下，地方政府虽然将扩大建设规模作为首要的目标，但是其目的主要是增加地方财政收入，而这些增加的财政收入主要用于改善财政供养人员和政府部门的运转条件，并没有投入地方的公共服务。更加严重的问题是，这种发展模式带来的利益并没有带来全社会公共福利状况的改善，而是在支持一个规模巨大的财政供养人口。② 这种发展模式对一个地区收入分配的效应是，一方面政府扩大土地开发和建设规模使农民受损，另一方面它最终使得这个地区内的政府工作人员直接受益。③

三 基层政府向"服务行为"变革？

20 世纪 90 年代中后期，基层政府的"逆向软预算约束"④ 行为直接

---

① 董磊明：《强大的常规性权力何以必要——论村庄政治中的基层组织体系》，《人民论坛—学术前沿》2012 年第 10 期。
② 周飞舟：《大兴土木：土地财政与地方政府行为》，《经济社会体制比较》2010 年第 3 期；周飞舟：《生财有道：土地开发和转让中的政府和农民》，《社会学研究》2007 年第 1 期。
③ 同上。
④ 周雪光：《逆向软预算约束：一个政府行为的组织分析》，《中国社会科学》2005 年第 2 期。

导致了严重的"三农"问题，主要通过农民的税费负担体现出来。有学者通过定量研究指出，农民负担问题的根源在于政府对农村进行的各种管制。① 这就直接导致了基层政府与基层群众之间的紧张关系。沉重的农业税负担不仅恶化了干部与群众之间的关系，而且使基层干部陷入农业税征收过程。基层政府日益成为无法为农民提供基本的公共服务的"自利性群体"。20 世纪 90 年代后期，由于"三农"问题的日益严峻，政府不仅在解决农民负担方面力不从心，对进城务工的农民也严重歧视，使得农民陷入了艰难的境地。

"三农"问题及由"三农"问题所面临的困境引起了学界和媒体部门的广泛关注。不乏基层干部把基层问题概括为"农村真穷、农民真苦、农业真危险"。② 此时，"三农"问题已引起海外中国学者对中国基层治理危机的关注。③ 由于基层财政的压力与收取农业税的困难，基层政府沦为农业税征收的工具，难以成为为农民服务的组织。如何让基层政府从"资源汲取型政府"向"公共服务型政府"转变成为政府部门和学界思考的重大问题。

这时，学界把解决"三农"问题的矛头直接指向了基层政府，并吸引了相关学者对基层政府的未来走向问题进行讨论。④ 学者们纷纷通过自

---

① 陶然、刘明兴、章奇：《农民负担、政府管制与财政体制改革》，《经济研究》2003 年第 4 期。

② 李昌平：《我向总理说实话》，光明日报出版社 2002 年版。

③ Susan L. Shirk, *China: Fragile Superpower*, Oxford University Press, 2007.

④ 学界对基层政府改革思路有三种声音："乡派论"、"自治论"及"撤销论"。代表性的观点有：于建嵘与沈延生认为乡镇政府要实行乡镇自治是改革的重要目标；潘维与贺雪峰等认为应该以法制化、行政化的手段加强基层政府的职能建设；徐勇与温铁军则认为把乡镇政府变成县级的派出机构，推行"县政、乡派、村治"的主张等等。具体请参见贺雪峰《农村乡镇建制：存废之间的思考》，《中国行政管理》2003 年第 6 期；潘维《质疑"镇行政体制改革"——关于乡村中国的两种思路》，《开放时代》2004 年第 2 期；沈延生《乡政的兴衰与重建》，《战略与管理》2002 年第 6 期；吴理财《中国大陆乡镇政府何去何从》，《二十一世纪》（香港）2003 年第 4 期；徐勇《县政、乡派、村治：乡村治理的结构性转换》，《江苏社会科学》2002 年第 2 期；徐勇《乡村治理结构改革的走向——强村、精乡、简县》，《战略与管理》2003 年第 4 期；于建嵘《乡镇自治：根据与路径》，《战略与管理》2002 年第 6 期；沈延生、张守礼《自治抑或行政：中国乡治的回顾与展望》，《中国农村研究》2002 年卷，中国社会科学出版社 2003 年版；温铁军《中国农村基本经济制度研究》，中国经济出版社 2000 年版；Bernstein, Thomas P. &Xiaobo lv, *Taxation without Representation in Contemporary Rural China*, Cambridge University Press, 2003.

己的经验观察提出自己的基层政府建构理想模式，但缺乏对基层政府实际情况的把握。正如欧阳静概括的"虽然这种以乡镇改革实践为对象的研究较之前的研究更具实证意义，但与'应然式'的研究进路大同小异，过分地从价值关怀上去讨论乡镇改革的方向，对乡镇运作的实然状态缺乏关注。"① 因此，研究者只有通过基层政府的实际运作情况的关注与把握，才能理解乡村中国基层政府应该朝什么方向转变。这涉及基层政府该如何建设的问题。

正当学界和媒体等讨论基层政府向何处走之时，国家开始实施农村税费改革以解决基层政府的治理危机，某种意义上，农村税费改革政策的实施是中央政府解决"三农"问题的手段，其主要任务即是解决基层政府运作所面临的困难、促进基层政府向服务型政府转变。2000年开始，农村税费改革试点工作在安徽省展开，其他省、自治区和直辖市也选择县、市进行试点。2006年，全国各省、直辖市、自治区等全部取消农业税。农村税费改革及其农业税的取消标志着20世纪90年代中后期的"三农"问题的终结。农村税费改革的目标一方面是减轻农民负担，增加农民收入；另一方面是促进基层政府职能转变，有效地为基层群众提供公共服务。某种意义上，农村税费改革及其与之配套的基层政府职能转变是改善国家政权建设的重要举措，中央高层想借此来实现基础性权力的增强，敦促基层政府向服务型政府转变，使其真正成为国家政权在基层社会的代理人。

然而，税费改革并没有达到预期的目的。农村税费改革虽说取消了农业税、减轻了农民的负担，然而中央政府同样没有有效地规范基层政府的运作逻辑。

（一）角色扮演

李芝兰、吴理财通过对税费改革前后中央与地方的互动关系指出，税费改革政策并没有把基层政府"倒逼"成为一个"公共服务型政府"，而使基层社会面临新一轮的治理危机。他们认为，由于农村税费改革是自上而下推动的，由于地方政府财力不足等原因，农村基层政府为了维护自身的利益，作为行政层级最末端的基层政府会以"弱者的手段"来回应上级的压力，其客观结果却是农村公共产品阙如、基层政府运作困难，由此

---

① 欧阳静:《策略主义——橘镇运作的逻辑》，中国政法大学出版社2011年版，第4页。

形成向上的"反倒逼"机制。① 周飞舟考察了税费改革对国家与农民关系的影响变化,他认为,税费改革的实施使乡镇政权过去一直依靠从农村收取税费维持运转的基层政府正在变为依靠上级转移支付。在这个背景下,基层政府的行为模式也在发生改变,总的趋势是由过去的"要钱""要粮"变为"跑钱"和借债。在这个形势下,基层政府从过去的汲取型政权变为与农民关系更为松散的"悬浮型政权"。②

饶静、叶敬忠以华北 L 镇为例,分析了经过税费改革和乡镇机构改革等一系列改革后乡镇政权的行为与角色。他们发现,税费改革后,乡镇政权财政主要依靠上级转移支付,没有多少实质性的财权、人事权和事务权,没有能力和动力为农民提供公共产品,成为事实上的县级政权组织的派出机构,成为高度依赖县级政权组织的"政权依附者"。③ 基层干部并没有实现中央所期望的为农民服务的服务型干部。基层"悬浮型政权"和"政权依附者"的显现对国家政权建设造成了严峻的挑战。

(二) 运作策略

税费改革以后,招商引资成为基层政府发展经济的一项重要举措。欧阳静以"橘镇"为研究个案来解释乡镇政权的运行逻辑,在资源匮乏和"一届政府一届财政"双重压力运作下的乡镇政权,乡镇政府由过去的"要钱"、"要粮"变为"跑钱","找钱"成为乡镇政权运作的主要内容之一,"争资跑项"则成为乡镇政权的"中心工作"。为了发展地方经济,乡镇政府通过"保姆式服务"、"布景"及"遮掩"等策略来完成招商引资。④ 此

---

① 李芝兰、吴理财:《"倒逼"还是"反倒逼"——农村税费改革前后中央与地方之间的互动》,《社会学研究》2005 年第 4 期。

② 周飞舟:《从汲取型政权到"悬浮型"政权——税费改革对国家与农民关系之影响》,《社会学研究》2006 年第 3 期。

③ 饶静、叶敬忠:《税费改革背景下乡镇政权的"政权依附者"角色和行为分析》,《中国农村观察》2007 年第 4 期。

④ 欧阳静通过橘镇"找钱"、"跑钱"的动态讨论,不仅揭示了乡镇政权发展中面临的困境,而且揭示了乡镇政权的非正式化运作。基于此,以揭示乡镇运作逻辑为目标,并在乡镇运作的具体环境中探寻形塑乡镇运作逻辑的各类具体机制,深化并拓展了乡镇研究的主要方向。更为重要的是,只有在揭示乡镇运作逻辑及其具体机制的前提下,才有可能更切合实际地探讨乡镇体制改革。然而,中西部乡镇政权的运作机制并不具有普适性。橘镇为中部地区乡镇,难以解释东部沿海地区富裕乡镇的行动逻辑。参见欧阳静《策略主义——橘镇运作的逻辑》,中国政法大学出版社 2011 年版。

外，乡镇政府也依靠"庄里公家人"①、"政缘关系网络"及"项目代理人"等手段来招商引资、扩大财政收入。② 吴毅进一步指出："自20世纪80年代以来单向度的经济改革对于乡镇基层政治运作转变的改变，使其从一个公共权力载体变化为一个介于政府和厂商之间的权力与经济复合体，其运作愈益表现出某种经济营利性特征，或具有营利的趋势……地方治理的过程同时也可能就是一个资本和资源的权力化经营过程。"③ 此外，农村税费改革以后，中央政府通过财政资金转移支付的手段来优化基层政府的财政状况。然而，支农资金在转移支付过程中则出现了政策执行偏差。折晓叶、陈婴婴通过"项目进村"的个案研究认为，各种服务农村的"项目"资金在项目的分配、使用及其效率都存在疑惑，"项目"资金所发挥的作用并不像上级所想象的那样。"项目进村"面临着具有不同利益和行动策略的多重主体之间的相互博弈，进而导致项目在执行过程中变异。④ 冯猛以东北特拉河镇为例，分析了农村税费改革前后乡镇财政结构的变化，以及在这种结构之下乡镇政府的项目包装行为。他对特拉河镇大鹅养殖项目的考察发现，在乡镇政府项目申请过程中，镇政府将大鹅养殖产业链条上的每个流程都包装成为项目，以此向上级政府申请资金，并且通过虚报数量、宣传、政绩化等手段来提高项目申请的成功率。⑤

(三) 治理手段

由于基层政府财政匮乏与考核体系的压力下，基层政府通常采取"运动化治理"的方式来完成上级政府下派的任务。狄金华以麦乡"植树造林"的事件为分析"文本"，分析在资源制约与压力型体制的双重作用下，麦乡通过将常规性工作升级为"中心工作"，进而通过"运动"和

---

① "庄里公家人"是指生于村庄，但是已经从村庄进入国家体制的人。类似于罗兴佐（2002）在讨论村庄公共建设中的"第三种力量"。具体参见罗兴佐《"第三种力量"》，《浙江学刊》2002年第2期。

② 欧阳静：《运作于压力型科层制与乡土社会之间的乡镇政权——以橘镇为研究对象》，《社会》2009年第5期；欧阳静：《策略主义——橘镇运作的逻辑》，中国政法大学出版社2011年版。

③ 吴毅：《小镇喧嚣：一个乡镇政治运作的演绎与阐释》，三联书店2007年版，第606页。

④ 折晓叶、陈婴婴：《项目制的分级运作机制和治理逻辑——对"项目进村"案例的社会学分析》，《中国社会科学》2011年第4期。

⑤ 冯猛：《后农业税费时代乡镇政府的项目包装行为——以东北特拉河镇为例》，《社会》2009年第4期。

"动员"的方式进行"中心工作"的实践,并以奖惩作为治理动员的手段以完成所规划的任务。① 艾云从组织学的角度以华中地区某农业县"计划生育"年终考核为例,考察了基层政府"应对"上级政府"考核检查"的各种策略。他认为,非正式组织行为的存在和重复出现导致自上而下考核的失败,究其原因,主要是组织结构、组织设计得不合理等。② 周雪光解释了基层上下级政府行为"共谋"来应付这些政策要求以及随之而来的各种检查,导致了实际执行过程偏离政策初衷的结果,这种共谋行为是其所处制度环境的产物,有着广泛深厚的合法性基础。③ 杨善华、宋倩通过对税费改革后中西部地区乡镇政权的研究表明,在财政收入减少、财政收支的缺口运行下的乡镇政权,乡镇干部通过有选择的做事;把贯彻上级意志的施政空间缩小,而把自己的自主空间增大;设计处理各种偶然和突发的事件带有很强的随机应变的特点;通过缜密的职能分工体系,合理配置职、权、利,同时注意配置类似企业的机关文化,形成乡镇干部对团队的强烈认同,使自主空间的营造成为整个团队的共识,从而达到同心协力去完成上级交给的各项任务的目的。④ 基层政府不仅可以变通执行国家政策来应对上级政府的监督与管理,而且某种程度上与正式的制度规范发生偏离,忽视了农村社会对基层政府提供公共服务的需求,离间了国家政权与农村社会的关系。⑤"基层权威营造了一种'隔离地带',将国家与乡村生活分隔开,在管辖结构和治理原则两个方面,组织了国家权力的实际下延。"⑥

税费改革并没有敦促基层政府从"汲取型政权"向"服务型政府"转变。农村税费改革把基层政府行为带入了新的困境,弱化了国家的基础性权力。基层政府的社会汲取能力下降,社会服务能力、社会规范与社会

---

① 狄金华:《通过运动进行治理:乡镇基层政府的治理策略——对中国中部地区麦乡"植树造林"中心工作的个案研究》,《社会》2010年第3期。
② 艾云:《上下级政府间"考核检查"与"应对"过程的组织学分析——以A县"计划生育"年终考核为例》,《社会》2011年第3期。
③ 周雪光:《基层政府的"共谋现象"——一个政府行为的制度逻辑》,《社会学研究》2008年第6期。
④ 杨善华、宋倩:《税费改革后中西部地区乡镇政权自主空间的营造——以河北Y县为例》,《社会》2008年第4期。
⑤ 赵树凯:《乡镇治理与政府制度化》,商务印书馆2010年版,第4—5页。
⑥ 张静:《基层政府:乡村制度诸问题》(增订本),上海人民出版社2006年版,第45页。

控制能力不断弱化；村级收入大幅度下降，村级组织的公共服务能力受到很大限制，村庄秩序维持出现一些空白等。① 国家政权仍然没有实现对基层代理人的有效控制，让其成为国家与社会之间的缓冲地带，从而使其贯彻和实施国家各项政策。因而，国家政权建设仍没有彻底完成。

四 文献评析

基于以上研究，学界从不同的视角对基层政府行为进行了大量的研究，并取得了较大的进展。然而，学界已取得的研究成果仍存在一定的局限性。下面，笔者从三个方面指出当前有关基层政府行为研究的不足。

（一）研究时段的有限

学界对改革开放到税费改革前后的乡镇（街道）研究较多，而缺乏对税费改革以后尤其是新时期基层治理新趋势的持续关注。更为确切地说，一些地方政府正在或已经进行了地方治理创新，但是现有学者还没有对这些新现象进行系统性研究。这些地方治理创新的案例是需要我们这个时代认真思考的主题，应当引起当代学者的足够重视。

（二）研究类型的不足

学界主要关注到中西部地区的乡镇，而对发达地区尤其是东部沿海地区乡镇的关注远远不够。由于中国地区间经济水平、发展条件、资源禀赋等存在明显不同，不同社会环境下的基层政府所面临的社会情境存在重大差异。例如，东部沿海地区基层政府工商业发达，其财力主要依靠工商业类；而中西部地区基层政府主要以农业为主来发展经济，经济实力较小。这在某种程度上塑造了基层政府不同的建设困境。有学者提出压力型体制更适合分析中西部地区的基层政府；而经营者角色适合分析东部沿海发达地区的基层政府。②

（三）研究理路的缺失

学界对有关基层政府行为的理论解释都是从困境入手来分析基层政府所面临的困境的根源及表现等，例如"压力型体制"、"政权经营者"、"谋利型政权经营者"、"悬浮型政权"、"政权依附者"等等，这些解释概念深刻地揭示出基层政府行为所面临的困境。但是学界目前的讨论尚缺

---

① 马宝成：《农村税费改革对基层政府行为的影响》，《山东社会科学》2004年第1期。
② 饶静、叶敬忠：《我国基层政府角色和行为的社会学研究综述》，《社会》2007年第3期。

乏对走出基层政府行为困境思路的理性思考，缺乏走出基层政府行为困境路径的研究。① 有学者研究表明，基层政府应该从"汲取型政权"向"服务型政府"转变，从"汲取式整合"向"供给式整合"转变。② 也有学者认为重塑中间层是实现乡村善治和理顺国家与民众的重要步骤。那么应该如何营造中间层，营造怎样的中间层，尚需要学界做进一步的推进。③ 他们也只是提出了基层政府改革的方向，并没有指出基层政府应该如何转变，改革的措施仍然停留在政策文本和理念层面上。

综上所述，学界已取得的研究成果对本书具有一定的启发性，本书正是在此基础上推进基层政府行为研究的。本书将在既有研究工作的基础上围绕这一主题做进一步的研究推进，着重关注税费改革以后尤其是地方政府创新时期基层政府的行为转变对国家政权建设的影响。鉴于此，本书将采用案例研究方法，在前人研究成果的启发下，以珠江三角洲沿海发达地区容桂街道"简政强镇"事权改革为案例，通过对改革的成因、过程及结果的分析，来探讨"简政强镇"改革背景下基层政府的行为转变对国家政权建设的影响，在此基础之上参与到当代中国国家政权建设的学术对话当中。

从实践意义上，本书以为，通过扎根改革实践来探讨基层政府行为问题，从改革实践的脉搏中探寻走出基层政府行为之困是改善国家政权建设

---

① 张静提出从国家政权建设来规范基层政府，她认为，国家应该通过现代公共规则规制基层政府行为，国家政权建设要以新的治理原则来组建基层官僚组织，并用一套制度措施来规制它为国家政权建设服务。赵树凯认为，用政府制度化来适应高度分化、复杂的政治社会环境，建立起专业的机构以执行各种职能和任务，国家政权建设的方向是要让乡镇政府能够同时满足国家与基层社会的需求。基层自治、基层民主以及法治化是基层政府改革的大体方向。欧阳静通过对中部地区乡镇的研究认为，乡镇的策略主义和"维控型政权"的运作困境急需重塑乡镇政权的三元结构，增强乡镇的基础性权力，最终把乡镇政权建设成为具有服务乡村社会能力的制度化官僚化体系。然而，这仅仅指出了基层政府走出困境的方向，而没有指出走出困境的可操作性方案。"政府制度化"、"用公共规则来塑造基层政府"及"增强基础性权力"的改革思路要么过于宏大，要么过于理想化，难以指出基层政府走出困境的可操作性方向。

② 陈华栋、顾建光、蒋颖：《建国以来我国乡镇政府机构沿革及角色演变研究》，《社会科学战线》2007年第2期；吴理财：《国家整合转型视角下的乡镇改革——以安徽省为例》，《社会主义研究》2006年第5期；张良：《从"汲取式整合"到"服务式整合"：乡镇治理体制的转型与建构——基于国家政权建设的视角》，《中共浙江省委党校学报》2010年第2期。

③ 田先红、陈玲：《从间接治理到直接治理——税改前后国家与农民关系变迁的一个解释框架》，载肖滨主编《中大政治学评论》（第5辑），格致出版社2011年版。

成效的重要路径。

第五节 研究方法

一 个案研究

本书采用了定性研究中的案例研究（个案研究①），"个案中的概括"、"分析性概括"② 的策略来研究个案基层政府。毛泽东同志将个案研究比作是"解剖麻雀"。他主张，"要拼着精力把一个地方研究透彻，然后于研究别个地方，于明了一般情况，便都很容易了。"③ 为此，本书以容桂街道"简政强镇"改革实践作为个案。通过对容桂街道的个案的解释分析来丰富基层政府运作机制的理论解释。

20 世纪 90 年代以来，案例研究已经成为一种重要的实证研究的武器，其在社会科学研究中的重要性日趋凸显出来。案例研究的问题类型罗伯特·K. 殷认为，根据研究时决定采用何种方法的三个条件，即（1）该研究所要解决的问题类型是回答"怎么样"和"为什么"的类型；(2) 作者对于研究对象的控制情况怎样；(3) 研究的重心是当下发生的事，或者是过去发生的事。④ 基于本书所要解决的问题和所确定的对象，案例研究是最佳选择。首先，本书的研究问题是"'简政强镇'事权改革缘何产生、如何实践、何以可能"等，这正好是案例研究类型的提问方式；其次，本书的研究对象是当下行政体制改革中的一项重要的议题，对

---

① 吴毅认为，微观个案研究的优势在于，它可以帮助研究者深入到被研究对象内部去体察活的历史、活的生活和活的事件，并通过这些历史、生活和事件去考察社区人民的日常生活世界是如何与宏观的社会历史变迁融会贯通的，从而透过"小社区"窥视"大社会"。参见吴毅《村治变迁中的权威与秩序——20 世纪川东双村的表达》，中国社会科学出版社 2002 年版，第 27—28 页。

② 在"分析性概括"中，理论扮演着重要的角色。先前的理论作为模板，用来作为与个案进行比较的工具，同时也是建构新理论的前提。引自卢晖临、李雪《如何走出个案——从个案研究到扩展个案研究》，《中国社会科学》2007 年第 1 期。

③ 中共中央文献研究室编：《毛泽东农村调查文集》，人民出版社 1982 年版，第 56 页。

④ 罗伯特·K. 殷：《案例研究：设计与方法》，周海涛主译、李永贤、张蘅参译，重庆大学出版社 2004 年第 3 版，第 7 页。

"简政强镇"背景下基层政府运作机制的研究可以间接评估国务院第六轮行政体制改革的地方实践绩效;最后,研究者不能对研究对象施加过多的影响和控制。因此,本书适合使用案例(个案)研究方法。

本书所谓的"个案并不是统计样本,所以他并以不一定需要具有代表性,"① 其来源于对理论的关怀,他要说明一种因果机制,通过"深描"个案所蕴含的特有形态来促成对现有理论的启发②,最终的目的是为了重构、修正或发展理论。正如 Clive Seale 所言:"一个个个案是根据其逻辑关系或理论意义进行外推的,外推的有效性不取决于个案的代表性,而取决于理论推理的力量",这便是"理论概括"。③ 它更加强调与其他个案之间的相关性。④ 此外,个案研究所归纳或发现的研究结论需要情境化处理。理论发挥作用的关键在于情境适宜性,理论建构的任务不是追求普适性,而是界定情境性。⑤ 为此,本书将以容桂街道"简政强镇"改革作为对象,以国家政权建设为理论视角,在对容桂街道"简政强镇"事权改革背景下基层政府运作情况分析的基础上,通过与前人有关基层政府运作机制研究进行理论对话,进而探讨出"简政强镇"事权改革背景下基层政府的角色和行为转变。

二 资料来源

"没有第一手资料,难以做出第一流学问。"为此,本书采用实地调查的方式来研究个案,以实践中的基层政府为研究的"场域"⑥。

---

① 王宁:《代表性还是典型性?个案的属性与个案研究方法的逻辑基础》,《社会学研究》2005 年第 1 期。

② 格尔茨:《文化的解释》,译林出版社 1999 年版。

③ Clive Seale, *The Quality of Qualitative research*, Sage Publications, 1999, p. 109. 转自卢晖临、李雪《如何走出个案——从个案研究到扩展个案研究》,《中国社会科学》2007 年第 1 期。

④ David Silverman, *Doing Qualitative research: A Practical Handbook*, Sage Publications, 2000. Alasuutari, Researching Culture: Qualitative Method and Cultural Studies, Sage Publications, 1995, pp. 155-156.

⑤ 王富伟:《个案研究的意义及限度——基于知识的增长》,《社会学研究》2012 年第 5 期。

⑥ 布迪厄等人把场域界定为一个关系空间或网络,分析的核心是解释场域内主体的运作逻辑,只有把握了关系空间的一个节点,才能把握根本性的问题。参见布迪厄、华康德《实践与反思》,中央编译出版社 1998 年版,第 354 页。

实地调查的主要长处在于他提供了系统性观察的机会，在此基础上分析个人所处的地位，以及在此地位上所表现出来的行为。① 实地调查就是要建基在大量的微观调查和基本事实上，要在资料的收集和理论的发展之间建立起勾连。这要求我们"对其中的实践做深入的质性调查，了解其逻辑，同时通过与现存理论的对话和互动作用，来推进自己的理论概念的建构。我们正需要的是从实践出发的一系列新鲜的中高层概念，在那样的基础上建立符合实际以及可以和西方理论并驾齐驱的学术理论。"② 进而提升本书的学术品位。邓大才认为，"概念建构是对事实的概括，是对众多事实的提炼，他必须以事实为依据，在全面掌握事实的基础上，运用思维能力和思维工具将事实及其事物内在逻辑最大程度地描述出来。"③ 因此，个案研究必须建立在大量的经验事实基础之上。正如巴泽尔所言："一个精心寻找的实例往往提供了比任何一种理论模型更丰富得多的内容。"④ 马骏也认为："定性研究主要着重于对经验事实进行一般性的概念化，然后对过程或者行动进行'深描'。"⑤

这就要求研究者在自然环境下，使用实地体验、开放式访谈、参与和非参与观察等方法对研究对象进行细致和长期的研究。研究者在当时当地收集第一手资料，从当事人的视角理解他们行为的意义和他们对事物的看法，然后在此基础之上建立假设和理论，通过证伪法和相关检验方法对研究结果进行检验。整个过程中，研究者本人是主要的研究工具。⑥ 因而，本书并不是对一个实体化的基层政府组织的权力运作机制进行解释，而是关注基层政府与其他组织（村、居委会、社会组织等）之间的互动，并将"研究场域"立足于基层政府组织、村居委员会、社会组织等实体化组织。通过研究基层政府、村（居）委会及社会组织之间的互动过程所展现出来的行动逻辑来揭示"简政强镇"事权改革背景下的基层政府的

---

① 艾尔巴比：《社会研究方法》，华夏出版社2000年版，第359—360页。
② 黄宗智：《认识中国——走向从实践出发的社会科学》，《当代中国史研究》2005年第4期。
③ 邓大才：《概念建构与概念化：知识再生产的基础——以中国农村研究为考察对象》，《社会科学研究》2011年第4期。
④ Y.巴泽尔：《产权经济分析》，费方域等译，上海人民出版社1997年版，第2页。
⑤ 马骏：《中国公共行政学研究的反思：面对问题的勇气》，《中山大学学报》2006年第3期。
⑥ 董海军：《塘镇：基层社会的利益博弈与协调》，社会科学文献出版社2008年版，第26页。

运作机制。

本书所使用的案例材料主要是2013年3月至2013年6月在容桂街道进行实地调查而获得的。数据（经验材料）收集的具体方法包括深度访谈、结构和半结构式访谈、参与式观察、官方文件及文献数据收集等。

为了研究的科学性和便利性，个案访谈对象的确定采用偶遇和滚雪球的抽样方式进行。笔者主要按照以下顺序进行个案访谈资料的搜集：首先，访谈对象的确定。在偶遇和滚雪球抽样的基础上，以目的性抽样的方式确定访谈对象，抽取样本主要能够为研究问题提供最大信息量，同时又能兼顾访谈对象的代表性；其次，资料的收集。收集资料包括访谈笔记，区、镇、村提供的文字资料以及现场观察等。访谈笔记主要是直接记录当时访谈的内容；通过现场观察工作人员的服务情形，不明之处，进行事后追记。文字资料主要从区、镇、村主管部门拿来复印；最后，资料的整理与运用。调查完毕之后，经过分析归类，对资料进行加工整理。对不明了的访谈资料，及时电话确定。

访谈材料搜集的过程主要包括：其一，选取容桂地区26个居村中的9个（三分之一）村居进行观察，并对9个村居委会主要领导进行深度访谈；其二，对3个社会组织（P社会工作服务社、Q社会工作服务中心、W庇护工场）的12个对象进行访谈；其三，对社区舞蹈队负责人4人及若干居民代表进行访谈。[①] 这些深度访谈材料将构成本书的主要论证材料。

本书所使用的官方文献材料有《社会组织登记管理文件汇编》、《顺德"大部制改革"》（内部资料）、《改革印记》（内部资料）、《顺德综合改革30年》等。还有顺德区社会政策科、容桂街道办党办、调研组、社会工作局等提供的"简政强镇"改革、社会组织培育、厘清政社关系等相关党政文件。为了增强论证的力度，本书还引用了新闻报道、影像材料等作为本书的论证材料。通过对档案、党政文件及宣传材料的收集，包括政府公文、工作报告、政策法规及统计年鉴等，将有助于从纵向上理解基层政府的运作机制，进而弥补观察中的不足与遗漏。通过这个策略来克服局外人困境的局面。总之，调查或访谈所获得的材料、官方提供的党政文件及官方文献应该与研究者的理论问题、理论视角与框架和理论提炼密切

---

① 具体访谈目录见附录。

相关。

因而，本书所使用的经验分析资料主要包括两个部分，即对基层干部、村干部、社会组织工作人员和村民（包括外来务工人员）的访谈资料和镇志、基层政府的文件资料等。

此外，非参与式观察也是本书的重要研究策略，主要是参加基层政府、社会组织、村委会、社区行政服务中心及决策咨询委员会所召开的会议。例如，跟随政府工作人员去现场处理问题，观察他们的行为等；在村委会和社区服务中心蹲点观察村委会工作人员、社区行政服务中心的工作人员以及来到社区行政服务中心办理事务的社区居民等。然而，由于基层政府运作具有复杂性与多样性的转变，因此研究者在田野调查中会面临一定的困难，正如应星在《大河移民上访的故事》所谈到的，"作为局外人，调查者因此只能观察到日常运作中显示出的那些外在形式，诸如权力运行的正式规则、意识形态的话语表述等。"[1]对于研究者面临的调查困境，笔者采用针对一个访谈问题对不同的访谈对象进行访谈，这样就能更深入地了解组织机构的运作机制，不断地贴近真实状态。

为了避免刻板化地解读基层政府的运作机制，本书将采用"结构—制度"与"过程—事件"兼顾的研究策略，从而有效地解释基层政府运作的复杂性和多元性。尽管两种研究策略属于不同的话语体系，但是两者所提供的都是对"现实"的话语建构。[2] 因此，这种研究策略则有助于更有效地解释基层政府的运作机制。

三 田野个案：为什么是容桂？

正如 Robert E. Stake 所言，研究者在个案研究中选取个案要综合考虑多方面因素，包括他个人的兴趣、是否有从事研究的途径等。顾名思义，选取个案的研究潜力比代表性更为重要，并非一定要选取典型的个案。[3] 本书选择的容桂街道"简政强镇"改革个案具有一定的理论意义和经验价值。选择容桂街道改革作为案例的原因如下：

---

[1] 应星：《大河移民上访的故事》，三联书店 2001 年版，第 344 页。
[2] 谢立中：《结构—制度分析，还是过程—事件分析？——从多元话语分析的视角看》，《中国农业大学学报》2007 年第 4 期。
[3] Robert E. Stake, Qualitative Case Studies, In Norman K. Denzin and Yvonna S. Lincoln (eds.), The Sage Handbook of Qualitative research, Sage Publications, 2005, p.444.

首先，2009年，容桂街道办是广东省佛山市的两个"简政强镇"试点镇街之一。在基层治理改革中，容桂街道"简政强镇"改革具有标本性意义。

> 率先发展也率先遇到了经济社会的深层次矛盾和问题，率先遇到了影响科学发展的体制机制约束，率先遇到了传统发展模式的瓶颈和挑战，突出表现是城市发展空间受到限制、经济发展质量有待提高、规划引领作用不明显、城乡发展不平衡等，只有通过率先改革，才能破解这些率先碰到的问题，容桂的发展才能再上新台阶。①

其次，改革开放40年，容桂街道的经济发展水平较高，但是社会管理滞后问题也比较突出。正如原顺德区委书记L所说："容桂地区的经济总量比较大，在发展过程中碰到的问题和体制制约也最突出；容桂街道的城市人口特别是外来务工人员比较多，社会管理任务比较繁重。"② 传统意义上的经济发展和社会管理模式已经不能适应社会发展的需要。"简政强镇"事权改革试点正是解决社会建设过程中存在问题的一项举措，改革的实践经验能够给其他地区提供借鉴。

再次，容桂具有改革创新的历史基础。2001年，容桂街道在顺德农村管理体制改革中效果较好，这个传统因素是容桂街道"简政强镇"事权改革的历史支撑。

> 容桂一向有改革创新的传统，2001年顺德农村管理体制改革就是在总结容桂部分村居改革经验的基础上全面铺开的。这次改革试点全省总共4个，容桂是其中之一，承担着重要的试点任务，不仅要为全区镇级改革探索经验，也肩负着为全省乡镇行政管理体制改革先行先试，提供示范的历史重任。③

---

① 《在顺德区容桂街道"简政强镇"事权改革试点工作动员大会上的讲话》（录音整理，2009年11月9日）。

② 刘海：《在顺德区容桂街道"简政强镇"事权改革试点工作动员大会上的讲话》（2009年11月9日，录音整理）。

③ 《在顺德区容桂街道"简政强镇"事权改革试点工作动员大会上的讲话》（录音整理，2009年11月9日）。

容桂街道是由桂洲镇和容奇镇合并而成的。成立于2000年2月。随后，容桂镇经历了撤镇建区，成立了容桂区。由于顺德被划入佛山市，并成为佛山市下面的一个区。2003年1月，顺德容桂区又转变为容桂街道办事处。容桂街道地处顺德区南部，是顺德中心城区的重要组成部分，靠近广州，毗邻港澳，地理位置优越，交通便利，105国道、碧桂路、广珠西线、太澳高速等重要交通枢纽贯穿而过，广珠城际轨道贯穿全境并在容桂设站。辖区面积80平方公里，下辖23个居委会，3个村委会，常住人口近50万，其中户籍人口20多万，外来人口30多万。容桂街道曾荣获"中国品牌名镇"、"中国书画艺术之乡"、"中国曲艺之乡"、"中国盆景名镇"等荣誉称号。

经历了改革开放40年的发展，容桂的经济实力不断增强，成为珠江三角洲地区重要的工业制造基地，是顺德地区主要的经济重镇、经济总量为全区最大，充分诠释了草根经济强劲的生命力。容桂街道现有各类企业及个体工商户近两万家，超亿元企业111家、超十亿元企业19家、超百亿元企业两家，高新技术企业48家，拥有海信科龙、德美化工、盈天医药、万和新电气、华声股份等上市公司5家，初步形成了智能家电、信息电子、医药保健、化工涂料、机械模具等支柱产业，汽车配件、精密机械等新兴产业发展迅猛，电子商务、物联网等现代服务业迅速崛起。截至2011年年底，容桂街道拥有中国驰名商标5个，广东省著名商标28个，广东省名牌产品28个。容桂街道工商税收48.55亿元，金融机构人民币年末存款余额384.68亿元，居民储蓄余额261.07亿元。2010年，容桂街道工业产值达到1376.4亿元，经济总量全区最大，顺德人习惯地称之为"千亿大镇"。

为了落实广东省委、省政府"富县强镇"战略部署，2009年11月，广东省选取佛山市和东莞市的一些经济强镇作为"简政强镇"事权改革试点镇街。佛山市选择顺德区容桂街道和南海区狮山镇作为佛山市"简政强镇"事权改革试点镇街。根据广东省委省政府颁布的《关于简政强镇事权改革的指导意见》规定：强调要"转变镇级职能，下放权限，理顺关系，优化镇级机构设置和编制配备，创新体制机制，深化人事制度改革，增强基层活力，建立适应城乡统筹协调发展需要的镇级行政管理体制和运行机制。"① 根据广东"富县强镇"改革的相关文件规定，广东镇/街

---

① 广东省委办公厅、省政府办公厅：《关于简政强镇事权改革的指导意见》（粤办发[2010] 17号）。

体制改革具有"放减并举"的特点:一方面要求上级政府给镇/街道放权;另一方面要求镇/街道向社会放权。

2009年以来,作为"简政强镇"事权改革试点,容桂街道以重构党政组织架构为突破口,厘清了政府与社会、市场的关系,打出了一套基层政府改革的"组合拳"。通过对容桂街道"简政强镇"改革实践的观察来看,其改革实践主要包括两个步骤:一是党政机构内部结构的调整,其涉及完善行政结构、增强行政管理权力配置,优化公共决策机制,提升公共服务职能等;二是党政机构外部治理结构的优化,其涉及政府放权、还权于社会,增强社会组织服务能力,激发基层社会的活力等。

第六节 论证框架

为了考察"简政强镇"事权改革背景下基层政府的行为转变对国家政权建设的影响,我们在既有研究成果的基础上(第一章、第二章);在国家政权建设理论的启发下,通过对容桂街道"简政强镇"事权改革实践的阐释,本书探索基层政府从"经营型政府"向"服务型政府"转变的路径(第三、四、五、六、七章);通过对改革的成因、改革的过程及改革的效果等三个维度的分析,本书将进一步探讨"简政强镇"事权改革背景下的基层政府行为转变对国家政权建设的影响及改革所面临的限度(第八章)。

第一章:本章主要围绕研究问题、研究意义、界定概念、理论视角、研究方法、资料收集、田野个案介绍及其本书的论证思路等展开论述,为后面的研究工作奠定基础。

第二章:我们介绍了国家政权建设理论的内涵、争论及本书的应用策略。在国家政权建设理论的启发下,我们分析了新中国成立以来,基层政府从"代理型政权"到"经营型政府"的路径及其所面临的困境。基于理论与实践,我们分析基层政府行为从"经营性行为"向"服务性行为"转变的理论进路,为研究的进一步展开打下了基础。

第三章至第六章:这部分是对容桂"简政强镇"事权改革的案例分析,也是本书的主体部分。通过容桂街道改革实践的分析来验证我们提出的五个研究假设。这部分主要围绕改革的成因分析、改革的实践分析、改革的结果分析等三个方面展开论述。因而,第三章主要通过论述改革开放以来容桂街道工业化进程的历史轨迹,揭示了容桂街道进行"简政强镇"事权改革的内在逻辑。第四章和第五章是容桂街道改革的实践分析,笔者主要围绕"放权逻辑"和"还权逻辑"对容桂街道"简政强镇"事权改革的过程进行分析。第六章是容桂街道"简政强镇"事权改革的实施效果进行分析,笔者的视角主要是地方治理格局的创新、政府服务质量的提高及社会服务水平的提升。

第七章:这部分主要探讨容桂街道"简政强镇"事权改革何以可能。首先介绍了地方政府改革的两种路径。在此基础上指出容桂街道改革探索出"上级政府驱动、基层社会推动、基层政府主动"的"第三条路径"。

第八章:这部分主要从基层政府角色的转变与改革自身的实践价值及限度对容桂街道"简政强镇"事权改革进行总结和理论提升,进而通过与既有相关研究工作进行学术对话来凸显本书的研究价值。

结论与讨论:这部分主要回应基层政府改革对国家政权建设的影响,并揭示"服务性整合"是国家政权与基层社会实现对接的一种路径。

第二章

理论视角：基层政府行为与国家政权建设

为了解决我们提出的问题，基于现有研究的不足，我们将在国家政权建设的理论视角下来探讨"简政强镇"事权改革背景下基层政府的行为转变。为此，这部分主要从以下几个方面展开：第一，这部分交代了本书所使用的理论视角——国家政权建设理论，我们阐述国家政权建设理论的含义、争论以及国家政权建设理论在解释中国相关问题的应用。第二，在国家政权建设理论的启发下，我们解释了新中国成立以来基层政府的行为转变对国家政权建设的影响。最后，笔者指出本书进一步讨论的空间，为本书的进一步展开做出铺陈。

第一节 国家政权建设理论的含义与争论

自晚清以来，中国的政治发展与社会转型吸引了中西方研究中国问题学者的广泛关注，"国家政权建设"理论即成为分析中国政权建设问题的一个比较有影响力的经典理论解释框架和研究工具。在中国政治研究中，国家政权建设也被译为（现代）国家建设、国家政权建设、现代国家建构等。① 学者

---

① 当代中国政治学界影响较大的学者（如林尚立、王绍光等）很少使用"国家政权建设"的提法，在他们的表述中，他们更倾向于使用现代国家，现代国家建设、国家建设等。他们以此来关注中国的民主集中制、政治协商制度、政党制度、新农村建设、税收结构等。他们认为，中国近代以来的发展轨迹和未来方向是现代化，现代化决定了中国要建立现代国家，建立现代国家的过程，即为现代国家建设，具体包括国家政权建设和国家制度建设两个过程。政权建设只是中国建立现代国家的初始步骤，而后只有通过制度建设来完善现代国家的职能和目标，才能建成现代国家。这个逻辑背景下的研究主要关注政党制度、政治协商制度。公共政策等。参见林尚立等《改革开放30年：政治建设与国家成长》，中国大百科全书出版社2008年版。转引郝娜《政治学语境中的"国家政权建设"——一个关于理论限度的检视》，《中共浙江省委党校学报》2010年第3期。

们对"国家政权建设"的表述的多样性正体现了学者研究旨趣的不同。

"国家政权建设理论"是由查尔斯·蒂利等学者从西欧近代民族国家的演进过程中提炼出来的一个重要的分析框架,是欧洲国家形成过程中所出现的一个词汇。16世纪至18世纪的欧洲国家正值战争状态,战争需要大量的人力和财力,为了有效地动员群众和汲取更多的财源,统治者就必须要把官僚化和理性化的国家政权渗透到基层社会以增强税收机构的汲取能力及基础政权的官僚化水平。① 因此,国家政权建设是统治者创设一系列制度、规则和机构把分散的、多中心的、割据的社会通过权威贵族组织起来,实现国家的统一,从而建立起国家与社会的直接联系的转变过程,其基本目标是建立一个合理化的,能够对社会有效动员和监控的政权体系。② 国家政权建设指统治者以税收和动员为目的而进行的基层政府官僚化,将政府机构及工作人员安插到基层社会,增强国家政权的渗透能力,最终促成西欧国家的形成。西欧国家政权建设是统治者与社会阶层在讨价还价的过程中"形成"的,而不是"建设"的结果。③ 因此,从西欧国家形成的进程来看,专制的王权与地方社会的力量之间的张力始终是近代西欧国家形成时期的一般情形。④ 国家政权建设理论框架主要解决的是国家权力的集中与制衡的问题,其最终目的是建立一个中央集权化的国家。⑤

然而,因为近代西欧国家政权建设与近代中国国家政权建设面临着不同的政权建设目的,所以西欧国家形成过程不能完全复制于近代中国国家政权建设。自秦始皇建立秦朝开始,中国就是一个统一的多民族国家,而不像欧洲封建制国家是多中心的、多权威的、分散的权力格局。中国语境中的近代国家政权建设意味着国家权力或中央政府着力打破由地方精英垄

---

① 迈克尔曼:《社会权力的来源》(第一卷),刘北成、李少军译,上海人民出版社2007年版,第582—602页。

② 张静:《现代公共规则与乡村社会》,上海书店出版社2006年版,第44页;张静:《国家政权建设与乡村自治单位——问题与回顾》,《开放时代》2001年第9期。

③ 查尔斯·蒂利:《强制、资本和欧洲国家》,魏洪钟译,上海人民出版社2007年版,第109页。

④ 邓正来:《国家与社会研究框架的建构与限度——对中国乡土社会研究的评论》,王铭铭、王斯福主编《乡土社会的秩序、公正与权威》,中国政法大学出版社1997年版。

⑤ 王国斌:《转变的中国:历史变迁与欧洲经验的局限》,江苏人民出版社2005年版,第87—88页。

断基层社会的局面，破坏了传统基层社会自治的局面，将"双轨政治"变成"单轨政治"，从而使得国家权力能够有效地控制和整合基层社区，进而引发基层社会发生全方位的变迁。① 所以，近代中国国家政权所面临的问题是国家权力如何有效地实现对基层社会的整合与渗透，进而获得基层社会的认同。

当然，学界从不同的角度对"国家政权建设理论"能否应用于解释中国国家政权建设的探讨。张静对应用"国家政权建设理论"来解释中国基层政府行为进行了反思性的批评，她指出，用"国家政权建设"作为影响乡村社会变迁的基本动因，或者认为中国基层社会一些变化是国家政权建设的结果，这样理解"国家政权建设理论"仍可商榷。② 她认为，国家政权建设并非只是涉及权力扩张，它必定涉及权力本身性质的变化，国家组织角色的变化，各种制度——法律、税收、授权和治理方式的变化及公共权威与公民关系的变化。国家必须转变为公共性的组织，政府的行为必须有新的治理规则来约束。③ 从国家政权建设理论的规范性含义看，近代中国的权利与治理规则并没有转变，而是改变了卷入地方事务的原精英的身份，成为为官方服务的基层组织。④ 承接张静对"国家政权建设"理论的批评，吴毅也对"国家政权建设理论"在运用基层政府行为研究方面提出自己的解释思路，他主张以"国家治理转型"来代替"国家政权建设"，而不是用"加强"、"扩张"等词汇来展现国家权力的效能。然而"国家治理转型"并不主张弱化国家政权建设理论解释中国国家政权建设的效力，而是为了更好地接近中国近代国家政权建设经验的规范内涵，并将其作为分析当前基层政府行为的方向。"国家治理转型"既包含了对国家政权建设中关于合法性建构和重塑治理之道的关注，又包括增强基层政府的基础性权力等内容。⑤ 刘金志、申端锋在反思国家政权建设框

---

① 陈益元：《建国以来农村基层政府行为研究述评》，《文史博览》2007年第9期；石发勇：《法律志愿服务组织与国家政权建设——以上海志愿者法律服务组织为例》，《社会主义研究》2011年第4期；杜赞奇：《文化、权力与国家》，王福明译，江苏人民出版社2008年版等。

② 张静：《国家政权建设与乡村自治单位——问题与回顾》，《开放时代》2001年第9期。

③ 张静：《基层政府：乡村制度诸问题》，上海书店出版社2006年增订版，第305页。

④ 同上书，第43—46页。

⑤ 吴毅：《治道的变革——也谈中国乡村社会的政权建设》，《探索与争鸣》2008年第9期。

架的基础上认为这个理论无法凸显基层政府的行为转变。他们主张沿着"发现社会"的路径,发现了地方秩序,并试图用地方秩序框架而不是国家政权建设框架来理解基层政府的性质和逻辑,因为国家政权建设框架把基层秩序当作改造的对象而失去了基层秩序的主体性。[①]

虽说学界从不同的侧面对国家政权建设理论进行了反思与批评,但并不能减弱国家政权建设理论对解读基层社会变迁及基层政府研究的魅力,学界对国家政权建设理论的反思正是为了能够更有效地使用这个解释框架来解决变迁中基层社会及基层政府行为的一些重大问题。此外,虽说近代中国的国家政权建设的变迁与欧洲国家的历史走向有不同的路径,但是,在批判性反思的基础上,国家政权建设理论为我们有效地理解基层政府行为提供了一个很好的研究视角。因此,当我们运用国家政权建设理论来进行基层政府相关研究的时候,我们应该从本土化的路径出发,结合中国国家政权建设的实际情形反思性地使用。

第二节 基层政府行为变迁与国家政权建设

从西欧国家政权建设的经验来看,国家政权建设是统治者创设一系列制度、规则和机构把分散的、多中心的、割据的社会通过权威贵族组织起来,打破地方社会的分散化力量,实现国家的统一,从而建立起国家与社会的直接联系的转变过程,其基本目标是建立一个合理化的,能够对社会有效动员和监控的政权体系。[②] 从近代以来中国经验来看,国家政权建设涉及国家政权如何通过有效的手段实现对基层社会的渗透,强化基层民众对国家政权的认同,增强国家政权对基层社会的整合。

国家政权建设包括两个方面:一方面,国家权力能够通过基层政府有效地渗透、延伸、下沉到基层社会,消除地方社会权威体系,实现对基层社会的资源汲取与有效整合,增强国家政权的统一性与合法性;另一方面,国家政权的合法性不是单靠汲取受益的,其合法性很大程度上来源于国家制定满足群众需求的社会政策,并通过下沉到基层社会的官僚组织为

[①] 刘金志、申端锋:《乡村政治研究评述:回顾与前瞻》,《开放时代》2009 年第 10 期。
[②] 张静:《现代公共规则与乡村社会》,上海书店出版社 2006 年版,第 44 页。

基层民众提供公共服务、维护社会秩序等方面,进而实现基层社会(民众)对国家政权的认同。① 这就要求国家政权在"整合逻辑"与"合法性(认同)逻辑"之间寻找一个平衡点,在实现国家整合和资源汲取的同时,能够为基层民众提供更多的民主权利和更优质的公共服务,以夯实国家政权建设的合法性。

某种意义上,国家政权建设可以理解为国家政权整合基层社会的能力。徐勇指出,国家整合(国家政权建设)是"通过国家的经济、政治、文化等力量将国家内部的各个部分和要素结合为一个有机的整体"。② 一般来说,国家政权整合基层社会具有多种面向,每个面向都具有一个国家政权建设的实践主题。通过对学界相关研究的观察,我们发现,国家政权通过经济层面③、政治层面④、文化层面⑤实现对基层社会的整合。基层政府在国家政权建设中扮演着关键性角色。因而,本书把研究的焦点集聚在基层政府的行为转变上,即基层政府行为转变对国家政权建设产生何种影响,或基层政府行为转变如何影响国家政权建设?

一般来说,基层政府在国家政权建设过程中扮演着"钟摆"角色,能否摆正基层政府的定位很大程度上决定着国家政权建设的效果。从中国行政区域划分来看,"地方政府"包括省级政府、市级政府、县乡级政府四级。其中,省市两级政府在国家政权与基层社会(民众)之间的关系中主要起上传下达的作用,不涉及与基层民众的直接接触,与基层社会的

---

① 张静:《国家政权建设与乡村自治单位——问题与回顾》,《开放时代》2001年第9期。
② 徐勇:《国家整合与社会主义新农村建设》,《社会主义研究》2006年第1期。
③ 杜赞奇:《文化、权力与国家——1900—1942年的华北农村》,王福明译,江苏人民出版社2008年版;黄冬娅:《转变中的工商所——1949年后国家基础权力的演变及其逻辑》,中央编译出版社2009年版,第290页。
④ 徐勇:《"政党下乡":现代国家对乡土社会的整合》,《学术月刊》2007年第8期;徐勇:《"政权下乡":现代国家对乡土社会的整合——农村基层政府行为的国家视角》,《贵州社会科学》2007年第11期;徐勇:《"行政下乡":动员、任务与命令——现代国家向乡土社会渗透的行政机制》,《华中师范大学学报》(人文社会科学版)2007年第5期;杨翠萍:《组织下乡:现代国家中的妇女组织建构——以华北黄县的史料分析与实证调查为例》,《妇女研究论丛》2009年第1期;石发勇:《法律志愿服务组织与国家政权建设——以上海志愿者法律服务组织为例》,《社会主义研究》2011年第4期。
⑤ 李海金:《"符号下乡":国家整合中的身份建构——侧重于土地改革时期的分析》,《贵州社会科学》2007年第11期;费爱华:《"电视下乡":新时期国家整合乡村社会的逻辑》,《学海》2012年第5期。

联系不大，而乡镇政府（街道办）作为国家政权体系的最基层政府组织与基层民众联系最为紧密，在国家政权与基层社会之间扮演着重要的角色，是影响国家政权建设的关键变量。国家政权正是通过乡镇政府/街道办来把国家的政策渗透到家庭和个人，进而实现国家政权对基层社会的整合，以获得基层民众对国家的认同。从国家政权与基层政府的关系上看，国家政权能否有效地规约基层政府使其能够服从国家政权的安排是国家政权建设过程中面临的最大挑战。从基层政府与基层社会关系上看，基层政府能否改善其治理能力，为基层民众提供优质的公共服务、维护基层社会的公共秩序是国家政权整合基层社会的关键步骤。

理论上，基层政府作为国家政权的神经末梢，基本任务是有效地执行国家所颁布的政策规定和制度安排，使得国家政策能够通过基层政府的传导性作用渗透到基层社会。迈克尔·曼认为，国家基础性权力的强弱很大程度上决定国家能力的强弱，加强国家基础性权力是国家政权建设的关键所在。① 弗朗西斯·福山也认为，软弱无能的国家或失败的国家已经成为当今世界许多严重问题的根源。他强调第三世界国家政权建设对国家能力建设具有重要的推动作用。软弱的国家、无能的国家则依赖于国家建构以增强国家能力，而国家能力的增强则有赖于国家基础性设施的完善。② 此外，黄冬娅通过对第三世界国家政权建设研究的梳理，也认为构建一个能够执行政治经济政策、提供公共服务、维护社会秩序的国家的基础性权力是第三世界国家政权建设所面临的主要任务。③ 因而，基层政府的行为转变是我们思考中国国家政权建设的重要前提，是影响中国国家政权建设成效的重要变量。本书所要探讨的正是基层政府的行为转变如何影响国家政权建设。下面，我们将通过新中国成立以来，基层政府的角色及行为变迁对国家政权建设的影响，进而指出本书进一步研究的空间。

---

① 迈克尔·曼认为，国家权力可以划分为"国家绝对性权力"和"国家基础性权力"。他进一步指出，强制性权力是一种凌驾于社会之上的驾驭社会的权力，它可以在不经过与其他抗衡的权力协商的情况下直接影响社会；而基础性权力则指国家政权通过其基础设施渗透社会生活有效贯彻其意志和决定的能力，亦指国家通过其基础设施渗透和集中地协调基层社会活动的权力。迈克尔·曼：《社会权力的来源》（第一卷），刘北成、李少军译，上海人民出版社2002年版。

② [美]弗朗西斯·福山：《国家建构——21世纪的国家治理与世界秩序》，黄胜强、许铭原译，中国社会科学出版社2007年版，第1页。

③ 黄冬娅：《比较政治学视野中的国家基础权力发展及其逻辑》，载肖滨主编《中大政治学评论》（第三辑），中央编译出版社2008年版。

一 基层政府的代理性行为

传统中国，中央政府具有较高的集权能力，但是国家权力对基层社会的渗透能力较低，国家权力与基层社会的关系是"油与水"的关系。① 在县级政府以下的地方社会，在"皇权不达县"的背景下，"士绅"或"乡绅"是非常重要的地方权威的代表。他们控制着地方社会的内部事务，他们不经过官方的授权，不具有官方身份，很少与中央权威发生关系。黄宗智和李怀印的相关研究表明，中国地方行政实践广泛地采用了"半正式的行政办法"或"实体治理"的方式，依赖由地方社会独自提名的准官员来进行县级以下的治理。② 一言以蔽之，中国有两个治理系统——国家权威和县乡自治。因而，传统中国国家政权对基层社会的渗透和整合能力是非常有限的。出于近代中国现代化建设的需要，为了实现国家政权对基层社会的渗透能力、加大对基层社会的财政汲取力度，国家需要在基层社会寻求国家政权的代理人，从而增强国家的税收能力。③ 然而，在国家政权下沉到基层社会的同时，乡村的"权力的文化网络"遭到破坏，乡绅精英则演变成为无恶不作的"劣绅"，乡村中的经纪人由"保护型经

---

① 王先明：《近代绅士》，天津人民出版社 1997 年版，第 21 页。

② "集权的简约治理"体现半正式的行政方法。他依赖于低成本、低负担和高效率的方式来实现税收、调解纠纷和公共事业建设等治理与行政目标。在某种意义上，李怀印的"实体治理"则比黄宗智的"集权的简约治理模式"走得更远，他以晚清和民国时期的河北省获鹿县为个案，提出"实体治理"来刻画乡村治理中国家的不干预、放任主义的导向和县级以下地方行政的半正式做法。这个解释概念主要指出政府目标和地方非官方制度安排的融合，并以此与以往中央集权的科层制的运作模式区别开来。"实体治理"划出了一个特定的领域，即国家和社群共同参与，官方职能与地方制度安排交织在一起。李最后也批评道，"实体治理"的做法会蚕食国家的特权，因此会遭到国家对"实体治理"的限制。详细参见黄宗智《集权的简约治理：中国以准官员和纠纷解决为主的半正式基层行政》，载《经验与理论：中国社会、经济与法律的实践历史研究》，中国人民大学出版社 2007 年版；黄宗智：《集权的简约治理：中国以准官员和纠纷解决为主的半正式基层行政》，《开放时代》2008 年第 2 期；李怀印：《华北村治——晚清和民国时期的国家与乡村》，中华书局 2008 年版；张仲礼：《中国绅士——关于其在 19 世纪中国社会中作用的研究》，李荣昌译，上海社会科学院出版社 1991 年版。

③ [美] 西达·斯考切波：《国家与社会革命：对法国、俄国和中国的比较分析》，上海人民出版社 2007 年版，第 84—87 页。

纪"恶变为"赢利型经纪",导致国家政权建设的"内卷化"。① 直到新的中国政权成立,国家政权建设"内卷化"状态才得以终结。

新中国成立以后至改革开放之前,中国处于国家支配社会的阶段。国家政权垄断着国家的全部资源,并通过对各个领域的严密控制实现国家政权直接控制社会的目的,国家力量之外的民间力量要么被打压,要么成为国家政权的组成部分。在此基础之上,国家政权形构成了学者们所概括的国家政权与社会各领域一体化的"总体性社会"。② 为了实现对农村社会和城市社区的有效管理,1954 年《中华人民共和国宪法》规定,乡、民族乡及镇作为基层政府,并管理辖区内部农村(城市)社会的内部事务;而城市街道办事处成为国家政权管理城市社区基本事务的政权组织。因而,城市街道办事处的行政级别相当于乡镇行政区的行政级别。虽说街道办事处不属于一级政权,但是其履行的职责和功能与乡镇政府基本一致。自此,乡镇或街道办事处成为国家政权在基层社会的代理人,代替国家政权来管理辖区内基层社会的各类事务。可以说,建国初期,在国家总体支配社会的背景下,基层政府并没有发展出自身的独特利益,而是忠实地贯彻与落实中央政府的方针、政策。国家政权有效地依靠动员、命令等方式将国家意志传递到基层社会,从而把分散化的基层社会整合到国家政权体系中来。③

1958 年,中国进入人民公社化时期。全国乡镇基层政府被取消,取而代之的是成立人民公社。人民公社是一种政治与经济合二为一的混合体。杨善华、苏红研究发现,人民公社时期,基层政府在某种程度上也通过一定的途径在经营领域从事经营活动,为自己所属集团谋取利益,扮演着"代理型政权经营者"角色。④ 不过,这种经营性行为更多地是代替国家政权来进行经营,他们经营的目的主要是执行国家的意志,代替国家管理、组织辖区内的经营活动,并没有从事为自己谋取私利的行为。因为基

---

① 杜赞奇:《文化、权力与国家——1900—1942 年的华北农村》,王福明译,江苏人民出版社 2008 年版,第 1 页。
② 孙立平:《现代化与社会转型》,北京大学出版社 2005 年版,第 160 页。
③ 徐勇:《"行政下乡":动员、任务与命令——现代国家向乡土社会渗透的行政机制》,《华中师范大学学报》(人文社会科学版)2007 年第 5 期。
④ 杨善华、苏红:《从"代理型政权经营者"到"谋利型政权经营者"——向市场经济转型背景下的乡镇政权》,《社会学研究》2002 年第 1 期。

层政府的管理者身份是受到上级政府的授权的，为了维护他们的"公家身份"，他们不会冒风险去抵制国家政策而从事谋取私利的行为。总之，虽说基层政府在经营层面具有一定的自主空间，但贯彻来自中央政府的政策与方针，管理辖区内部的社会事务是基层政府的重要职责。贯彻国家意图、落实国家任务、执行上级指令是基层政府所扮演的主要角色。

如果说，新中国成立初期和人民公社时期的基层政府扮演着国家政权在基层社会的代理人角色的话，那么"文化大革命"时期的基层政府则扮演着"革命型政权"的角色。新中国成立以后基层政府的党委、政府及人大的三元组织格局被革命委员会所取代，革命委员会是由群众组织负责人、当地驻军负责人与革命领导干部三个部分所组成的组织机构。这一时期基层政府的运作逻辑是在党的一元领导下进行的，基层政府的全部行动和命令均听从于中央政府的安排，贯彻和执行国家的意志。某种意义上，代理型政权与革命型政权都可以理解为是国家政权在基层社会的代理人。因为他们所开展的活动都在国家政策、国家意志的指导下来进行的。

二 基层政府的经营性行为

改革开放以后到"撤社建乡"以来，基层政府在执行国家政策、促进基层社会和谐发展、提升公共服务水平、维护社会稳定等方面具有重要的作用。然而，改革开放之后，基层政府逐步从代理型政府向经营型政府转变。

20世纪80年代初，中央政府推行"分灶吃饭"式财政体制改革。随着改革的不断深入，基层政府追求自身利益的动机被激发出来，并且这一行为也得到上级政府的认可。地方政府（尤其是基层政府）获得了较为宽松的经济发展空间，他们凭借自身的条件，走向经营企业之路。他们通过筹办乡镇企业，推动着中国经济的快速增长。杨善华、苏红的研究发现，在工业化程度较高的地区，乡镇政府从事经营活动更为频繁，他们既不是为了完成国家的财政任务，也不是为社区的福利，而是为了本级乡镇政权这个集体谋取私利。"它依靠行政权力来实施经营，编制庞大的权力关系网络，以获取更多的资源，控制更多的资产"。[①] 基层政府具有明显

---

① 杨善华、苏红：《从"代理型政权经营者"到"谋利型政权经营者"——向市场经济转型背景下的乡镇政权》，《社会学研究》2002年第1期。

的"公司化"、"公司主义"倾向。① 总之,中央政府推行的"财政包干"的财政体制助长了基层政府的谋利性行为。这表明,与改革开放之前不同,改革开放之后的基层政府并不是一个有效地执行国家政策旨意的行为主体,而是成为权力与经济纠结在一起的经营型政府。这种类型的政权具有明确的实用主义倾向,它的行动逻辑自始至终以获取最大的利益为目的。

与此同时,改革开放之后,国家政权建设的合法性主要来自于经济绩效合法性,即靠拉动经济增长为实现政治绩效的主要手段来实现国家政权建设的合法性。② 在这个背景下,基层政府纷纷投入到发展经济的大潮中,运用各种手段以为中国经济建设添砖加瓦。然而,基层政府获取的利益并没有(或者很少)用于完善社区民众需求,而是为了获取自身利益,离间了国家政权与基层社会,形成一个具有很强独立意识的利益集团。这直接导致了两个后果:其一,基层政府赚取的利益并没有用于改善社区民众生活;其二,大大弱化了中央的财政能力,最终导致中央政府向地方政府借债度日。

为此,为了遏制基层政府的经营性行为,同时强化中央政府的财政实力,1994年,中央政府实行相对集权的财政体制。基层政府的财政能力受到一定程度的限制。然而,基层政府也不断突破既往发展经济的思路,开始进行招商引资、开发土地、销售房地产来扩充财源。③ 基层政府的经营企业、经营城市、招商引资等行为一方面囤积了大量的金融风险,另一方面由于政府对民众的低价补偿而酝酿了潜在的社会风险。④ 基层政府的这些经营性行为正印证了城郊居民和农民对抗政府的局面。在"压力型体制"和"稳定压倒一切"的执政思维下,为了能够在晋升锦标赛中博得一个好名次,基层政府逐渐地恶化以"策略主义"为生存之道的"维控型政权"。⑤

---

① 赵树凯:《破除"地方政府公司主义"》,《中国改革》2006年第8期。
② 杨宏星、赵鼎新:《绩效合法性与中国经济奇迹》,《学海》2013年第3期。
③ 孙秀林、周飞舟:《土地财政与分税制:一个实证解释》,《中国社会科学》2013年第4期。
④ 周飞舟:《生财有道:土地开发和转让中的政府和农民》,《社会学研究》2007年第1期。
⑤ 欧阳静:《策略主义》,中国政法大学出版社2011年版。

经济绩效合法性在某种意义上确实为中国的经济建设做出了重要的贡献。但经济水平的持续增长并不是强化政权合法性的重要力量。某种意义上，经济的持续增长是以激化国家政权（政府部门）与基层民众之间的关系为代价的。执着于追求经济绩效合法性很容易使一个国家政权失去政治合法性。许多研究表明，经济绩效合法性对于维护后发达国家的政治稳定、维护社会秩序发挥了重要作用。但从长远来看，地方政府大力营造经济绩效合法性对国家政权建设具有一定负面效应。[①] 世界范围内国家政治动乱并不是出现在经济下滑阶段，相反是发生在经济水平持续增长阶段。

作为国家政权体系重要组成部分的基层政府，其所扮演的角色是把主要精力放在为辖区民众提供优质的公共服务与谋求公共利益上。这样才能发挥基层政府的应有作用，使其在理顺国家政权与基层社会的关系，强化基层民众对国家政权的认同，增强国家政权建设的合法性上贡献力量。然而，在经济增长作为政权合法性的背景下，基层政府的行动逻辑主要以经济发展为行动指南，通过经营性行为来获取巨额利润，为中国经济发展贡献力量。地方政府的经营性行为在促进地区经济发展的同时，却忽视了为基层社会提供公共服务的基本职责与义务。这在一定程度上制造政府与民众的紧张关系，并对国家政权建设构成了严峻的挑战。

总之，从新中国成立到改革开放之前，在国家总体支配社会的背景下，基层政府扮演着代理型政权的角色，帮助国家政权管理基层社会的各类事务，其主要工作任务是贯彻国家意志、落实国家任务及执行上级指令。然而，改革开放以后，随着财政体制改革，在"为增长而竞争"的背景下，基层政府从事着经营企业、经营土地、经营城市等行为，基层政府的经营性行为不仅没有为基层民众谋取公共利益、提供优质的公共服务，而且攫取了基层社会更多的社会资源，扮演着具有极大自主空间的政权经营者角色。这在一定程度上恶化了国家政权与基层社会之间的关系，削弱了国家政权建设的成效。

无论是理论上，还是经验上，基层政府从"经营性行为"向"服务性行为"、从"经营型政府"向"服务型政府"转变是国家政权建设的主要手段。本书拟在对既往相关研究工作进行梳理的基础上，通过珠江三角洲地区一个经济发达的基层政府"简政强镇"事权改革的案例研究，来

[①] 何显明：《绩效合法性的困境及其超越》，《浙江学刊》2004年第5期。

探讨基层政府从"经营型政府"向"服务型政府"转变的路径，在此基础上探讨基层政府的行为转变对国家政权建设的影响。

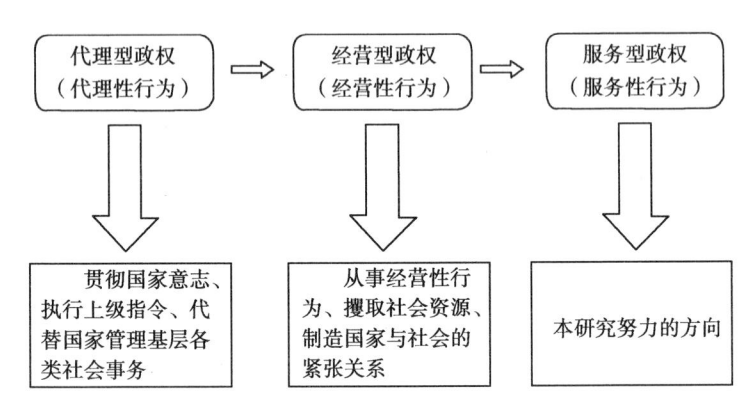

图 2-1　基层政权行为变迁的路径图

代理型政权（代理性行为）→ 经营型政权（经营性行为）→ 服务型政权（服务性行为）

代理型政权 ↓ 贯彻国家意志、执行上级指令、代替国家管理基层各类社会事务

经营型政权 ↓ 从事经营性行为、攫取社会资源、制造国家与社会的紧张关系

服务型政权 ↓ 本研究努力的方向

第三节　研究进路

从西欧国家政权建设的经验来看，国家政权建设即是将地方社会分散化、割据化的权力集聚到以国家政权为中心的权力体系之中，培养基层社会民众对中央政权权威的政治认同，从而取代地方社会权力体系提供的庇护关系，重塑并理顺国家政权与基层群众的权力与义务关系。国家政权建设的最终目标是理顺国家政权与基层社会（民众）的关系，建构稳定的基层社会生活共同体，强化国家政权的合法性。

从中国国家政权建设的经验来看，国家政权建设包括两个方面：一方面，国家权力能够通过基层政府有效地渗透、延伸、下沉到基层社会，消除地方社会权威体系，实现对基层社会的资源汲取与有效整合，增强国家政权的合法性；另一方面，国家政权的合法性不是单靠汲取受益的，其合法性很大程度上来源于国家制定满足群众需求的社会政策，并通过下沉到基层社会的官僚组织为基层民众提供公共服务、维护社会秩序等方面，进而实现基层社会（民众）对国家政权的认同。[①] 黄冬娅认为，国家政权整

---

① 张静：《国家政权建设与乡村自治单位——问题与回顾》，《开放时代》2001年第9期。

合基层社会的能力不仅仅包括国家机构与政府人员的下沉,而且包括国家配置资源来实现特定目标的能力、管理民众日常行为和维护社会秩序的能力。① 徐勇在"回归国家"的浪潮中,在吉登斯"国家理论"的基础上,他认为中国现代国家建构②具有两个阶段,一是民族—国家建设,一是民主—国家建设,前者是现代国家的组织形式,以主权为核心;后者是现代国家的制度体系,以主权在民为合法性基础。③ 实际上,正如杜赞奇所说:"国家权力在现代的扩展涉及一个双面的过程:一是渗透与扩张的过程,一是证明此种渗透与扩张过程的合法性。"④ 这就要求国家政权在"整合逻辑"与"合法性逻辑"之间寻找一个平衡点,在实现国家整合和资源汲取的同时,能够为基层民众提供更多的民主权利和更优质的公共服务,以夯实国家政权建设的合法性。

国家政权整合基层社会有多种路径(经济、政治、组织等),而本书所关注基层政府的行为特质对国家政权整合基层社会的影响。一般而言,国家政权建设涉及作为国家政权⑤的中央政府、扮演"传话筒"角色的地方政府与作为整合对象的基层社会(民众)三个行为主体。其中,地方政府是理解国家政权与基层社会关系的关键变量。从中国行政区域划分来看,"地方政府"包括省级政府、市级政府、县乡级政府四级。其中,省市两级政府在国家政权与基层社会(民众)之间的关系中主要起上传下达的作用,不涉及与基层民众的直接接触,与基层社会的联系不大,而乡镇政权(街道办)作为国家政权体系的最基层政府组织与基层民众联系较为紧密,在国家政权与基层社会之间扮演着重要的角色,是影响国家政权建设的关键变量。

从国家政权与基层政府的关系上看,国家政权能够有效地规约基层政府,使其能够服从国家政权的安排。从基层政府与基层社会关系上看,基

---

① 黄冬娅:《转变中的工商所——1949 年后国家基础权力的演变及其逻辑》,中央编译出版社 2009 年版,第 45 页。

② 现代国家建构与国家政权建设在某种意义上可以通用。

③ 徐勇:《"回归国家"与现代国家的建构》,《东南学术》2006 年第 4 期。

④ 杜赞奇:《从民族国家拯救历史——民族主义话语与中国现代史研究》,王宪明等译,社会科学文献出版社 2003 年版,第 86 页。

⑤ 在本书中,国家政权泛指国家政权建设的行动主体。有时是国家具体职能部门,有时是广东省政府,有时是顺德区政府等。

层政府应该改善其治理能力,为基层民众提供优质的公共服务,维护基层社会的公共秩序。一般而言,国家政权正是通过乡镇政权/街道办来把国家的政策渗透到家庭和个人,进而实现国家政权对基层社会的整合,进而获得基层民众对国家的认同。理论上,基层政府作为国家政权的神经末梢,应该有效地执行国家所颁布的政策规定和制度安排,使得国家政策能够通过基层政府渗透到基层社会。与此同时,国家政权通过基层政府为基层群众有效地提供公共服务,以此增强国家政权建设的合法性。因而,基层政府行为是我们思考国家政权建设的重要前提。

迈克尔·曼认为,国家基础性权力的强弱很大程度上决定国家能力的强弱,加强国家基础性权力是国家政权建设的关键所在。① 弗朗西斯·福山也认为,软弱无能国家或失败国家已经成为当今世界许多严重问题(贫苦、艾滋病、恐怖主义等)的根源。他强调第三世界国家政权建设对国家能力建设具有重要的推动作用。软弱的国家、无能的国家则依赖于国家建构以增强国家能力,而国家能力的增强则有赖于国家基础性设施的完善。② 此外,黄冬娅通过对第三世界国家政权建设研究的梳理,也认为构建一个能够执行政治经济政策、提供公共服务、维护社会秩序的国家的基础性权力是第三世界国家政权建设所面临的主要任务。③

然而,通过对既有研究工作的梳理发现,基层政府并没有按照国家政权建设的目标去实现国家政权与基层社会的良性互动,而是成为一个离间国家与社会具有很强自主空间的利益共同体。在政府机构设置与职能发挥方面,政府机构设置不合理、政府职能滞后、社会管理能力弱小等已经成为影响国家政权建设的重要因素。在基层政府的行为逻辑方面,在压力型体制运作下,"经济发展"成为上级政府考核的重要指标,成为官员晋升的重要手段。为了经济快速增长,基层政府往往不惜代价扮演着"经营

---

① 迈克尔·曼认为,国家权力可以划分为"国家绝对性权力"和"国家基础性权力"。他进一步指出,强制性权力是一种凌驾于社会之上的驾驭社会的权力,它可以在不经过与其他抗衡的权力协商的情况下直接影响社会;而基础性权力则指国家政权通过其基础设施渗透社会生活有效贯彻其意志和决定的能力,亦指国家通过其基础设施渗透和集中地协调基层社会活动的权力。迈克尔·曼:《社会权力的来源》(第一卷),刘北成、李少军译,上海人民出版社2002年版。

② [美]弗朗西斯·福山:《国家建构——21世纪的国家治理与世界秩序》,黄胜强、许铭原译,中国社会科学出版社2007年版,第1页。

③ 黄冬娅:《比较政治学视野中的国家基础权力发展及其逻辑》,载肖滨主编《中大政治学评论》(第三辑),中央编译出版社2008年版。

型政府"的角色,而忽视了为基层社会提供公共服务的基本职责与义务。基层政府的行为表现远远未达到国家政权建设的预期目标。因而,国家政权建设的重要任务是构建一个能够有效地执行国家政策、完成国家各项任务,提供完善的社会服务的官僚组织,而基层政府再造是改善国家政权建设成效的重要手段。

为了落实广东省委、省政府"富县强镇"战略部署,2009年11月,广东省选取佛山市和东莞市的一些经济强镇作为"简政强镇"事权改革试点镇街。佛山市选择顺德区容桂街道和南海区狮山镇作为佛山市"简政强镇"事权改革试点镇街。根据广东省委省政府颁布的《关于简政强镇事权改革的指导意见》规定:强调要"转变镇级职能,下放权限,理顺关系,优化镇级机构设置和编制配备,创新体制机制,深化人事制度改革,增强基层活力,建立适应城乡统筹协调发展需要的镇级行政管理体制和运行机制。"① 根据广东"富县强镇"改革的相关文件规定,广东镇/街体制改革具有"放减并举"的特点:一方面要求上级政府给镇/街道放权;另一方面要求镇/街道向社会放权。

2009年以来,作为"简政强镇"事权改革试点,容桂街道以重构党政组织架构为突破口,厘清了政府与社会、市场的关系,打出了一套基层政府改革的"组合拳"。通过对容桂街道"简政强镇"改革实践的观察来看,其改革实践主要包括两个步骤:一是党政机构内部结构的调整,其涉及完善行政结构、增强行政管理权力配置,优化公共决策机制,提升公共服务职能等;二是党政机构外部治理结构的优化,其涉及政府放权、还权于社会,增强社会组织服务能力,激发基层社会的活力等。

为此,我们以国家政权建设为理论视角,以容桂街道"简政强镇"事权改革为研究个案,从"强镇逻辑"与"简政逻辑"两个维度来建构本书的解释框架,来探讨容桂街道"简政强镇"改革背景下基层政府的再造对国家政权建设的影响,在此基础之上与既有研究工作展开对话。

---

① 广东省委办公厅、省政府办公厅:《关于简政强镇事权改革的指导意见》(粤办发[2010] 17号)。

第三章

改革成因：基层政府改革的历史脉络

2009年11月，在广东省"富县强镇"政策的驱动与顺德区进行综合改革的推动的背景下，容桂街道启动了"简政强镇"事权改革试点工作。容桂街道以"简政强镇"事权改革为突破口，在实现了党政组织结构的重组、权力运作机制的优化、政府社会管理能力的增强的基础上，有效地理顺了政府、市场与社会之间的关系，初步搭建起迈向服务型政府的基本架构。某种意义上，容桂街道"简政强镇"事权改革实践可以看做是强化国家政权建设能力的典型案例。那么，容桂街道"简政强镇"事权改革的依据是什么呢？本章将通过对改革开放以来容桂工业化进程的历史轨迹的梳理，尝试揭示了容桂街道经济社会发展所面临的困境，进而回答容桂街道实施"简政强镇"事权改革的必然性。

第一节 政府主导型乡镇企业的崛起

顺德地区具有扎实的制造业基础和浓厚的商业氛围，顺德人一向具有"创新求变、开拓进取"的基因。早在19世纪末，顺德人就发明了人工生态系统"桑基鱼塘"，大幅度地提高了蚕丝的产量。正是顺德具有丰富的蚕茧原料，加上具有大量熟悉缫丝技艺的劳动力，容桂（当年的容奇镇与桂洲镇）所在顺德县成为广东省机器缫丝业的集聚地。20世纪初，100多家机器缫丝厂遍布顺德县，拥有产业工人6万余人，大量蚕丝销往国际市场，被经济史学家称为"中国民族工业史上十分值得注意的现象"。这在某种程度上促进了金融业的昌盛，"最多一天运回县内七八十万两银元，货币周转量每年在1亿两银元以上，县内的银号多达40多家"[1]，在顺德容奇就拥有

---

[1] 林德荣：《可怕的顺德——一个县域的中国价值》，机械工业出版社2009年版，第44—45页。

各类银号近50家①,并设有银业同业公会,大多数银号在广州有联号或作为广州银号的分支机构。② 顺德被誉为"南国丝都"、"广东银行"。缫丝业的兴盛对当时容奇镇的农村经济发展、农村基础设施建设及其农村剩余劳动力的转移具有重要的促进作用。容奇人的企业经营理念与商业意识也逐步形成,这为容桂工业化发展奠定了基础。然而,20世纪30年代,由于世界市场的蚕丝逐渐被美国人造丝业所取代,顺德蚕丝业逐渐衰败。此后,顺德开始大力发展制糖业,建立了全国最早的糖厂之一——顺德糖厂,并成为广东省乃至全国制糖工业的重要基地。

正是缫丝业和制糖业的发展与繁荣推动着顺德工业化、现代化的进程,顺德人的商业意识和顺德自身所具有的工业化基因为顺德工业化进程奠定了雄厚的基础。然而,新中国成立以后,由于长期受到单一型计划经济体制的束缚,工业化进程缓慢。但是,顺德人所具有的商业意识并没有随着时间的流逝而淡化,而是不断地内化到顺德人的骨髓之中。

此外,在顺德辉煌的工业历史中,顺德人吃苦耐劳的毅力、创业意识和敢为人先的精神是支撑顺德工业发展的重要力量。

> 顺德人的性格里既保留着原地域南越人的强悍、勇猛、冒险的海洋文化特色,同时复合了南宋汉移民的优雅、忍耐与坚韧的中原文化底蕴。顺德人最突出的是"不干则已,干则一往无前"的开拓进取的创业精神。可以说,几乎有人烟的地方就有顺德人的身影。而且往往在越苦、越落后的地方越能发挥出超群的创造力与坚韧的毅力,越显英雄本色。③

一 "三来一补"模式兴起与容桂经济发展

正是顺德浓厚的商业氛围、雄厚的工业基础积淀、顺德人吃苦耐劳的精神、容桂的地理优势及改革开放的时机等多重因素推进了容桂新一轮工业化进程。改革开放尤其是党的十一届三中全会以来,容桂(容奇镇与

---

① 李本立:《二十年代容奇经济概况》,《顺德文史》1983年第2期。
② 吴振兴:《近代珠江三角洲机器缫丝业的发展及其对社会经济的影响》,《广东社会科学》1991年第5期。
③ 招汝基等:《先行者的30年——追寻中国改革的顺德足迹》,新华出版社2008年版,第6、8页。

桂洲镇）便开始探索工业化道路来促进经济总量的增长。20世纪80年代以后，欧美等西方发达国家逐渐走出经济危机之后，经济取得飞速发展。在东亚，日本、韩国、中国台湾及中国香港等地区依靠发展工业制造业，经济实力不断增强。20世纪90年代，容桂对岸的香港地区工业发展迅速，逐步建立起一个以纺织、玩具、钟表、服装等为主导的轻工业制造业体系，香港地区经济水平取得飞速发展。由于毗邻港澳，容桂是较早受到香港工业化熏染的地区之一。

> 顺德人的思想所以能够"先一步解放思想和进一步解放"，和顺德人能够以开阔的视野观察世界和善于学习新事物分不开。解放思想离不开两个条件：一个是香港人，一个是香港电视。与港澳乡亲的接触开阔了视野，强烈冲击了几十年来僵化的思想观念。他们（顺德人）觉得借鉴香港的经验来发展自己，完全有可能取得香港一样的成就。……此外，香港电视生动、活泼，有新闻，还有现场直播。香港电视也传播先进的思想，对于人民群众接触外来世界，作用不可小视。(黎子流语)①

随着工业化水平的不断发展，香港地区传统的产业优势不断下降。由于土地资源、人力资源等成本的不断上升，香港地区企业的生存难度越来越高。而处于改革开放初期的珠江三角洲地区，土地资源和人力资源具有绝对优势。具有强烈商业意识的香港企业逐步意识到把生产加工环节转移到人力资源、土地资源比较优越的珠三角地区，而香港本地负责销售环节，那么便可以节约大量的生产成本，提高企业的经济效益，这便是"前店后厂"的企业发展模式。当时的容奇镇有效地抓住发展机遇开启了中国外向型经济发展模式的大门，尝试以"三来一补"为贸易形式来发展地区经济，为容桂的工业化发展奠定了坚实的基础。容奇镇成为"全国最早开办的'三来一补'（来料加工、来样加工、来件装配和补偿贸易）企业——容奇大进制衣厂建成投产"。②

---

① 招汝基等：《先行者的30年——追寻中国改革的顺德足迹》，新华出版社2008年版，第26—30页。

② 招汝基：《顺德县志》，中华书局1996年版。

1977年底，通过香港华润公司总经理刘维堂与广东省纺织进出口公司总经理陈洪涛的介绍，香港旭日集团杨钊与顺德县纺织进出口公司经理黄仁林相识，杨钊与黄仁林谈及香港服装加工厂房租贵、人工贵。他认为，如果能把布料通过船只运送到顺德，在顺德加工成衣服，再运到香港地区去销售，这样可以大大节约生产成本，提高企业的经济效益。通过反复的商议与国家外贸部门的审批，最终商定由杨钊负责技术、设备及其原材料，容奇镇政府方面负责出厂房和人工，销售由杨钊负责，并商定以加工费来偿还设备款等。1978年8月，一家名为"大进"的制衣厂在容奇镇悄然开张，生产国外名牌牛仔服。当时的中国内陆完全不知道"牛仔服"为何物。大进的资金、设备、原材料、管理人员和订单全部来自香港，由香港的"牛仔裤大王"杨钊投资。双方的合作期是6年。中方以加工费偿还设备费。当年，这家300人的小厂就收入代工费20万美元。此外，大进制衣厂还引进了计件工资制来打破当时的'大锅饭'制，调到了工人的生产积极性。……第一个月做了2000打牛仔裤，加工费营业额不到10万元港币；第二个月就是达到4000打。第四个月8000打牛仔裤，加工费营业额已经超过30万元港币。[①]

在香港工业化的影响下，容桂人采取"反求工程"[②]策略，大力发展本土化村镇企业，推动容桂经济的快速发展。最早采取"反求工程"发展本土化企业的是电风扇制造业。由于容桂与香港联系紧密，容桂人所使用的家用电器大部分是香港地区亲戚带过来的。具有商业意识和创业精神的容桂人看到了电风扇市场的巨大商机，他们通过香港亲属购买回一批电风扇，通过拆卸、研制、改装等方式进行制造，受到市场的热烈欢迎。截至1985年，容桂所在的顺德地区共有14家电风扇厂，生产能力881万

[①] 案例根据林德荣（2010）与禹规娥（2011）的案例介绍整理而成。林德荣《中国千亿大镇》，广东人民出版社2010年版，第27—31页；禹规娥等《探路——中国首部记载镇街社会管理创新图书》，南方日报出版社2011年版，第5页。

[②] "反求工程"是用一定的测量手段对实物或者模型进行测量，重构实物模型，从而实现产业涉及与制造的过程。最早采取此策略的是日本。他们通过购买欧洲和美国的先进产品，对其进行拆解和模仿，进而进行产品的设计与制造过程。顺德地区工业化之路便是一个"反求工程"的成功案例。

台，产量占全国的20.6%，为国内最大的风扇生产基地，其中桂洲镇风扇厂产值突破1亿元，成为广东省产值最高的乡镇企业。①

> 据原桂洲镇党委委员杨焜容回忆："最典型的是第一风扇厂，这间小厂以前曾做过农机，改革开放后发现风扇有较大的市场需求，工人就买来香港的风扇进行模仿加工，自己摸索技术，几年下来就变成产值过亿元的乡镇企业。"②

二　村镇企业的崛起及发展困境

容桂利用毗邻香港的地缘优势，将外向型经济与容桂本地工业基础紧密联系起来，大批村镇企业迅速崛起，最终推动了容桂地区农村工业化的迅速发展。随着大进服装厂的率先进驻，大批港资服装企业纷纷到容奇镇投资、设厂。容奇镇、桂洲镇的村镇企业赢得了长足的发展。当时的桂洲镇，镇村两级直接或间接生产出口产品的外向型企业多达89家，在这些企业中，合资、合作企业有12家，与外贸部门联营5家，"三来一补"19家。③ 短短几年间，大批企业的入驻改变了容奇镇和桂洲镇原来以农业为主的单一的经济发展模式，大量的劳动力的涌入为这些企业的发展注入了活力，居民的收入大幅提高，容桂人首先意识到工业化发展对地区经济发展的重要性。从1979年至1991年，顺德共产生11个优质产品，其中属于容奇镇和桂洲镇的占五个——容声电冰箱、容声电饭锅、德力柴油机、冠华饲料及爱德电饭锅。从容桂的5个国家优质产品来看，容桂的工业实力具有明显的优势。

然而，容桂地区发展起来的村镇企业大部分是在政府的主导下进行的。其中，大部分乡镇企业是通过政府的"公家"身份向银行贷款、借债而发展起来的，政府与企业成为"父子关系"。"企业盈利则兑现分配；企业亏损则由政府埋单"，正如老百姓所形容"不管企业穷不穷，每天喝得脸通红；不管效益差不差，要坐'奥迪'、'桑塔纳'"、"企业有钱分

---

① 林德荣：《可怕的顺德——一个县域的中国价值》，机械工业出版社2009年版，第44—45页。
② 《容桂30年：敢为人先的镇域明星》，《南方日报》，2008年7月26日。
③ 2000年，桂洲镇和容奇镇合并，成立新的容桂镇，后来，容桂镇又改为容桂街道。

晒。缺钱向银行贷，还债靠下一届。出问题就走晒，包袱政府背晒。"正是在政府"公家"身份的羽翼和银行持续的资金的支持下，"负债经营"推动了大批村镇企业拔地而起，"盲目投资、重复投资"成为屡见不鲜的奇特现象。这些逐步成长起来的村镇企业表面风风光光，背地里却暗藏危机，负债累累。下面是顺德县工业贷款的数据：

> 从1978—1985年，县银行用于工业的贷款每年以53.2%的速度递增，七年间就增加了19.8倍，仅"六五"计划期最后一年的工业贷款就达4.25亿元，占上一年工业部门创造的国民收入的81.7%。七年间，共贷出了18.3亿元，占同期银行贷出款项的40.8%以上。……这一切都需要巨额的资金，只靠县财政的能力是无法承担的。……顺德县所面临的唯一选择，只能是负债经营。①

这足以反映顺德地区村镇企业负债经营、盲目投资的一般趋势。随着各种外部优势的逐渐衰减和市场竞争的不断加剧，这种村镇企业经济发展模式的"先行优势"已经逐渐走到尽头，政府主导的传统经济发展模式和市场经济运行机制发生严重冲突。政府与企业的"父子关系"、"恋人关系"导致了企业发展过程中产权不明、公私不分、责权不分等弊端，造成国有资源严重浪费，企业发展也缺乏生机与活力。1994年，桂洲镇属51间企业总资产38.05亿元，总负债高达3.9亿元，企业负债率高达87.8%。② 这也表明顺德（包括容桂在内）村镇企业在发展过程中暴露出其没有脱离计划经济的羁绊。村镇企业发展所面临的困境呼唤着企业改革的进行。

第二节 企业产权改革与经济再腾飞

虽说在香港地区工业化和政府主导的双重影响下，容桂人凭借其自身

---

① 转引自徐南铁《大道苍茫——顺德产权改革解读报告》广东人民出版社2002年版；徐南铁《广东四小虎》，广东高等教育出版社1989年版；中共广东省委党史研究室《顺德产权制度改革引领企业改革新方向》，载于《广东经济发展探索录》，广东人民出版社2009年版。

② 路平：《一把打开发展难题的钥匙——顺德市桂洲镇的产权改革及其连锁效应》，《广东经济》1995年第12期。

的优势发展出大批本土化村镇企业，有力地推动了容桂的工业化进程。容桂的工业发展领域已从原来的缫丝业、制糖业向家电、机械、服装等多个行业领域拓展，现代工业体系逐步建立起来。但是，政府主导的村镇企业加剧了政府与企业之间的"父子关系"，进而产生产权不明、公私不分等困境。这既浪费了国家资源，又压抑了企业的发展活力。

一 企业产权制度改革的推进

在企业发展遭遇瓶颈的背景下，富有"改革创新、敢为人先"精神的顺德领导意识到，政府主导发展村镇企业的计划经济思路束缚了顺德经济的进一步发展，"不摆脱旧体制的束缚，就只有落后，最后是死路一条。"正当顺德领导思考如何解除束缚顺德经济进一步发展的羁绊时，1992年1月，邓小平来到顺德珠江冰箱厂，对顺德经济所取得的成就进行了肯定，并说出"千条道理、万条道理，比不上发展才是硬道理"的箴言。随后，2月27日，顺德县被确定为"广东省综合改革试验县"；3月26日，国务院批准顺德撤县改市；9月17日，进一步确定顺德市为"广东省综合改革试验市"。

为了拓宽经济发展的体制空间，在邓小平提出的"发展才是硬道理"与广东省政府的激励和推动下，容桂所在的顺德率先进行了以"企业产权制度改革"为核心的顺德综合改革试验，为从计划的商品经济体制向构建社会主义市场经济体制转变进行"探路"。1992年顺德综合改革可以概括为四个轮子一起转——"以转变政府职能为核心的行政管理体制改革；以理顺产权关系为核心的企业产权制度改革；以调整行政建制和组建股份合作制、推动农业产业化为核心的农村改革；以社会化保障为核心的社会福利制度改革"[1]。1992年综合改革对顺德的经济体制、政治体制和社会体制进行全方位的改革。从本质上来看，20世纪90年代，容桂所进行的"企业产权制度改革"属于经济层面的改革，主要解决企业发展所面临的困境，并没有较多地涉及行政体制和治理机制层面。因而，在这四项改革中，企业产权制度改革是1992年顺德综合改革的核心。

容桂审视自身经济发展模式存在的问题，紧跟顺德市企业产权制度改

---

[1] 陈宪宇：《顺德产权制度改革引领企业改革新方向》，《广东经济发展探索录》（http：//www.gddsw.com.cn/zthc/ShowArticle.asp？ArticleID=78&Page=2）。

革的节奏,将镇属企业完全与政府体系分离,使乡镇企业的所有权和经营权明晰,引领了时代发展的步伐。1993年下半年到1994年底,容桂从实际出发,根据顺德企业产权制度改革相关规定,围绕村镇企业发展中的突出问题,把改革之剑指向了"企业所有制",开启了以"产权改革"为核心的"容桂改革",让村镇企业逐步驶向社会主义市场经济体制的快车道。按照"产权明晰、责任明确、贴身经营、利益共用、风险共担"的原则,以"以股份制为主要形式的多种经济成分并存的混合型经济格局"为目标,容桂采取"靓女先嫁"、"一元钱卖企业"及"安乐死"等做法,把企业产权制度改革与形成企业内部先进治理结构作为方向,建立"产权明晰、职能分明"的现代企业制度。在桂洲镇,根据顺德市委、市政府关于企业产权制度改革的要求,按照"全面准备,因厂制宜,抓住一块,转换一块,搞活一块"的原则,桂洲镇拉开了企业产权制度改革的大幕。截至1994年底,镇属46家企业全部实现了转制,其中,实行股份合作制的企业有两家,中外联合经营的企业有6家,公私合作经营有2家,公有民营有8家,转让拍卖5家,其他经营形式有3家。企业产权改革后的公有资产和多种形式的民营资产的比例为55∶45。①

二 企业产权改革与产业格局的优化

通过这次改革,容桂政府解决了经济发展的体制问题、破除了羁绊乡镇企业发展的障碍,政府主动退出经济领域的竞争,不再干预企业的自主经营权。这就破除了政府管理企业、企业管理社会的计划经济体制束缚,明晰和理顺了产权关系,实现了乡镇集体经济到民营经济等多种所有制形式的过渡。这次改革最大限度地调动了企业经营者和企业员工工作的积极性,并初步建立了企业的自我约束机制。社会主义市场经济基本体系初步成型,民营经济异军突起,成为容桂经济快速发展的重要力量。

容桂大批骨干企业通过"企业产权制度改革"不断地发展壮大起来,如容声、格兰仕、万和等国际化企业。目前,容桂经济持续快速发展,现有各类企业及个体工商户近2万家,超亿元企业108家、超十亿元企业15家、超百亿元企业2家,形成了以格兰仕、海信科龙、万和等为龙头

---

① 路平:《一把打开发展难题的钥匙——顺德市桂洲镇的产权改革及其连锁效应》,《广东经济》1995年第12期。

的智能家电；以伊之密、乐善等为龙头的机械模具；以华润涂料、德美化工、华隆涂料等为龙头的化工涂料；以爱立信、泰科、瑞图万方等为龙头的信息电子；以及以大家、环球、康富来等为龙头的医药保健五大支柱产业，汽车配件、新材料等新兴产业和现代服务业快速发展，基本构成了主导产业突出，配套产业链完备，具有"一镇多品"特色的产业集群。①

此外，企业产权改革有效地推动了企业产业结构从劳动密集型加工业向技术密集型产业发展，形成了以家电为主的工业体系，产业的集群化发展态势初步形成，进一步推动了桂洲镇企业与国际市场接轨，实现资金、技术、设备、市场的国际化。总之，容桂抓住企业产权制度改革的契机，为容桂区域内众多知名品牌大量涌现奠定了基础。2008年容桂被授予全国唯一的"中国品牌名镇"，截至2012年，容桂拥有中国驰名商标7个，中国名牌产品11个，广东省著名商标27个，广东省名牌产品34个，是广东省内著名品牌最为集中的地区之一。② 2010年，容桂实现规模以上工业产值1367.4亿元，成为名副其实的"千亿大镇"。

第三节 经济快速发展与政府职能滞后的悖论

容桂进行企业产权改革后，产权明晰的现代企业制度建立起来，社会主义市场经济体系基本形成。企业产权改革也催生出大批本土民营企业，释放了民营企业强大的经济增长能力和民营企业的发展空间，推动了容桂经济的快速成长，促使容桂成为工业产值超过千亿，成为全国镇域民营经济最发达的地区之一。然而，随着民营经济高速发展，在市场化力量不断深入、经济结构转型的背景下，容桂街道现行的政府行政管理体制与经济社会发展规模已经完全不匹配。

从地理空间来看，容桂占地面积80平方公里，地域内的每一寸土地已基本被开发。从人口结构来看，容桂的常住人口为50万，其中，外来人口30多万。在我们调查的9个社区中，有8个社区呈现出"本地人口少、外来人口多"的人口倒挂现象，外来人口的入驻给本已复杂的行政

---

① 顺德容桂人民政府网（http://www.ronggui.gov.cn/page.php?Sid=1&Tid=4）。
② 同上。

管理和社会管理体制带来严峻的挑战。

从经济发展来看，20世纪90年代以来，凭借自身工业化优势，容桂街道所在的顺德区人均GDP已经超过9万元。2010年，容桂地区规模以上工业总产值达1376.4亿元；2012年，容桂实现地区生产总值386.6亿元；工商税收51.86亿元；金融机构人民币年末存款余额438.77亿元；容桂街道居民储蓄余额290.35亿元，已达到中等发达国家水平，社会形态逐渐从小康社会向现代化社会转型。庞大的人口规模、超大的经济总量与狭小的地域面积、孱弱的政府社会管理能力形成了鲜明的对比。僵化行政管理体系、孱弱社会管理能力已经难以适应由民营经济发展所带来的容桂经济社会的变化。

总之，随着经济的发展和社会的进步，经济发展转型与社会冲突尖锐相互交织，政府的社会管理任务不断加重。容桂街道政府行政管理职能已难以应对相对粗放的经济发展模式和日益多元化的社会需求矛盾。这意味着传统意义上的行政管理体制和社会治理模式已经不适应经济社会发展的需要，改革到了攻坚阶段和历史关口。具体表现如下：

一 社会管理与服务的现实挑战

随着市场经济的不断发展，容桂地区经济总量的不断增大，民众生活水平和收入水平的显著提升，民众对政府提供的公共服务需求不断增长。这必然要求政府不断满足民众的公共服务需求。

> 结合我们社区来讲吧，根据那个马斯诺需求理论嘛，社区居民的物质水平上升了，温饱问题已经解决了，人家可能就心里有需要这种服务了，邻里关系需要改善啊等等。此外，生活压力也增大了，自然而然地就会出现很多的社会问题，发展社会组织，提供专业性的社会服务是解决这些问题的一项很重要的措施。（DS社区社工站D干事，2013年5月31日）

此外，随着市场经济的发展，尤其是20世纪70年代以来，大多数威权政体国家正在式微并向民主化政体转型。[①] 市场经济渗透所引起的利益

---

① 亨廷顿：《第三波：20世纪末民主化浪潮》，刘军宁译，上海三联书店1998年版。

格局的变化、社会结构的变迁有效地推动了民众的利益表达和参与意识。正是在此背景下，自由的经济运行机制和民主化浪潮增强了民众的民主参与意识，具有独立品格的公民精神逐渐形成。民众的民主精神和参与意识迅速觉醒要求政府必须拓展民众参与公共政策的路径。由于基层政府直面民众的参与诉求，这些政治诉求更为直接和具体，且直接地影响了基层政府应对策略。与此同时，由于公民利益诉求的多元性和复杂性，政府越来越需要民众的积极参与以便有效地搜集具有代表性和广泛性的民众意见，制定出合乎各方面利益诉求的公共政策。这也意味着传统的民众利益诉求路径已经难以适应不断变化的社会环境。为了回应这一现实，政府需要建立一套完善的民众政治参与和民主表达的组织体系来应对复杂多变的社会环境以满足民众多元化和复杂化的利益诉求。因而，民众多元化利益诉求的出现推动着政府从"封闭式"运作向"参与式"运作转变。

总之，正是政府面临为民众提供社会管理和服务的压力、民众的民主参与意识的强化推动着容桂街道改革的持续进行。这既是基层政府所面临的外部压力，也是基层政府改革得以持续的动力。因此，容桂地区民众的服务需求成为推动改革的中坚力量。

二 现代企业运行的现实需求

20世纪90年代企业产权制度改革以来，在容桂街道党工委、办事处的带领下，容桂地区的企业产业格局不断形成，优势产业日益突出，逐渐形成了以智能家电、电子信息、医疗保健、化工涂料为主导产业，汽车配件、精密机械、电子商务、物联网等产业领域蓬勃奋起的发展浪潮。近年来，在国际市场的影响下，容桂街道主动加快产业转型升级和鼓励企业自主创新，这增强了容桂地区企业的市场竞争力。目前，全街道共有各类企业及个体工商户近2万家，超亿元企业108家、超十亿元企业15家、超百亿元企业2家，高新技术企业50家，拥有7个中国驰名商标、11个中国名牌产品、27个广东省著名商标、34个广东省名牌产品，形成了完整的地区产业体系。

然而，虽然具有优势地位的制造业是容桂经济发展的主体，并支撑着容桂经济发展的各个环节，形成了容桂的经济总量优势，但这种工业主导的经济发展模式的后劲不足，急需加快产业结构转型和增强企业自主创新能力。为了实现容桂地区经济的进一步发展，容桂政府必须扮演引路人角色，为地区企业提供优质的公共服务以满足企业的需求，保证其在（国际）市场中具有一定的竞争力。

> ……在我们看来，还是社会（主要是企业）的倒逼机制推动我们进行改革，还有就是政府的政绩冲动。因为你不解决这些问题，你顺德的经济没有办法向前上一步的。（顺德区官员访谈材料，2013年5月16日）

容桂地区大部分企业已经成为国际市场的佼佼者，但是这些企业（如海信科龙）的总部还是在容桂。虽说他们是国际化大企业，但是他们还具有一定的本土性，具有浓烈的地区情怀，对容桂地区具有强烈的归属感。他们不仅关心自己企业的发展，而且关心容桂地区的整体发展。这些具有国际视野和本土意识的企业会以开阔的视野和更高的标准来要求政府。

> 其实，我们（领导）也经常和顺德企业家开座谈会。官员和企业家会有接触的。一个项目那么慢，服务也不好等等。如果企业没有发展到一定的程度，企业家对你的要求也不会那么高的，科龙、美的都已经走进国际化了。他肯定是以国际的水平来要求你顺德进行改革。……顺德改革最主要的动力是企业家，是企业家影响了他们（官员）。（顺德区官员访谈材料，2013年5月16日）

总之，容桂街道政府改革有其自身的社会基础和社会需求，没有社会力量的倒逼，政府并不会产生改革的动力。与其他地区地方政府改革的动力相比，容桂街道政府改革的动力则更多地源自于社会力量（民众、企业）的推动。随着经济社会的发展，容桂地区的民间财富不断壮大，企业的力量逐渐增强，形成一股源源不竭的动力推动着政府进行改革。正是改革开放以来容桂地区成长起来的企业倒逼了政府改革得以可能。

三　政府行政管理能力逐渐弱化

从容桂街道的实际来看，容桂街道常住人口50万（其中外来人口近30万）、经济总量300亿元、工业产值1000多亿。容桂街道无论是人口规模还是经济发展水平均相当于内地的中等城市，而其行政体制却还是科级单位。面对如此规模的经济总量，容桂街道的行政管理体制、社会管理权限、部门机构设置已经不能完全适应经济社会发展的需要。

> 容桂属于街道建制，只是顺德区的一个派出机构，与经济社会地位极不相称。我们近年推出了"空间有限，创意无限"的发展理念，一方面通过加强与周边地区的横向联合、沟通，突破交通、规划制约，实现优势互补、合作共赢的发展，另一方面通过产业的转移，探索异地工业园，为本地产业的转型升级创造条件。然而，在与周边地区的合作交流中，街道显得底气不足。同时，在与银行的融资过程中，街道一级也影响授信度。①

在社会管理方面，容桂街道面临着行政资源少，政府的基础性权力弱与政府承担的事权责任重之间的张力，政府官员和学者通常用"西瓜大的责任、芝麻大的权力"、"人大衫小、脚大鞋小"等术语来比喻容桂街道遭遇的困境。在浙江"强镇扩权"改革中，许多经济发达、开放程度高的专业型城镇也面临着对经济社会管理的高要求与政府能力"责任大，权力小，效率低"的困境。② 在我国现行基层政府行政管理体制中，容桂街道作为顺德区政府的派出机构，显然不具备一级政府的行政管理权力。在行政管理中出现的日常事务，容桂街道没有管理权限，只能向区政府反映，这就影响了基层政府的基本职能——便民性。一些基层干部也抱怨："看得见的，管不着；管得着的；看不见。"例如，国土、规划等项目都必须报区甚至市一级政府相关管理部门审批，管理层次多，审批过程长，群众意见较大。

在财权与事权的关系方面，容桂面临着政府财政权与行政权不匹配的困境。由于街道没有独立的财政权，其大部分税收上缴到中央政府、广东省政府及顺德区政府，民营经济发达的容桂街道只能拿到小部分财政分成。从现行的财税分成体制来看，容桂街道的分成比例过低，削弱了基层政府统筹使用财力的能力，弱化街道集中资源进行重点建设和发展的能

---

① 《特大镇行政管理体制改革调研汇报材料》，来源于容桂政府。
② 陈剩勇、张丙宣：《强镇扩权：浙江省近年来小城镇政府管理体制改革的实践》，《浙江学刊》2007年第6期。

力，致使其无力承担对辖区内的社会事务管理，进而导致了在公共服务供给和农村社会保障方面无法满足基层民众的需求，造成政府在执行公共政策过程中呈现低效性。

总之，容桂在经济发展取得长足进步的同时却遭遇了政府社会管理滞后等一系列突出问题。由经济发展所带来的社会体积越来越大，政府的社会管理任务越来越重，政府的社会管理权限越来越小。容桂街道率先发展使其率先遇到制约进一步科学发展的经济、社会及行政体制等困境。

四 党政机构设置逐步僵化

一般而言，官僚组织的内聚力越强，其制度化水平就越高。容桂街道党政组织设置的僵硬化是目前基层政府尤其是发达地区基层政府行政管理体制所面临的困境之一。从党政机构内部设置来看，容桂政府内部党政机构设置呈现出分裂式、离散式状态，党委、行政部门之间缺乏合力。这严重影响政府内部的分工与合作，政府的工作效率也将大打折扣。在上下级职责关系上，上下级的行政管理权限难以有效地划分，"应该由我们基层政府管理的事项却一直把持在区（政府）里面，而我们管都管不到的任务，交给我们来做，做不出来怎么办，糊弄呗"。[①] 有些行政管理权力本应该下放到镇街政府却往往把持在区政府手里；有些行政管理事务需要区政府来处理的却又反过来甩给镇街政府，上下级政府之间的张力由此体现出来。这使得镇街政府完全不能成为机构职责清晰、完备的一级政府。此外，由于容桂属于街道建制，没有人民代表大会制度，仅设立一个街道人民代表联络处，这导致民众无法有效地参与到公共政策讨论、公共政策制定以及进行制度监督的渠道。与此同时，这也造成党工委、办事处的一些具体决策无法更好地以体现民意的形式出现，人民群众参与监督政府社会管理的渠道和机会偏少。

在政府职能方面，政府职能是衡量一个官僚组织适应性能力强弱的重要标志。改革开放以来，在"以经济建设为中心"的背景下，基层政府把"经营企业"、"经营土地"、"经营城市"作为自己的主业，而忽视了基层政府服务民众的职责，进而导致政府职能滞后。随着容桂商业文化的高度发达，民众对多样化、个性化、高效化的公共服务需求要求政府能够

---

① 容桂街道干事 B 访谈资料，2013 年 3 月 29 日，录音整理。

高效地提供公共服务，改善基层民众的业余生活水平。然而，单一化、僵硬化的公共服务供给模式已经无法满足多元化的社会个体的需求。

此外，由于基层政府是直接从"人民公社"演变而来的，人民公社所具有的职能影响改革开放以后基层政府的职能发挥。改革开放以后建立的乡镇政府管理体制主要是发展地方经济、落实计划生育政策、收取农业税、维护农村社会稳定。而作为市、市辖区的派出机构的街道办主要是负责市、市辖区政府交办的行政事项，指导居民委员会工作，反映居民的意见和要求。但是，随着经济社会的快速发展，容桂街道比改革开放初期的乡镇/街道要遭遇更多新问题，例如城市规划、土地审批、城市基础设施建设等，这些都是新时期容桂街道所面对的并需要加以解决的问题，这必然要求政府变革治理手段，摆脱僵硬化的治理习惯，促进容桂经济社会的转型升级。容桂街道遭遇的经济发展转型与社会矛盾突出之困在呼唤着政府职能的转变。

总之，经济快速增长与政府职能滞后的悖论要求容桂街道所在的顺德区从以"产权改革"为核心的综合改革向以"治权改革"为核心的综合改革转变。[1] 以"治权改革"为核心的综合改革一方面致力于建立适应市场经济体制的政府与企业的关系，另一方面致力于建立适应市场经济发展的社会基础，形成经济发展与社会建设良性互动的局面。[2] 这必然要求政府转变职能、改善社会管理手段、完善公共服务机制，理顺政府、社会与市场三者之间的关系，而这个局面的生成则需要一个服务型政府作为支撑。

第四节　广东改革试点的驱动与基层政府改革

某种意义上，容桂街道所面临的发展困境同样在珠江三角洲其他发达乡镇/街道显现。为了解决镇街经济社会发展过程中所面临的发展瓶颈，在中央政府深化乡镇行政管理改革意见的指导下，广东省出台"富县强镇"的发展战略。正是在中央政府、广东省政府、顺德区政府的驱动下，

---

[1]　肖滨、郭明:《以"治权改革"创新地方治理模式——顺德经验的理论分析》，《公共行政评论》2013 年第 4 期。

[2]　周文、赵方:《改革的逻辑：从市场体制到市场社会》，《教学与研究》2013 年第 5 期。

容桂街道改革得以成功地持续下去。

一 中央政府的指导

2008年,国务院启动了改革开放以来的第六次行政体制改革,此次改革的任务是合并职能相近或相似、职责交叉、多头管理的职能部门归并为一个较大职能部门进行联署办公,进而提供政府的行政效率。因此学界和政府领导称之为"大部制改革"。为此,2008年2月,中国共产党第十七届中央委员会第二次全体会议通过的《关于深化行政管理体制改革的意见》文件指出:

> 推进地方政府机构改革。根据各层级政府的职责重点,合理调整地方政府机构设置。在中央确定的限额内,需要统一设置的机构应当上下对口,其他机构因地制宜设置。调整和完善垂直管理体制,进一步理顺和明确权责关系。深化乡镇机构改革,加强基层政府行为。①

2009年,中央机构编制委员会办公室颁发了《关于深化乡镇机构改革的指导意见》规定,基层政府要以转变政府职能为核心,理顺职责关系,建立精干高效的乡镇行政管理体制和运行机制,实现农村发展,建设服务型政府的重任。2010年,中央编办、中农办、国家发改委、公安部、民政部及财政部等相关单位联合发文要求发达地区试点乡镇政府开展行政管理体制以适应经济社会的发展。② 正是在此背景下,全国各级地方政府纷纷出台了地方政府机构改革方案,以行政体制改革为突破口理顺政府机构管理体制、权责关系,最终确保行政管理体制适应经济社会发展的需要。总之,中央政府深化乡镇行政管理体制改革的相关文件为容桂街道"简政强镇"事权改革提供了制度环境。

二 广东政府的推动

改革开放以来,广东省依靠政府主导的市场经济与外部要素主导的外

---

① 《关于深化行政管理体制改革的意见》(2008年2月27日中国共产党第十七届中央委员会第二次全体会议通过)

② 《关于开展经济发达镇行政管理体制改革试点工作的通知》中央编办发〔2010〕50号(2010年4月1日)

向型经济取得了巨大的经济成就,成为中国经济实力最强的省份。[①] 然而,广东省经济增长的背后却陷入了市场、社会与政府之间非均衡发展的困境,这严重制约广东省经济社会的进一步发展。[②] 在中央科学发展观的指引下,地方政府正在探索从以经营型政府为主向以公共服务为本的治理体系转变。[③] 为了实现经济发展与社会建设双转型,自 2009 年以来,在广东省委省政府的推动下,以国务院第六次行政体制改革为契机,容桂街道所在的顺德区成为"广东省综合改革试验区"。2009 年 12 月,为了深入创新行政管理体制机制,增强县级、乡镇/街道的基础性权力,广东省委省政府出台了"富县强镇"事权改革方案,规定:

> 以加快政府职能转变为核心,着力减少审批层次和行政干预,创新社会管理方式,健全公共服务体系,完善决策与监督机制,建立适应城乡统筹协调发展需要的行政管理体制和运行机制。[④]

为此,为了解决人口规模和经济总量较大乡镇/街道基础性权力弱小、权责不对等等困境,广东省委省政府选取佛山市顺德区容桂街道、南海区狮山镇及东莞市长安镇、石龙镇作为"简政强镇"事权改革试点,解决经济发达乡镇/街道"人大衫小"、"权责失衡"等问题。为了调动容桂街道改革的主动性和积极性,广东省委省政府赋予其优惠政策以增强改革效果。例如,在"宏观决策权上移,微观管理权下移"原则的指导下,在维持目前建制不变的基础上,容桂街道在城市建设、社会管理、市场监管、公共服务等领域获得了县级行政管理权限。这在一定程度上创新了政府的社会管理和服务的手段,激发了改革者的热情。

三 顺德政府的实践

在中央深化行政管理体制改革意见的指导下,2008 年 11 月,在深圳

---

① 肖滨:《演变中的广东模式:一个分析框架》,《公共行政评论》2011 年第 6 期。
② 肖滨等:《为中国政治转型探路——广东政治发展 30 年》,广东人民出版社 2008 年版;肖滨:《演变中的广东模式:一个分析框架》,《公共行政评论》2011 年第 6 期。
③ 渠敬东、周飞舟、应星:《从总体支配到技术治理——基于中国 30 年改革经验的社会学分析》,《中国社会科学》2009 年第 6 期。
④ 《中共广东省委办公厅广东省人民政府办公厅关于富县强镇事权改革的指导意见》(摘要)(2009 年 12 月 29 日)摘自:《南方日报》2010 年 1 月 4 日。

召开的"广东省特区工作会议"上,广东省委省政府选取广州、深圳、珠海及顺德等 4 个城市作为行政体制改革试点,承担深化地方政府行政体制改革的重任。在此背景下,2009 年 9 月,根据中共中央、国务院通过的《关于地方政府机构改革的意见》规定及省委省政府《关于引发佛山市顺德区党政机构改革方案的通知》的相关规定,顺德正式启动以大部制改革为突破口的顺德综合改革。这次改革主要"把原有的 41 个部门整合为 16 个较大部门,其中 6 个属于区党委部门,10 个属于区政府部门"。① 一定程度上,顺德区委区政府相关部门的整合提高了政府机构的运作效率,原来部门机构之间相互推诿的现象有所缓解和改善。

某种意义上,容桂街道改革既是广东省委省政府深化地方政府改革的重要战略部署,也是顺德综合改革的延续。如果顺德综合改革没有延伸到最基层的单位,顺德的改革也是不彻底的。正如佛山市委常委、顺德区委刘海书记认为的:

> 要做好综改工作,推进顺德经济社会发展,最基层单位街道的改革也是重点,否则我们的改革就不彻底。② "必须利用大部制的基础,持续推进综合配套改革,将改革由体制内延伸到体制外,才能真正转变政府职能,解决深层次问题。"③

为了使顺德综合改革持续推进,对接顺德"大部制"的改革进程,2009 年 11 月,根据广东省委省政府文件精神,佛山市顺德区启动了"简政强镇"事权改革试点工作,并把容桂街道作为广东省"简政强镇"的试点单位。因此,容桂街道"简政强镇"试点工作同顺德区党政机构改革一样具有重要意义。

容桂街道改革不仅是广东省委省政府深化行政管理体制的重要举措,也是顺德"大部制改革"的延续。在此过程中,容桂街道积极配合佛山市政府及顺德区政府的指导,主动抓住机遇,充分发挥自身优势,推动改

---

① 职能部门改革的具体方案可参阅《关于印发佛山市顺德区党政机构改革方案的通知》(粤机编〔2009〕21 号)。
② 刘海:《在顺德区容桂街道"简政强镇"事权改革试点工作动员大会上的讲话》(录音整理,2009 年 11 月 9 日)。
③ 梁维东:《简政放权、协同共治》,2012 年 9 月 12 日(讲话稿)。

革顺利进行。同时，顺德区政府也以扶持者、引导者的身份来鼓励和支持容桂政府进行改革，这是容桂街道"简政强镇"事权改革得以顺利进行的重要条件。

作为改革主体，容桂街道积极配合省委省政府、区委区政府的要求，积极推进改革的深化，充分体现了作为改革主体的积极性和主动性。在改革者的目的上，在容桂街道"简政强镇"事权改革的过程中，容桂街道领导干部及社区（村）主要干部并没有把实现政治抱负放在首位，而着力利用改革试点的机遇，主动解决容桂地区经济社会发展所面临的实际问题。改革的实施过程上，容桂街道领导干部主动学习、借鉴发达地区的先进经验来为容桂政府改革提供实践支持和智力保障。总之，上级政府是容桂街道政府改革的合法性赋予者，是体制内政策的支持者。上级政府的政策支持是改革得以推进的前提条件。

本章小结

本章通过对改革开放以来容桂工业化进程的历史轨迹的梳理揭示了容桂街道进行"简政强镇"事权改革的内在逻辑。改革开放40年来，容桂街道凭借临近香港的地理优势和容桂人与生俱来的"商业意识"、"创业精神"，有效地抓住发展机遇，采取"三来一补"的贸易策略，开启了中国外向型经济的大门，为容桂的工业化发展奠定了坚实的基础。在香港工业化的影响和政府的推动下，容桂政府凭借"公有制经济为主、工业为主和大型骨干企业为主"的"三个为主"的经济发展战略，走出一条富有草根特色的经济发展道路，为容桂经济的快速增长奠定了坚实的物质基础。

然而，政府主导型村镇企业导致了企业发展过程中产权不明、公私不分、责权不分等弊端，造成国有资源严重浪费，企业发展也缺乏生机与活力。为了拓展企业的发展空间、激发企业的经营活力，容桂开启了以"产权改革"为核心的容桂改革，按照"产权明晰、责任明确、贴身经营、利益共用、风险共担"的原则，以"以股份制为主要形式的多种经济成分并存的混合型经济格局"为目标，建立"产权明晰、职能分明"的现代企业制度，让村镇企业逐步驶上市场经济体制的快车道。通过顺德企业产权改革，民营经济异军突起，成为容桂经济快速发展的重要力量。

随着经济水平的飞速发展，在市场化力量不断深入、经济结构转型的背景下，容桂街道现行的行政管理体制与经济社会发展规模已经完全不匹配。庞大的人口规模、超大的经济总量与狭小的地域面积、孱弱的社会管理能力形成了鲜明的对比。僵化的行政管理体系，孱弱的社会管理能力已经难以适应由民营经济发展所带来的经济社会的巨大变化。

为了走出经济增长与社会建设的双重困境，在中央政府深化乡镇行政管理改革意见提供的制度环境下，为了深入创新行政管理体制机制，增强县级、乡镇/街道的社会管理权限，广东省委省政府出台"富县强镇"事权改革方案规定。正是在上级政府（广东省、顺德区）的政策支持下，容桂街道以"简政强镇"事权改革为契机，探索了一条实现经济发展与社会建设协同发展的道路。

第四章

放权逻辑：从"上级权力下放"到"优化政府服务体系"

2009年11月，容桂街道"简政强镇"事权改革正式启动。这次改革主要分为两个阶段。第一个阶段是"放权逻辑"，主要体现在政府公共权力的优化、党政组织机构的调整及政府服务体系的优化；第二个阶段是"还权逻辑"，主要体现在政府还权于社会，培育和发展各类社会组织及创新社会服务模式（第五章讨论）。一般而言，基层政府的党政机构的合理架构是政府开展各项工作的前提性条件，是支撑政府运作的组织基础。因而，本章我们主要探讨优化公共权力、变革党政组织机构及完善政府服务体系。

第一节 党政机构改革的背景

作为最基层的地方官僚组织，基层政府是我国国家政权体系的神经末梢，在理顺国家与民众之间的关系上扮演重要角色，成为国家政权实现对基层社会整合的重要手段。然而，20世纪90年代中期分税制改革以来，基层政府面临着日益严峻的财政压力。为了弥补财政缺口，基层政府便向企业或个人征收或索取正式税收之外的各种苛捐杂税（三提五统），以把政府之外的资源转换为政府可支配的财政收入。[①] 这导致了中国"三农"问题的出现，并恶化了基层政府与民众之间的关系。这时，学界便把农村社会出现的"三农"问题与基层干群关系恶化的现象归结于基层政府的

---

① 周雪光：《"逆向软预算约束"：一个政府行为的组织分析》，《中国社会科学》2005年第2期。

"恶",并激起了对基层政府职能转型的思考。

徐勇认为应该把乡镇作为县级政府的派出机构来实现乡村治理的结构性转换,实行"县政、乡派、村治"的目的是使乡村治理结构中的权、责、能相对均衡,从根本上消除制造和加重农民负担的因素,并适应乡村社会转型的要求。① 饶静通过对以农业为主要收入来源的 Y 乡镇机构改革的分析指出,在下一步的乡镇机构改革中,实行"以转变政府职能为主的乡派式"改革,即将乡政府彻底变成县政府的派出机构。② 马晓河等认为,乡镇机构改革分两步走的设想:先用 3—5 年时间转变职能,再用 3—5 年时间取消乡镇政府,改设乡镇公所。③ 还有学者主张以法制化、行政化的手段来加强基层政府的职能建设。④ 无论如何,作为后发外生型现代化国家,中国基层社会的稳定与和谐关系到中国的现代化进程,而基层社会的和谐与稳定则有赖于基层政府扮演关键角色。因而,基层政府在维护基层社会稳定、实现国家对基层社会的有效整合中发挥重要作用。在这个背景下,构建一个能够为基层民众提供基本公共服务,有效地将基层民众的建议反映给上级政府,能够及时地将上级政策传递到基层社会的基层政府成为现代国家建设的一项重要使命。

然而,目前的乡镇政府的机构设置、职能转型、社会管理等方面仍存在一些问题,无法帮助国家政权实现对基层社会的整合。在基层政府机构设置方面,目前乡镇政府面临着"基层党政分设,领导职数过多"的问题。党政分开很容易造成三种结局,要么党政职能各自分割,要么党委职实政府职虚,要么党委职虚政府职实。此外,领导职数过多、不利于工作协调。⑤ 在上下级政府关系方面,在财权逐级上移、事权逐级下沉的情况下,上级政府不断地将大量的行政责任转嫁给基层政府,导致基层政府的财权与事权的不匹配,其直接的后果是形成了基层政府的巨额债务,基层

---

① 徐勇:《县政、乡派、村治:乡村治理的结构性转换》,《江苏社会科学》2002 年第 2 期。
② 饶静:《乡镇机构改革的双重视角分析》,《农业经济问题》2006 年第 9 期。
③ 马晓河、武翔宇:《中国农村乡镇机构改革研究》,《农业经济问题》2006 年第 2 期。
④ 贺雪峰:《农村乡镇建制:存废之间的思考》,《中国行政管理》2003 年第 6 期;潘维:《质疑"镇行政体制改革"——关于乡村中国的两种思路》,《开放时代》2004 年第 2 期。
⑤ 金太军:《推进乡镇机构改革的对策研究》,《中国行政管理》2004 年第 10 期;詹成付:《关于深化乡镇体制改革的研究报告》,《开放时代》2004 年第 2 期。

政府"不堪重负"。农村税费改革以后,虽说全国各地基层政府机构也进行了改革,取得了一定的成效,但始终摆脱不掉"精简—膨胀—再精简—再膨胀"的宿命。①

就我国目前基层政府机构改革来看,新一轮的基层政府机构改革仍然停留在机构与人员精简层面,然而仅仅停留在机构层面的改革是不够的,且容易陷入政府机构改革的"死胡同"。实际上,基层政府机构改革的关键和发展方向不仅要在党政机构精简上作文章,而且更为重要的是要转变政府的职能,调整相应的行政管理权限,进而改变基层政府的性质,敦促其从"维控型政权"、"经营型政府"向"服务型政府"转变。②

2009年11月,容桂街道启动的"简政强镇"事权改革是探索从"经营型政府"向"服务型政府"转变的典型案例(如图2-1)。这次改革主要分为两个阶段。第一个阶段是"放权逻辑",主要体现在政府公共权力的优化、党政组织机构的调整及政府服务体系的优化;第二个阶段是"还权逻辑",主要体现在政府还权于社会,培育与发展各类社会组织及创新社会服务模式。某种意义上,这一改革对国家政权实现对基层社会的有效整合具有一定的促进作用。通过"简政强镇"事权改革,容桂街道党政机构的内部结构得以理顺,政府的公共权力得以增强,政府的公共服务体系得以完善。某种意义上,这一改革实践为构建服务型政府提供了改革的方向。

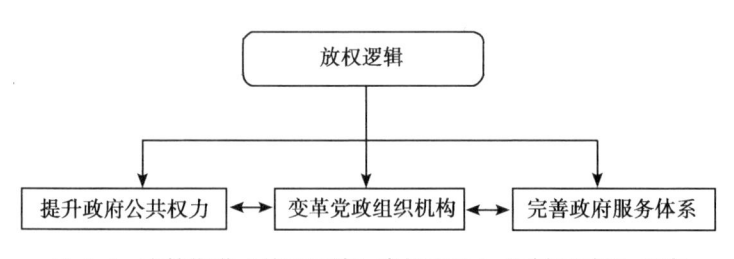

图4-1 容桂街道"简政强镇"事权改革之"放权逻辑"示意

---

① 吴理财:《我国乡镇政府改革的困境与出路——翻烧饼:谷城县乡镇改革述评》,《武汉大学学报》(哲学社会科学版)2007年第3期。

② 吴理财:《乡镇机构改革:可否跳出精简—膨胀的怪圈》,《贵州师范大学学报》(社会科学版)2006年第6期。

第二节 上级政府权力的下放

"简政强镇"事权改革的第一步是上级政权权力的下放。某种意义上，容桂街道"简政强镇"事权改革的核心是赋予街道办以县级行政管理权限，使其适应地区经济社会快速发展的客观需求。因此，"简政强镇"改革的重点是事权改革，把经济社会的行政管理权限下放到镇/街，解决经济总量庞大与行政管理权限弱小之间的矛盾，从而更好地服务于地区经济社会的发展。

迈克尔·曼将国家权力划分"国家绝对性权力"和"国家基础性权力"：国家绝对性权力指国家精英可以不经过与市民社会常规的、制度化的协商妥协而单独采取一系列行动的权力，它是一种国家精英凌驾于市民社会之上的权力；而国家基础性权力指国家政权实际渗透到市民社会、在其统治的疆域内执行决定的能力，它是国家通过其基础渗透和集中地协调市民社会活动的权力。[①] 曼也认为"国家基础性权力"决定国家能力强弱的关键。[②] 镇/街道基础性权力的增强有利于基层官僚组织运用充足的财政力量和社会管理权限来有效地提供社会服务、维护社会秩序。

一 基层政府社会管理权限现状

事实上，基层政府社会管理权限的差别是政府行政管理体系的既定安排，如果能够协调好上级政权与基层政府之间的权限关系便可以有效地发挥基层政府组织的积极作用。但是中国行政体系具有相对集权的特征[③]，社会管理权限往往集中于上级政府，这在某种程度上严重影响了作为中国行政体系最底层的基层政府的社会管理效率。在市场化力量的不断深化发展的背景下，城市化进程中的容桂街道面临着经济发展、社会转型，尤其

---

① 转引自黄冬娅《转变中的工商所——1949年后国家基础权力的演变及其逻辑》，中央编译出版社2009年版，第43页。
② 迈克尔·曼：《社会权力的来源》（第一卷），刘北成、李少军译，上海人民出版社2002年版。
③ 刘承礼：《中国式财政分权的政治基础及其在中央政府层面的表现》，《天津社会科学》2012年第2期。

是伴随城市化而来的大规模外来人口的涌入，容桂街道社会管理任务不断增大。社会管理和服务手段单一、执法权羸弱，社区公共服务投入不足等制约因素导致其难以有效地进行城市管理、维护社会秩序与为辖区居民提供优质的公共服务。有学者和媒体把容桂街道形容成为"市级经济、县级人口、科级行政"，容桂街道面临"责任大、权力小、能力弱"、"人大衣小"、"小马拉大车"等困境。

在城市管理与行政事务处理过程中，容桂街道办经常处于尴尬境地，作为街道办，容桂街道既没有行政审批权，也没有行政处理权。在具体行政事务的管理过程中，容桂街道的行政人员只能充当"检查员"、"建议者"、"协助者"等角色，一些具体的行政事务则需要区政府相关职能部门去执法。由于容桂街道不具有执法权、各部门职责模糊不清，有些事务涉及多个部门解决，协调难度比较大。比如，容桂街道的国土、税务、质量监督等职能部门属于区级政府垂直管理，然而一旦涉及土地问题、市场管理等事务时，容桂街道无权执法而只能去协调解决，但是仍然要接受区级政府相对应的指标考核。于是，容桂街道面临着"权力在'条'、责任在'块'"的矛盾。此外，政府管理范围既涉及宏观领域，又涉及微观领域，区—镇/街之间缺乏相互的分工与协作。"该集中的未集中、该分工的未分工"的问题导致区级政府与镇/街道级政府之间职能划分不清晰，政府工作效率难以提高。为此，在顺德综合改革的背景下，容桂街道利用"简政强镇"事权改革的契机，改变镇/街道基础性权力羸弱的局面，着力优化基层政府的公共权力，使其适应经济社会快速发展的客观需求。

二 基层政府社会管理权限提升

"简政强镇"事权改革方案实施以后，按照"宏观决策上移、微观管理下移"和"理顺责权关系"的原则，在维持街道目前建制不变的前提下，顺德区通过授权、委托和下伸机构等方式，在产业发展、城市建设、社会管理、市场监管、公共服务等方面依法赋予容桂街道办事处县级管理权限，建立职能统分结合、责权清晰一致的层级管理体制。[①]根据顺德区委办公室颁布的《关于理顺区镇街道行政管理权限的意见》（顺办发

---

① 《佛山市顺德区容桂街道"简政强镇"事权改革试点工作方案》（粤委［2009］25号）。

[2010] 63号）规定：

> 按照统分结合、依法移交、充分授权、权责统一的原则，除需要由区统一协调管理的事项外，在经济发展、城市建设、社会管理、市场监管、公共服务、民生事业等方面，依法赋予镇（街）县级管理权限。

为了增强容桂街道进行城市管理与提供社会服务的权限，2009年12月1日，顺德区下放给容桂街道316项权限，涉及组织工作办公室，财政办公室等10个部门（如表4-4）。其中，市场监管、城市管理方面权限事项共有167项，涉及安全生产、交通运输、城市绿化等多项权限。按照简政放权的原则，顺德区政府在下放审批权限的同时，把相应的执法权限也下放到容桂街道，使其社会管理能力更有效，更到位。此外，容桂街道被"赋予更大的组织人事管理权，如事业单位人员、机关聘员的招考录用，镇级事业单位的增设、撤销、合并的审批，街道工作机构正职任免审批等。"① 2010年9月8日，包括容桂街道在内的顺德区10大镇/街正式开始行使县级管理权限。顺德区政府梳理出区级行政审批、征收等8大类行政管理事项5205项。顺德区政府正式把其中的3197项行政管理事权（涉及行政审批事项401项）划归镇/街行使，容桂街道成为广东省"管事"最多的镇/街之一。②

表4-1 顺德区下放容桂街道第一批行政审批和日常管理权限（事项）统计

总计：316项

组织工作办	财政办公室	社会工作局	城市建设局	经济促进局	人力资源和社会保障局	宣教文体局	卫生和人口计划生育局	区市场安全监管局容桂分局	区环境运输和城市管理局容桂分局
12项	11项	12项	31项	26项	13项	21项	22项	76项	92项

资料来源：内部资料。

---

① 《容桂13机构挂牌迎接顺德316项权限下放》，《南方日报》2009年12月2日。
② 范展莹：《勇当改革先锋 顺德披挂上阵》，《顺畅网—珠江商报》（http://www.sc168.com/zt/shierjiedangdaihui/201110110023.htm）

根据叶贵仁等对顺德区政府区级事权调整和区级事权下放的梳理来看，在区级事权调整上，社会服务类达 3074 项，占总量的 59%；经济调节类 1884 项，占 36%；政务管理类 130 项，占 3%；宏观规划类仅 117 项，占 2%。在区级事权下放上，社会服务类达 1775 项，占总量的 56%；经济调节类 1398 项，占总量的 43%；政务管理类和宏观规划类各 12 项，仅占 1%。① 从以上数据可以得知，容桂街道获得的社会管理权限主要集中在社会服务和经济调节领域。这在一定程度上有效地提高了基层政府的行政管理效率，有助于克服和纠正基层政府管理"不到位"、"缺位"等困境，为政府更好地服务民众，为政府职能的转变奠定了基础。

三 理顺区级—镇街的财权与事权关系

"简政强镇"事权改革前，镇/街道缺乏作为基层政府应该具备的管理权、审批权。一些区属部门存在财权上收、责任下放的问题，往往通过与镇街签订责任书的方式将责任镇/街道化，但事务下移后没有给予镇/街道相应的人员和财力支持，由此出现的问题也要由镇/街道来处理和善后，这导致容桂街道的权力与责任、财权与事权不匹配。

为了改变"权、责、利"不对等的困境，容桂街道以"简政强镇"事权改革为契机，首先，在财政的划分上，明确了区政府与镇/街道公共服务供给的责任和相应的财政支出，使基本公共服务投入制度化、规范化；其次，在事权的划分上，变革之前依据行政事务隶属的划分标准，使事权与财权相匹配；最后，健全社会建设资金保障机制，确保社会建设支出高于一般财政预算收入。此外，城镇建设配套费土地出让金、水建基金等费用，除了按照规定上缴国家部分之外，省市县全部或部分返还给镇/街道财政。

改革以后，按照"人随事走，费随事转"的原则，区政府及区属各职能部门在下放事权的同时配套相应的人员和经费，实现"责、权、物"制度设计上的一致。通过相关审批权和管理权下放，容桂街道可以更好地发挥自身的管理优势，为本地企业和广大居民提供优质高效的服务。总之，这次简政放权强化容桂街道的社会管理能力，解决"人大衣小"、

---

① 叶贵仁、钱蕾：《"选择式强镇"：顺德简政强镇改革路径研究》，《公共行政评论》2013 年第 4 期。

"责权不对等"的问题，为容桂街道城市转型升级、经济可持续发展、城市有序规划等方面奠定了基础。

第三节　党政组织机构的变革

政府组织和机构人员的合理配置是实现政府高效管理的必要手段，是政府开展工作的重要前提。基层政府作为我国政权体系的基层组织，是国家政策的具体执行者，是公共服务的重要供给者和生产者。然而，就目前的基层政府机构设置来看，基层政府面临着"基层党政分设，领导职数过多"问题。这容易导致党政职能各自分割、党委职实政府职虚、党委职虚政府职实。[①] 为此，在赋予容桂街道县级管理权限的前提下，对接区级大部门体制的改革进路，容桂街道以党政组织为突破口，对党政组织架构进行重组与优化。

一　党政组织架构的重组：以优化党政结构运作机制为突破口

为了走出基层政府遭遇的体制障碍，实现容桂产业结构的顺利转型与经济社会的可持续发展，2009年11月，在广东省委省政府的文件精神和顺德大部制改革[②]的推动下，容桂街道"简政强镇"事权改革正式启动。事实上，顺德区"大部制改革"只是顺德综合改革试验的第一步。顺德区委L书记认为：

> 要做好综改工作，推进顺德经济社会发展，最基层单位街道的改

---

① 金太军：《推进乡镇机构改革的对策研究》，《中国行政管理》2004年第10期；詹成付：《关于深化乡镇体制改革的研究报告》，《开放时代》2004年第2期。

② 2009年9月，作为广东省综合改革试验区，顺德的大部门行政体制改革正式启动。这次改革主要"把原有的41个部门整合为16个较大部门，其中6个属于区党委部门，10个属于区政府部门"。在此基础上，政府权力的运作机制得以优化，形成一个决策科学、执行有力、监督有效的既相互分离又相互协调的权力运行机制。通过大部制改革，公共权力在党政机关内部得到重新配置，形成大规划、大经济、大建设、大监管、大文化、大保障的全新组织架构，新职能部门的工作合力正在逐步形成。某种意义上，顺德区委区政府相关部门的有效整合提高了政府机构的运作效率，部门机构之间相互推诿的现象有所缓解和改善。

革也是重点，否则我们的改革就不彻底。①

这意味着顺德大部制改革能够持续发力，区—镇/街上下互动、联动改革是关键。容桂街道改革不仅是广东省委省政府深化行政管理体制与"富县强镇"战略的重要举措，也是顺德"大部制改革"和"行政审批制度改革"的延续。因此，容桂街道"简政强镇"试点工作同顺德区党政机构改革一样具有重要意义。

根据广东省《关于简政强镇事权改革的指导意见》、《佛山市顺德区委、佛山市顺德区人民政府关于简政强镇事权改革的实施意见》、《佛山市顺德区容桂街道"简政强镇"事权改革试点工作方案》相关规定，容桂街道"简政强镇"事权改革试点方案进入了实施阶段。原广东省委书记汪洋对广东省"简政强镇"改革提出四点要求：

> 一是通过放权，减少行政审批层次，提高行政效率；二是减少行政干预，明确政府和社会的分工；三是通过改进服务，让放权更加便民、利民，更加有利于和促进经济社会发展；四是积极完善领导和管理体制。②

(一) 对党政职能部门进行重新梳理

通过对党政组织机构的梳理，容桂街道整理出党委—政府机构共28个职能部门。通过对28个职能部门的分析，为容桂街道机构重组与改革奠定前提和基础。

> 党政人大办、组织纪检办、宣教文卫办、居村工作办、经济发展办、城市建设管理办、社会工作办、计划生育办、维稳及社会综治办、安监办、工商分局、执法分局、国土所、房产管理所、规划办、司法所、监察室、财政所、教育组、交管所、劳管所、水利所、结算中心、环保办、金融办、拆迁办、体育中心、文化站

---

① 《在顺德区容桂街道"简政强镇"事权改革试点工作动员大会上的讲话》（录音整理，2009年11月9日）。

② 同上。

（二）对党政职能部门进行重新组合

为了对接顺德区大部门体制的基本格局，根据广东省委省政府文件精神、佛山市委市政府及顺德区委区政府的"简政强镇"事权改革试点方案，按照"同类合并、上下对接、权责一致"的原则，容桂街道对内设党政机构进行了科学配置。按照职能部门相近或相似的原则，容桂街道把原来的 28 个党政部门（单位）、街道单位及部分双管单位整合为 11 个机构和两个分局（如表 4-1）①，13 个机构的正职领导均由街道办党工委副书记、党工委委员和办事处副主任兼任，实现了党政决策的科学化和管理的扁平化。例如，区环境运输和城市管理局容桂分局整合了原来的环保、执法、交管等部门的人员后，通过优化人员配置和办事流程，逐步形成了"大执法"等新工作格局。这有效地解决了职能重叠、多头管理等问题，大大提高了党政组织的行政管理效率，初步建构起一个分工有序、运作高效的党政组织架构。

> 党工委（办事处）办公室、组织工作办公室、财政办公室、经济促进局、宣教文体局、社会工作局、人力资源和社会保障局、国土与城市建设局、卫生和人口计划生育局、监察和审计办公室（与纪律检查工作委员会合署办公）、维护稳定和社会治安综合治理委员会办公室、区环境运输和城市管理局容桂分局、区市场安全监管局容桂分局

通过"简政强镇"事权改革，容桂街道把党政内部机构和区管的职能部门进行了重新组合，运作机制得到优化。容桂街道党政职能部门减少了近 2/3，新职能部门的工作合力逐渐形成。此外，"简政强镇"事权改革也理顺了区级政府与镇/街道政府之间的事权财权关系，形成区—镇/街联动、上下呼应的统一行政格局，使镇/街道在产业发展、城市建设、社会管理、市场监管和公共服务中具有更大的社会管理权限，确保了改革后工作能切实贯彻到基层一线。

---

① 容桂街道改革之后包括："设置党工委办公室、监察和审计办公室、组织工作办公室、维稳和综合治理委员会办公室及财政办公室 5 个内设机构，设置经济促进局、宣教文体局、社会工作局、人力资源和社会保障局、城市建设局、卫生和人口计划生育局 6 个直属机构，区环境运输和城市管理局容桂街道分局、区市场安全监管局容桂街道分局实行双重领导体制"。

表 4-2　"简政强镇"事权改革后容桂街道党政机构设置情况

容桂街道党政机构设置表												
内设机构（共5个）					直属机构（共6个）						双管机构（共2个）	
党工委办公室	监察审计办公室	组织工作办公室	维稳综治信访办公室	财政办公室	经济促进局	宣教文体局	社会工作局	人力资源和社会保障局	国土与城市建设局	卫生和人口计划生育局	区市场安全监管局容桂分局	区环境运输和城市管理局容桂分局

资料来源：作者自制。

(三) 对政府机关聘员制度进行改革

在容桂街道变革党政组织机构的基础上，容桂街道还推行了政府机关聘员制度改革，旨在实现政府聘员职业化、专业化、制度化。近年来，随着容桂街道经济水平的不断发展，社会矛盾逐年增多，人口规模不断增大且"人口倒挂现象"突出。而容桂街道现仅有90个公务员编制，服务对象是50万人口（其中包括30万左右外来务工人口）。在为基层社会提供基本公共服务的同时，政府还要承担上级政府下派的各种行政任务、指标考核等。2009年12月，借助顺德区政府向容桂街道下放机关聘员、事业单位人员招录审批权的契机，容桂街道进行了政府聘员制度改革。这个改革主要是将原有街道财政供给、各职能部门、村居委会等多重身份的各类人员进行"统编"，实现"四个一"，即"一种人员身份、一套工资体系、一个管理考核办法、一种晋升机制"。根据这一标准，容桂街道将政府聘员划分为七个类别。

一类聘员：为满足管理和服务的特定需要而聘用从事行政管理工作、专业技术工作的高级管理人才、高级专业技术人才。设置"高级主任、主任、副主任（技术主管）"3个职务层次，职务名称分别与办事处内设机构、直属机构和区市场安全监管局容桂分局、区环境运输和城市管理局容桂分局（下称"办事处工作机构"）的正职、常务副职、副职相对应。二类聘员：公共事务服务中心聘用具有本科以上学历或中级以上职称的行政人员、专业技术人员。设置正组长、副组长两个职务层次，职务名称分别与办事处工作机构的股（室）

正副职相对应。三类聘员：公共事务服务中心聘用的社区市民服务中心正副职或业务主管。四类聘员：为完成内部辅助性、服务性工作而聘用具有全日制大专以上学历的人员。五类聘员：也称专项聘员，是指从事交通管理、治安联防、城市秩序管理、消防、流动人员和出租屋综合管理等辅助执法的人员。六类聘员：从事技术性后勤保障工作的人员。七类聘员：从事内勤或一般性后勤服务工作的人员。①

被容桂街道聘用的七类政府聘员均与街道公共事务服务中心签订劳动合同，并引进第三方人力资源管理公司进行工作考核。按照《容桂街道公共事务服务中心聘用人员管理》试行办法的明确规定，政府聘员最高可以晋升到相当于街道职能工作机构的主任一级。

这将在一定程度上有效地调动干部队伍的积极性，大大促进政府效能的提高。这一举措有效地打破了政府用人的壁垒，既加大了政府聘员的晋升空间，又激发了政府雇员的竞争意识，从而提高了雇员的工作效率。这对容桂街道深化人事制度改革、完善党委—政府行政管理体制、深入推进"简政强镇"事权改革具有重要的意义。

二 组建公共决策与事务咨询委员会：以提升政府公共决策效能为目标

按照我国宪法和地方政府组织法的相关规定，基层政府包括人民代表大会和人民政府。但是，在基层政府体系中，由于中国共产党是执政党，党委处于核心位置，人民代表大会和人民政府分别是权力机关和权力的执行机关。因此，基层政府组织架构主要包括党委、政府及人大三个部分。

容桂街道办事处是区政府的派出机构，不具有设置人民代表大会或主席团的权力。然而，自20世纪90年代中后期顺德产权改革以来，容桂街道经济发展迅猛，财政实力雄厚，年均工业产值达1000多亿元。在城市化进程中，容桂街道每年有很多需要改造和维修的基础设施，这些基础设施的改造和维修能否满足广大群众的需求成为政府首要考虑的问题。此外，容桂街道每年的财政收入达13个亿，每年的财政支出数额也很大。政府的财政支出怎么样才能最大限度地满足广大群众，政府财政支出该如何使用，谁来监督政府财政支出？这将关系到政府运作的公开性、透明性

---

① 《容桂街道公共事务服务中心聘用人员管理》。

问题。如果财政支出不向社会公开，不让广大群众参与到决策中来，那么财政支出则不能被有效地利用，甚至会造成财政资源的浪费，最终会严重影响政府形象的塑造。与此同时，随着经济的发展和市场化的渗透，公民的权利意识不断觉醒，越来越多的公民要求主动地参与或影响政府公共政策制定。由于基层政府承担着日益繁重的行政任务，政府也越来越需要公民的积极参与，这可以有效地收取具有代表性和广泛性的民众意见，以便综合考虑各方面的利益需要，制定出群众满意的公共政策。这才能保证官僚组织权力安排中"官"、"民"二元结构的统一，即代表国家的"政治权力"与来自基层社会的"民意表达"的合一。①

为了畅通和拓宽民意表达渠道，建立民主科学的决策机制，提高决策的权威性和科学性，2010年1月，容桂街道成立了顺德地区第一个镇/街级公共决策与事务咨询委员会（简称决咨委）。容桂街道党工委、街道办主动吸纳社会力量参与公共决策、管理和监督，从辖区的党代表、人大代表、政协委员、居（村）民代表、工商企业代表等人士中选取具备较强参政议政能力，关心社情民意，热心社会事务，有为容桂街道经济社会发展作贡献的热心人士，并把他们聘为公共决策与事务咨询委员会委员，使其能够参与到政府的重大决策、对政府的财政支出进行监督，从而保证政府财政支出的透明化、科学化和规范化。

容桂街道第一届决咨委由40名委员组成（如表4-2）。按照决咨委暂行规定，决策咨询委员会的主要职能：

> 收集民意、提供咨询意见和建议、对本地区经济建设、社会发展、民生福利进行动态分析、收集和整理有关信息供街道党工委、办事处和有关部门决策参考。②

表4-3　容桂街道第一届公共决策与事务咨询委员会委员情况

总数	其中					
	党委代表	人大代表	政协委员	居民代表	企业代表	其他代表
40人	2人	8人	7人	8人	6人	9人

---

① 吴理财：《改革与重建——中国乡镇制度研究》，高等教育出版社2010年版，第129页。
② 《容桂街道公共决策和事务咨询委员会暂行规定》。

为此，他们以容桂街道地区经济社会发展为大局，收集民意，提出意见，表达各方的利益诉求，在社会管理、公共事务、财政支出等方面为决策者提供决策依据。为了便于决策与监督，容桂街道决咨委成立了4个小组，即城市规划及重大工程建设项目组、城市建设组、社会民生事业组及经济、科技、产业组。这样，决咨委成员便可以有针对性地进行决策、咨询、讨论及监督。由于决咨委委员来自不同行业和不同阶层，代表不同的群体利益，他们能有效地起到"智囊团"的作用，对提升政府决策水平和制定出科学的施政方针发挥积极作用。

（一）决咨委的运作有效地"吸取民意、听取民智"，使政策的制定能够满足不同人群的利益需求

容桂街道自成立决咨委以来，决咨委委员们多次深入到社区一线开展调研咨询工作。2011年11月，十多名委员就社区卫生服务站建设和Q社区"三旧"改造项目等内容到Q社区行政服务中心召开现场会议，结合社区的实际情况和社区不同群体的利益，为社区卫生服务建设和Q社区"三旧"改造提出对策建议。总之，政府将民间力量引入到公共政策制定的过程能够在一定程度上满足居民的多元化利益诉求。此外，为了进一步发挥决咨委发动民间力量、高效收集民意，容桂街道还开通了"委员在线"专栏（如表4-3），把决咨委委员的名单、开展活动的流程、电子邮箱等公布到网上，便于市民向委员们提出意见和建议。自"委员在线"设立以来，容桂街道决咨委共收集涉及城市环境、交通、教育、医疗等民生事件200多条。这些民间意见和建议为街道党工委、办事处的公共政策制定提供了有力的决策依据。①

表4-4　　　容桂街道公共决策和事务咨询委员会"委员在线"
　　　　　　　社会管理组委员名单②

姓名	性别	工作单位及职务	身份（政治面貌）	委员会职务
SZH	男	H实业有限公司董事长	容桂商会会长（群众）	主任
HZX	男	Y集团总裁助理	市人大代表、区党代表（中共党员）	

---

① 《容桂街道公共决策和事务咨询工作概况》、《容桂街道公共决策和事务咨询工作总结》。
② 容桂人民政府官方网站（http://www.ronggui.gov.cn/page.php? Sid = 10&Tid = 3&Fid = 2）。

续表

姓名	性别	工作单位及职务	身份（政治面貌）	委员会职务
CWX	男	B 有限公司董事长	市人大代表（群众）	
CZJ	男	X 有限公司董事长	顺德荣誉市民（群众）	
GZX	男	容桂街道律师事务所律师	（致公）	
ZHT	男	容桂街道港集装箱码头有限公司董事长	省人大代表（中共党员）	
ZJM	男	D 集团公司董事长	（中共党员）	
ZX	男	医院医务科科长	（中共党员）	
CSY	女	P 社会工作服务社总干事	区人大代表（中共党员）	
TS	男	容桂街道党工委委员、办公室主任	区政协委员（中共党员）	委员
RLR	男	HK 电器股份有限公司总裁	（中共党员）	
LCY	女	G 日报顺德站记者	（中共党员）	
ZWX	男	W 庇护工场经理	（预备党员）	
LBZ	男	W 美食坊总经理	区人大代表（群众）	
ZWT	男	原 G 镇副镇长	（中共党员）	
LMX	男	原容桂街道镇镇长	（中共党员）	委员
YKR	男	原容桂街道党工委员、办事处副主任	（中共党员）	

资料来源：容桂街道人民政府网站。

（二）决咨委的运作有效地为政府决策"纠偏"，使政府的决策科学化、民主化

容桂街道成立决咨委以来，社会各阶层人士能够在政府出台相关政策前表达各方不同的利益诉求、民众偏好，减少政策信息的扭曲。某种意义上，这也是政府公共政策制定的理性化、科学化、民主化的表现。目前，决咨委主任经常就街道的重大事项和财政预算支出等定期召集委员们开展决策与咨询活动。委员还通过书面的形式，就城市管理等一些民生问题提交书面意见和建议，并传达到各相关职能部门。例如，2013 年 3 月 8 日，容桂街道召开了决策咨询委员会全体会议，29 名委员参会。会议讨论了 6 项公共政策议题，其中听取了容桂街道社会工作局的工作计划，为社会工作局进行公共政策制定、开展工作提供了良好的意见和建议。

对容桂街道社会工作局2013年的工作计划，委员们认为，残疾人就业保障金征收费率过高，且不清楚征收后如何使用，建议予以公开，建议将残疾人就业相关服务职能下放到容桂街道W庇护工场，组建容桂街道残疾人招聘和企业招聘平台，通过专业化的运作，将容桂街道现有就业意愿的残疾人和有招聘意向的企业紧密连接起来，促进残疾人就业，让企业既招到能工作的残疾员工，也可免缴纳残疾人就业保障金。W庇护工场50个残疾人就业培训名额早已满额，申请参加培训人数远远大于外出就业的学员，造成服务方面存在缺失，未能进入学习的残疾人滋生情绪问题，建议将残疾学员培训名额新增至60人—70人①

(三) 容桂街道党工委和街道办事处还邀请决咨委委员列席参加党政联席会议，为党委和政府制定公共政策进行把关

政府与决咨委委员的互动进一步提高决策咨询工作的水平和效率、政府工作更谨慎、政府决策更贴近社会和民生。而将决咨委委员引入党政联席会议是党委、政府决策迈向民主化、科学化、透明化的一项重要举措。因而，容桂街道决咨委的成立为民众监督政府行为搭建平台，为高效地收集民意奠定基础。虽然决咨委不具有决策功能，但是它的成立能在施政理念、决策模式等方面给党政决策带来新鲜元素。某种意义上，决咨委成为沟通党政与社会关系、理顺党政与公民关系的一个有益平台。

随着容桂街道决咨委的认可度不断提升，2009年11月，顺德区成立区级公共决策与事务咨询委员会。此外，容桂街道公共决策与事务咨询委员会的实践正在向其他领域进行延伸。例如，容桂街道成立了顺德区首个校务咨询与监督委员会，建立起学校、家长委员会、政府、决监委"四位一体"的学校管理新模式，使学校内部的管理更加科学化、更能符合家长和学生的需求。截至2012年11月，顺德地区共有各类决策咨询机构37个，其中区级4个、区属部门11个、镇/街道成立10个、其他机构成立12个，初步建构起以区、镇/街道两级为主体并向社区（村）和公营机构延伸的多层次的决策咨询体系。②

---

① 容桂街道公共决策与事务咨询委员会办公室编：《容桂街道公共决策和事务咨询公报》，2013年第1期（2013-03-15），第5页。

② 顺德区社会工作委员会编制：《顺德综合改革30年》（内部资料）2013年1月，第90页。

总之，通过党政组织机构的变革，容桂街道不仅重新塑造了党政机构及其各职能部门的组织架构，而且优化了党政内部机构的运作机制。目前，容桂街道已初步建立起党政合署办公、决咨委决策与监督的既有分工又有合作的党政组织结构新格局，形成了决策高效、执行有力、监督多元的运作体系，初步建成一个分工有序、整体配合的党政组织架构。

第四节　政府服务体系的优化

通过事权改革，顺德区政府向容桂街道共下放3197项管理权限，其社会管理能力、政府服务水平得到明显改善。根据顺德区委颁布的《关于理顺区镇/街道行政管理权限的意见》规定：顺德区要"构建区、镇、村三级一体化的行政服务体系，强化区行政服务中心的服务功能，加快推进镇（街道）行政服务中心建设，承载移交事权和服务事项的统一对外服务，推进政府服务的前移，方便企业和市民办事。"为此，容桂街道成立街道级行政服务中心，整合面向群众的政府服务资源，建设规范、高效、便民的一站式政务工作服务平台。此外，政府还将部分日常服务群众的职能延伸到基层社区，一方面实现了更好地为基层民众提供优质服务的目的，另一方面也是实现了政府服务与社区自治的有效衔接与良性互动。

一　街道行政服务中心：政府服务的有效整合

近年来，民众对政府部门办事效率低和服务质量差的意见越来越多，民众把这种官僚主义作风喻为"门难进，脸难看，话难听，事难办"。[1] 在"简政强镇"事权改革的背景下，容桂街道把强化政府服务能力作为改革的重要内容。与此同时，为了使容桂街道更好地承接顺德区政府下放的经济社会管理权限，有效地将这些社会管理权限迅速转变为执行力，实现与顺德区行政服务中心进行有效的对接，在顺德区委区政府、区行政服务中心的指导下，容桂街道决定建立顺德区首家镇/街道级行政服务中心，这在一定程度上优化政府的公共服务能力，提升政府工作人员的办事效率。

---

① 《北漂小伙为办护照返乡6次多跑3000公里：他们玩弄百姓》（http://news.ifeng.com/mainland/special/banzhengnan/content-5/detail_ 2013_ 10/11/30241939_ 0.shtml）。

（一）"集合式办公"

2010 年 5 月，容桂街道筹建容桂行政服务中心并投入使用。容桂将街道各个职能部门及其区级政府的延伸机构集中在一个办公场地，该场地共两层，占地面积为 1390 平方米，共设置了 70 个对外窗口。2010 年 5 月，容桂街道派出所、顺德区环境运输和城市管理局容桂分局等首批 5 个职能部门的服务窗口进驻中心向群众提供服务。目前，街道各职能部门已经基本进驻完毕。第一层进驻单位主要包括交警中队、自来水公司、邮政、出入境、派出所、区环境运输和城市管理容桂分局等；第二层主要包括卫生和人口计划生育局、国土城建和水利局、地税分局、财政局资产物业公司等。行政服务中心有 60 多个工作人员，全部都是从各职能部门中抽调出来的，实现了行政资源的整合和行政流程的再造。

表 4-5　　容桂街道行政服务中心各单位办理业务一览表

单　位	业务简称	业务范围及说明
顺德区财税局容桂街道地税分局	契税征收	契税征收业务
	发票代开	二手房交易、运输发票业务
顺德区公安局容桂街道派出所	印章	受理雕刻印章申请、出具有关印章证明
	身份证	受理申领居民身份证、发放居民身份证
	户口	出生入户、死亡注销、迁入、迁出、项目变更、受理市外迁入申请、受理主项变更申请、出具证明
容桂街道交警中队	年审	机动车驾驶证年审、电子违法查询打印
	换证	机动车驾驶证换证、变更等业务受理
容桂街道城市建设局	国土	个人住宅用地审批、临时建设用地审批、房地产交易补办土地出让、房地产交易补办首次流转、土地使用权抵押初始登记、土地使用权抵押变更登记、地价评估、测绘标志拆迁初审、用于测绘的航空摄影初审、地图编制出版初审
	房产	房地产权初始登记、房地产权变更登记、房地产权转移登记、房地产权注销登记、商品房交易登记、房地产抵押登记、商品房预售合同备案、商品房按揭备案及注销按揭备案、注销房地产抵押登记、房屋租赁备案登记
	规划	修建性详细规划方案审核、建设项目规划条件、建设用地规划许可（含临时建设用地）、城市建（构）筑物（含新建、改扩建、临时）设计方案审核、城市建（构）筑物建设工程规划许可、城市建（构）筑物工程规划条件核实及开验线、市政工程（道桥、管线）规划（设计）方案审核、市政（道桥、管线）建设工程规划许可、市政工程（道桥、管线）规划条件核实及开验线、绿化工程规划（设计）方案审核、绿化设施建设工程规划许可、绿化工程规划条件核实及开验线、非主干公路市政项目审批［投资额 3000 万元（不含）以下］
	水利	水利工程的可行性研究审查和初步设计审批、水利工程的破审批、水利管理范围内的建筑物申领房地产权证核准、日取水量 5 万立方米以下（含 5 万立方米）的取水许可审批

单　位	业务简称	业务范围及说明
顺德区环境运输和城市管理局容桂街道分局	核发汽车环保标志	核发广东省汽车环保标志
	营运货车业务办理	营运货车业务办理
	路桥通行费征收	摩托车路桥通行费征收
	道路运输从业资格证办理	道路运输从业资格证业务办理
	环保行政许可受理	环保业务受理
	城市管理行政许可受理	城市管理业务受理
	城市管理行政许可受理	城市管理业务受理

资料来源：顺德容桂人民政府网。①

（二）"一站式服务"

本着"便民、利民"的服务宗旨，行政服务中心采取"集中化办公"、"窗口式服务"和"一站式服务"的服务机制，方便了市民办理各种行政审批事务。为了保障服务质量，容桂街道由街道纪工委和特约监察员采取明察暗访的方式对工作人员进行公共服务质量监督，营造风清气正、公平公正的政务环境。② 此外，行政服务中心还配套了银行柜员机、快递服务、复印服务、照相服务等便民服务设施，每个业务窗口设置专门摄像和录音设备，实行服务过程全程监控，保障了行政服务的高效、廉洁。总之，容桂行政服务中心转变了政府服务理念，改变了政府以往的工作程序与作风，提高了政府工作人员的办事效率，提升了政府的服务水平，满足了民众对政府服务的需求。

> 其实，我觉得'大部制改革'（容桂街道成立行政服务中心）真的蛮好的，起到一定的效果。权力下放，方便群众是最好的。政府最大的期望就是方便群众。在我们容桂来说呢，我办一个身份证，我不用去跑到大良了，我可以在我们的街道办去办理就可以了。签证问

---

① 容桂街道人民政府网（http：//www.shunde.gov.cn/data/main.php？id=18089-4260031）
② 《容桂街道公共服务质量督查制度》。

题：比如说我去香港、澳门，我也不用去区里，我直接到街道办就可以办。另外，你要办户口，要跑好几个部门，现在部门集中了，那么我直接拿着材料，去镇街的服务中心去办理就OK了。有了行政服务中心，办什么事情，一条龙式的，不用走来走去。（改革）之前，今天去那个部门，明天去这个部门，走来走去，到最后还没办好。现在呢，在一个地点集中办公，就可以全部搞定了。……现在，我们又有了网上办公，点点鼠标，也不用去行政服务中心，总之，群众办理事情越来越方便了。……（LCK村行政服务中心工作人员C，2013年5月17）

总之，作为一个便民服务的综合平台，通过创新工作机制，容桂街道整合了政府相关职能部门服务群众的行政资源，实现了"集合式办公"、"窗口式服务"和"一站式服务"优化了公共服务的工作流程。这在一定程度上有效地提高了政府的服务水平、提升了政府行政审批效率，解决了"办事难、脸难看"的问题。政府正是通过提供优质的公共服务，有效地将政府的力量渗透到基层社会，增强了民众对政府的认同。①

二 延伸政府服务：社区行政服务中心的双重角色

为了提升政府服务质量，优化政府服务流程，顺德区委区政府要求构建区、镇/街道及社区/村三级一体化公共服务体系，将政府服务延伸到基层社区。2009年11月，以"政社分离"改革为契机，容桂街道把政府服务延伸到基层社区，在村（社区）中成立村（社区）行政服务中心，将与群众日常生产生活密切相关的政府服务领域延伸到基层行政服务中心，实现便民服务100%下放。

2010年1月，容桂街道在HK、MG、HW、HX四个社区（村）进行设立行政服务中心试点工程，探索社区（村）政府公共服务体制改革。按照"一个社区（村）一个中心"的模式建立社区（村）市民服务中心，将之作为街道行政服务在社区（村）的延伸机构和便民服务平台，直接受理居（村）民的行政事务，将政府服务渗透到社区中的居民个体。

---

① 徐勇：《"服务下乡"：国家对乡村社会的服务性渗透——兼论乡镇体制改革的走向》，《东南学术》2009年第1期。

为了支持社区行政服务中心建设工作，容桂街道给予每个社区（村）行政服务中心20万元的一次性补助，用于修建和完善行政服务中心基础设施。这笔款项由顺德区行政服务中心拨付至容桂街道，并由区行政服务中心按照全区行政服务中心统一标识形象要求，为各村（社区）行政服务站制作了招牌。在对4个社区行政服务中心运作情况进行总结和反思的基础上，2010年7月，容桂街道出台《进一步厘清政社关系深化社区（村）公共事务管理体制改革试行办法》，更为系统地表达了这一改革的基本思路和具体做法。2010年下半年，容桂街道所辖的26个村（居）全部建成社区（村）行政服务中心作为承接政府工作的平台，基本实现了政府服务延伸到基层的目的。

（一）社区（村）行政服务中心的组织架构

作为政府服务延伸到基层社区（村）的工作平台，社区（村）行政服务中心设有主任1名，副主任1名或多名，业务主管及办事员若干名，均由街道办事处聘任。社区行政服务中心工作人员的配备人数一般按照常住人口（含户籍人口和在册登记流动人员）来确定。社区（村）服务中心的工作人员统一由街道公共事务服务中心统一聘任和调配。原来在社区居委会工作的编内人员，符合聘用条件的可以受聘为社区（村）行政服务中心工作人员，工资、福利等由街道负责。受聘人员要经过一定的专业培训方可上岗，区政府和街道办事处一般会定期、不定期组织培训，培训内容包括业务水平、服务态度等方面。此外，政府还变革了街道公共财政支出结构，把更多的财政和资源投向基层社区（村），稳步提升政府服务水平。

> 我们社区常住人口和流动人口约12000人，我们中心一共有9个工作人员，5个业务主管。街道办只给我们14个编制，都是政府聘员的嘛。这么大的一个社区就靠我们14个人做起来很麻烦，有时候感觉人手不够用。所以，我们居委会搞什么活动，包括策划啊，筹备啊。都是需要社区行政服务中心的工作人员给予协助的。(SJ社区E副主任，2013年5月16日)

作为政府延伸到基层社区（村）的服务平台，社区（村）行政服务中心实行矩阵式管理，在社区（村）党组织的领导下，行政服务中心工

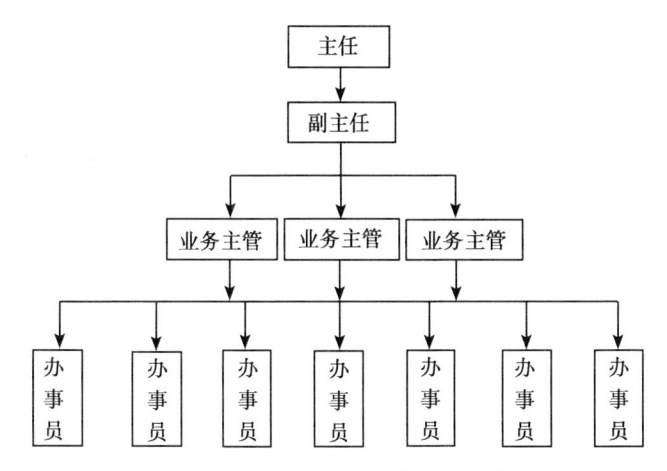

```
                    ┌──────┐
                    │ 主任 │
                    └───┬──┘
                    ┌───┴───┐
                    │ 副主任│
                    └───┬───┘
        ┌───────────────┼───────────────┐
   ┌────┴───┐      ┌────┴───┐      ┌────┴───┐
   │业务主管│      │业务主管│      │业务主管│
   └────┬───┘      └────┬───┘      └────┬───┘
   ┌────┼────┐     ┌────┼────┐     ┌────┼────┐
 办事员 办事员 办事员 办事员 办事员 办事员 办事员
```

图 4-2　SJ 社区行政服务中心架构

作人员既要接受社区（村）行政服务中心的领导与考核，也要接受街道有关职能部门的业务指导与考核，同时还要接受所在社区（村）居民的评议，从而保证了中心工作人员的办事效率和服务水平。

（二）社区行政服务中心作用的发挥

根据容桂街道颁发的《进一步厘清政社关系深化社区（村）公共事务管理体制改革试行办法》的要求，基层公共事务主要分为行政事务与社区（村）事务。社区（村）行政服务中心主要负责行政事务。在机构设置上，行政服务中心要向街道办社会工作局汇报工作。这既能够保障政府工作在基层社区顺利开展，又能提升了政府的公共服务能力。因而，社区（村）行政服务中心的定位主要有两个方面：

1. 政府将贴近基层社区的公共服务延伸到基层社区，更有效地为基层居民提供公共服务。

作为政府在社区的办事和服务机构，主要承担政府下放的各项惠民工作。例如，社会治安、流动人口与出租屋综合管理服务、市场安全监管、计划生育、环境卫生、共青团、妇联等工作。按照街道办的统一要求，所有社区（村）行政服务中心均采用"窗口式"办公和"一站式"服务的形式，每个窗口都有业务指示牌并保证有至少一个工作人员进行办公。此外，为了保障服务质量，政府会采用"明察暗访"[①] 等方式进行监督。政

---

① 笔者到 GZ 社区做访谈时，社区行政服务中心副主任以为我是街道派过来做暗访的特约监察员。可见，"明察暗访"对提升政府工作人员的服务意识具有一定的促进作用。

府还制定了一系列的规章制度,如办事公开制度、首问责任制度、限时办结制度、服务承诺制度、一次告知制度等。

> 行政服务中心成立以后呢,对村民办事的话会省事很多,特别像我们 M 村这里,从市里来到这里要 40 多分钟,我们这个村和容桂是分离开的(从容桂到大良,再从大良过来),……那现在的话呢,他毕竟成立了行政服务中心,服务权限的话会下降(下放),延伸到村里来。这样,村民在我们这边递交资料的话,我们统一整理,由我们的办事员统一到街道办那边办理(委托我们来帮他们递交那些材料),比如报建啊,民政方面的一些申请啊,有这个平台的话呢,村民办事方便多了。……像供电部门借了我们这个场地,他们可以在这里设一个点办理那些供电业务,村民就不用一下子跑到容桂那一边,给村民节约不少时间。(MG 村 D 副主任,2013 年 5 月 15 日)

2. 社区(村)行政服务中心能够承接政府下派的各项行政任务,保障其能够顺利的完成。

在社区(村)行政服务中心成立之前,政府下派的各项行政任务都是由居(村)委会来协助完成的。因此,居(村)委会成为政府在社区(村)的一个政府组织,学界有称之为是"小政府"[1]。在此背景下,社区居民委员会作为政府的"腿"的角色和作为社区居民"头"的角色间的矛盾日益突出。[2] 居(村)委会既要服务居(村)民自治事务、搞活集体经济、调解民众纠纷,又要完成政府下派的计划生育、环境卫生等政府事务。这导致居(村)委会工作人员疲惫不堪。成立社区(村)行政服务中心以后,由其来承担政府向社区(村)下派的行政事务和交办事项,提升了政府工作的落实力度。

> ……社区行政服务中心成立确实是有效的,他方便了群众,政府的效率也提高了不少,也排除了一些干扰,你居委会不听话的,你自

---

[1] 桂勇、崔之余:《行政化进程中的城市居委会体制变迁——对上海的个案研究》,《华中理工大学学报》(社会科学版) 2000 年第 3 期。

[2] 侯伊莎:《激活和谐社会的细胞——"盐田模式"制度研究》,中央编译出版社 2007 年版,第 118 页。

己搞自己的。我政府这边的行政事务可以让社区行政服务中心来做。如果没有行政服务中心，政府要搞计划生育，要搞征地，谁去干？居委会不发动群众，不动员群众，这工作没法干。（GZ 社区 A 副主任，2013 年 5 月 14 日）

　　成立行政服务中心的意义还是很大的，我们行政服务中心主要是承接政府转移下来的行政任务，我就可以名正言顺地做政府下派的事情，也不受到选举的左右。我村委会自治，做我自己的事。……像有些不太和谐的村委会，那我政府就不用看着你村委会的面子了，我直接把任务下到行政服务中心，自然有人员会做我政府的工作。这样政府的工作也好开展了。如果你村委会不配合我们政府的工作，那你只有 800 一个月的补助，你去折腾吧。这样就减少选举那边的权力，就不用把选举看得那么重了。有的选举上来的人，不怀好心的和你政府对着干，在没有行政服务中心之前，你对着干可以，但是行政服务中心成立了，选举这边的权力弱了，我政府可以不看你村委会的脸色了。尤其是对不和谐的村居来说，他们成立行政服务中心的意义是更大的。……对居民来说呢，行政服务中心成立就方便很多了。你说，'大部制'下来了，很多手续都在我们这里，你可以来我们中心来办。如果你办理什么事情，把你的手续交上来，我们统一拿到街道办或区那边帮你办理，这就节约了很多时间了。现在和之前相比，效果很明显。（LCK 社区 C 支委，2013 年 5 月 17 日）

　　原来的（社区行政服务中心成立之前）居委会就是一体的嘛，居委会，我们都称呼他们'造反派'！政府说要你配合他们（居委会）驱动工作，他（居委会）可以不配合你。但是，我们现在有社区行政服务中心了，那就好办了。你政府财政去聘请这些工作人员，那么政府的工作也好做多了。（GZ 社区 A 副主任，2013 年 5 月 14 日）

　　总之，作为政府在社区（村）的延伸机构和服务平台，一方面承担政府下派的行政任务和街道办、党工委交办的行政工作；另一方面为基层民众提供更优质的公共服务。正是通过政府公共服务下沉的方式，将政府的服务力量渗透到基层社会，增强了政府的服务性渗透，提升了基层民众对政府的认同，为政府的合法性奠定了基础。

三 "政社分离":政府服务与社区自治的良性互动

《村民委员会组织法》与《城市社区居委会组织法》明确规定,村(居)委会是自我管理、自我教育、自我服务的基层群众性自治组织,但基层政府习惯性地把它当作"政府的派出机构",导致居(村)委会行政化倾向。[①] 为了走出居(村)委会行政化的误区,根据容桂街道颁发的《进一步厘清政社关系深化社区(村)公共事务管理体制改革试行办法》要求,政府把基层公共事务主要分为行政事务与社区(村)事务。行政服务中心主要负责落实上级下派的各项行政事务,为居(村)民提供便民服务,协助居(村)民和辖区各类组织、单位办理由上级政府及职能部门审批或备案的各项事务;而居(村)委会则主要负责自治事务,如调解民间纠纷、协助维护社会治安、向政府反映居民的意见、发展社区集体经济、发展慈善互助组织等,有效地实现了政府行政与基层自治相对分离。这既能够保障政府工作在基层社区顺利开展,又能实现基层自治的目的。

> 实际上,现在成立社区行政服务中心不是要取代原来的居委会自治,而是让居委会更好地实现社区自治,更好地去开展群众活动。但是,我们政府的工作必须要得到贯彻落实,因为,我们容桂很大哦,超过60万人。我(GZ)社区也有1万多人,你社区居委会不听话的,谁干这个工作?那政府工作没法开展。(GZ社区A支委,2013年5月14日)

> 作为居委会呢,那就是要宣传党的,政府的政策啊、决策啊、决定咯;还有呢,就是为我们的居民服务,把居民的诉求向政府去反映,建议政府要保障我们社区群众的利益,我们都是把群众的利益放在第一位的;再一个就是,在我们自己的能力范围内,怎么样去发展自己的经济,让社区群众在治安啊、卫生啊方面得到一些保障。(SJS社区H主任,2013年5月30日)

[①] 桂勇、崔之余:《行政化进程中的城市居委会体制变迁——对上海的个案研究》,《华中理工大学学报》(社会科学版)2000年第3期。

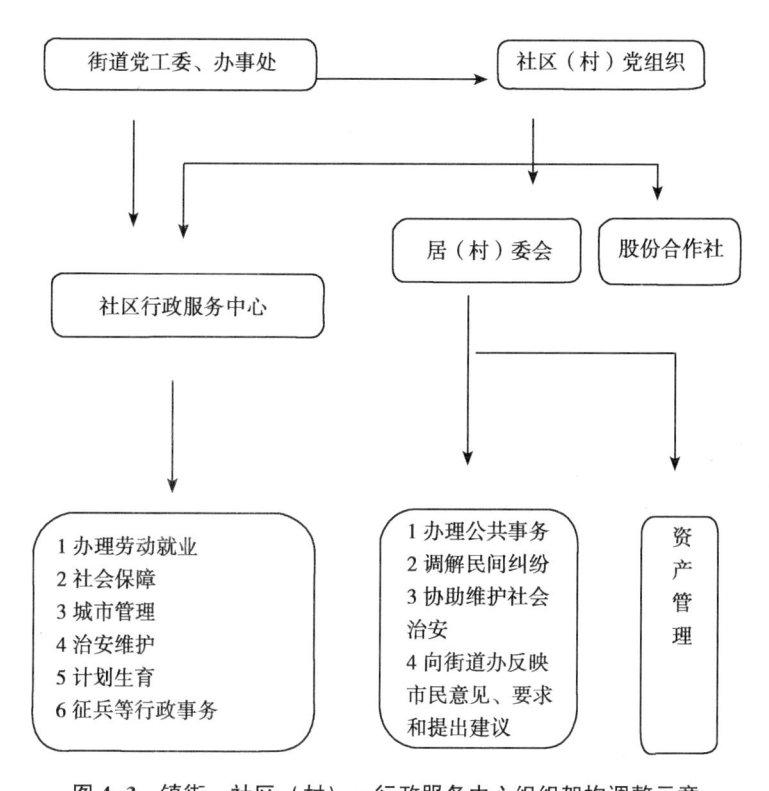

第四章 放权逻辑：从"上级权力下放"到"优化政府服务体系"

```
[街道党工委、办事处] ──→ [社区（村）党组织]
       │                        │
       ↓                   ┌────┼────┐
[社区行政服务中心]          ↓         ↓
       │               [居（村）委会] [股份合作社]
       ↓                    ↓            ↓
┌──────────────┐   ┌──────────────┐  ┌──────┐
│1 办理劳动就业 │   │1 办理公共事务│  │资    │
│2 社会保障    │   │2 调解民间纠纷│  │产    │
│3 城市管理    │   │3 协助维护社会│  │管    │
│4 治安维护    │   │  治安        │  │理    │
│5 计划生育    │   │4 向街道办反映│  │      │
│6 征兵等行政事务│ │  市民意见、要求│ │      │
│              │   │  和提出建议  │  │      │
└──────────────┘   └──────────────┘  └──────┘
```

图 4-3　镇街—社区（村）—行政服务中心组织架构调整示意

资料来源：各村居公告栏及《进一步厘清政社关系深化社区（村）公共事务管理体制改革试行办法》。

可见，实行政社分离之后，政府公共服务水平得到提升的同时，也促进居（村）委会从"行政化"向"自治化"回归，最终实现了政府管理与基层自治的相对分离、良性互动与有效衔接。通过政社关系改革，政府并没有从基层社会退出，相反则是以一种新的形式来重建基层社会，重新唤起民间资源，实现国家（政府）与社会的对接与融合。

行政服务中心成立之后，大部分群众对我们还是比较信任的。（为什么会信任呢？）那你要给他看到实惠啊。你说什么都是假的。他们（村民）很实在的。你看到我们给他们（村民）修桥，路通了，给他们提供便利，也带来了经济发展，分红分多了。你做了事情什么都好啦，要不然你说什么都是大话、空话、假话。……就像政府要支持我们在这里建一个市场的话，就改善了我们原来市场的条件，在政

府的支持下，村委会负责搞这个市场，那自然威信就高了。（MG村D副主任，5月15日）

"简政强镇"事权改革之后，政府的治理结构发生了重大变革，改革的核心即是强化政府的社会管理能力，提升政府公共服务质量。当然，政府服务并不仅仅通过简单地设立机构，而是更加注重强化服务的效能，实现政府对基层社会的服务性渗透。通过构建两级公共服务体系，容桂街道建成了容桂街道行政服务中心和26个社区（村）行政服务中心，实现了政府服务的整合和渗透，提高了民众对政府的满意度，政府公共服务水平显著提升。某种意义上，两级行政服务中心的设立标志着政府的社会管理职能与公共服务职能向基层社会的延伸与扩展。正是通过两级公共服务体系，容桂街道将政府的公共服务渗透到民众的日常生活之中，提升了政府整合社会的能力，为政权的合法性奠定了基础。

本章小结

从国家政权建设的方式来看，国家基础性权力是国家权力渗透到基层社会，在其统治范围内执行决策的能力，它是国家权力通过基础设施渗透和集中地协调基层社会的能力。[①] 基础性权力在国家政权建设中具有关键作用。从国家的基层政府行为实践来看，目前国家政权建设仅仅停留在机构和人员的变革上，而没有把提升基层政府执行力和服务能力作为"建设"的重点，这就弱化了作为贯穿基层社会的基础性权力。

"简政强镇"事权改革以来，按照"同类合并、上下对接、权责一致"的原则，容桂街道对党政内部相关职能部门进行了资源整合，对组织形式进行重塑，把原有的28个党政部门、街道单位和部分双管单位以合并同类项为原则整合成13个大职能部门，实现党务管理、政务管理与决策机制的扁平化。在完善党政内部机构设置的基础上，顺德区政府通过下放行政管理权限，强化了政府的执行力，基础性权力明显增强。这使基

---

① 黄冬娅：《比较政治学视野中的国家基础权力发展及其逻辑》，《中大政治学评论》（第三辑），中央编译出版社2008年版。

层政府可以更好地执行国家政策,保障国家推行的社会政策,政府下派的行政任务得到有效实施。在此基础上,为了提升政府决策的科学化和民主化程度,容桂街道还成立了公共决策和事务咨询委员会,推动了政府公共决策的科学化、民主化。这在一定程度上优化了党政组织机构的运作机制,形成了党政合署办公、决咨委进行决策与监督的崭新格局。

为了完善政府服务体系,容桂街道全面整合行政服务资源组建了容桂街道行政服务中心作为政务工作服务平台,实行"集合式办公"、"窗口式服务"和"一站式服务",大大提升了政府的服务效率。在此基础上,通过"政社分离"改革,容桂街道把政府服务延伸到26个基层社区(村),在社区(村)中成立行政服务中心,将与群众日常生产生活密切相关的政府服务领域延伸到社区(村)行政服务中心,实现便民服务。某种意义上,通过构建"两级公共服务体系",容桂街道逐步建成了服务性网络机构,这种服务性网络结构可以让基层民众时刻感知到"国家的在场",增强基层民众的信任感。

总之,通过"简政强镇"事权改革,容桂街道实现了党政组织结构运作机制的优化,政府执行能力的增强,政府公共服务水平的提升。这一定程度上改善了基层民众与国家政权(政府)之间的关系。通过完善政府服务性网络体系,政府将国家权力带入基层社会之中,提升了国家在基层民众中的权威形象,强化了国家对基层社会有效整合的能力。

第五章

还权逻辑：从"基层政府还权"到"创新社会服务模式"

第四章主要探讨了"放权逻辑"，其主要涉及强化政府公共权力、变革党政组织体系及完善政府服务体系等。这一章主要探讨"还权逻辑"，其主要涉及政府还权于社会，培育和发展社会组织及创新社会服务模式。首先，笔者通过市场力量的渗透与政府自身的能力两个维度来解释了容桂街道还权于社会的缘由；其次，根据容桂街道的还权改革实践逻辑，笔者探讨容桂街道是如何培育和发展社会组织，创新社会管理与服务水平实践的；最后，笔者以鹏星社会工作服务社为研究个案，探讨政府创新社会服务的实践过程及限度。

第一节 民众多元化公共服务需求对政府职能的挑战

政府是公共产品和社会服务的重要供给者，有效地提供公共产品和公共服务是政府的基本职责。在我国政府体系中，基层政府具有承上启下的作用，在履行社会管理和社会服务职能方面具有更重要和更直接的责任。然而，随着市场经济的不断深化和城市化的推进，基层政府的社会服务与社会管理面临着前所未有的挑战。

一 市场经济的渗透与民众服务需求的多元化

在计划经济时代，城市基层社会的治理体制是单位型管理模式。在公共服务供给上，这种模式主要通过单位来实现资源配置、满足单位个体的服务需求，从而实现基层社会的和谐与稳定。在运行机制上，这种模式在行政机制、资源利用与配置等方面呈现出"单一化"特征,① 城市基层社会的组织化、动员化程度较强,社会个体均依附在"单位"上,从而保证其社会身份的存在。然而,随着社会主义计划经济体制向社会主义市场经济体制的转型,单位型管理模式逐渐被社区型管理模式所取代。社会个体由原来的具有依附性的"单位人"变成具有自由意识的"市场人"。社区成为社会成员重要的生存空间。

尤其是改革开放40年来,中国国民经济保持着持续快速发展,居民的生活水平得以明显提升。随着市场经济对社会个体的渗透,社会成员的工作职业日益多样性,逐渐成为"流动的单位人员"。② 社区中社会成员的个体观念和公民意识不断地成长,他们希望政府能够提供多样化的社会服务来满足社会成员多元化、个性化的需求,并以此来衡量政府的公共服务水平。

> 人们的生活越来越好了,自然对我们(政府及社区居委会)的要求越来越高了。那么,我们就要想方设法满足他们的需求。例如,社区的老年人,你过年过节要关照一下。……为了满足人们对社区娱乐的需求,我们就要想办法成立各种组织来满足他们的需求,根据居民的娱乐需要,由于每个人的爱好不同,我们组建了曲艺社,象棋队,太极队,舞蹈队,歌唱队。在组建这些组织的时候,我们居委会会给他们补贴、提供一些场地等,当然自己(居民)也要出点钱,居委会的资源也是有限的嘛。我们(居委会)主要起到牵线搭桥的作用。(SJS社区H主任,2013年5月30日)

此外,在城市化和市场化的双重作用下,大量的外来人口涌入到城市社区、郊区村落。在容桂街道下辖的26个社区(村)中,近60%的社区(村)出现"人口倒挂"现象。在外来人口的入驻给社区(村)强化居(村)民原子化程度的同时,政府和居(村)委会的社会管理和服务的压力也在不断加大。基层社会正在经历从"凝聚型熟人社区"向"松散型

---

① 陈伟东:《城市基层社会管理体制变迁:单位管理模式转向社区治理模式——武汉市江汉区社区建设目标模式、制度创新及可行性研究》,《理论月刊》2000年第12期。

② 徐勇:《论城市社区建设中的社区居民自治》,《华中师范大学学报》(人文社会科学版)2001年第3期。

陌生人社区"转变。

> 外来人口大量进入社区确实给社区的管理带来一定的困难，工作量增加了不少。有些时候，外来务工人员对我们居委会的工作和社区事务管理不太理解，我们下去登记一些事务的时候，他们不是很配合。比如，我们现在实施积分入学政策，我们去社区登记相关信息的时候，社区外来务工人员就不是很配合。(HW 社区 B 委员，2013 年 5 月 15 日)

> 就我看来，外来务工人员对村庄的发展还是好处比较多。说白了，毕竟我们自己村民就只有 7000 多人，单凭我们自己的话，地区的商业是没法火起来的。他们（外来人口）进来会带动我们商业的发展。另外，如果没有外来务工人员那些村民出租的房屋就没有市场。如果没有他们，村庄的经济啊，村民的收入啊都会受到影响。当然，在卫生这块呢，他们会给村子带来不好的影响。外来人员对卫生都不会那么重视，认为自己不是本地村民，也没有意识到维护村庄的环境。(MG 村 D 副主任，2013 年 5 月 15 日)

外来人口的入驻推动了村庄经济的发展。本地村民通过房屋出租、经营餐饮等带来了村民收入的快速增长。然而，大量外来人口的入驻也对村庄的管理带来前所未有的挑战。如何能够更好地为外来人口提供公共服务，以增强他们对社区（村庄）的认同感成为政府和居（村）委会创新社会管理和社会服务模式的动力。

二 传统政府主导的理念与社会服务能力的弱化

一般而言，政府是社会管理和社会服务的主导者，在基层社会管理与服务中发挥重要角色。然而，政府所提供的公共服务具有行政性的特征，如社会保障、教育、社会治安、劳动就业等综合服务。随着市场经济的渗透，民众对公共服务的需求日益多元化，传统的政府公共服务供给模式很难适应时代的发展需求。僵化的政府公共服务供给体制决定了政府必须要创新公共服务的供给模式。

(一) 政府原有的公共服务管理体制僵化，公共服务的效率较低

计划经济体制时期，政府扮演"全能型政府"角色。在公共服务供

给方面，政府包揽了公共服务供给过程中的生产、监督、控制等全部功能，既发挥"掌舵"作用，又发挥"划桨"作用，这就导致了政府提供垄断性服务的出现。垄断性服务意味着政府是公共服务供给的唯一单位，政府没有其他竞争对手与其竞争。这必然导致政府丧失提升公共服务以满足多元化需求主体的动力。在市场经济时期，政府服务的"大包大揽"难以适应地区经济社会的发展。新时期，民众对公共服务的需求具有多元化、多样化特点，民众对政府提供的公共服务无论在质量上还是数量上的要求越来越高，仅仅依靠政府直接供给，难以满足民众的需求。因而，政府单一化、垄断性的公共服务供给模式已经不能满足多元化的消费主体的现实需要，从而导致政府服务效能降低。

（二）政府内部提供公共服务的人员数量有限，无法满足民众多样化的社会服务需求

就基层政府的功能而言，一方面要完成上级政府下派的行政任务，另一方面又要指导居（村）委会开展群众性自治工作。"简政强镇"事权改革前，容桂街道仅有90个公务员编制和若干政府雇员，却要完成50万人的社会管理和社会服务任务。除了履行社会管理与社会服务职能之外，基层政府还要承担上级政府下派的各项行政任务、考核、评比等。可见，捉襟见肘的政府能力难以满足民众对社会服务的需求。更为严重的是，居（村）委会本应该成为居民自我管理、自我教育、自我服务、自我监督的基层群众性自治组织，实际上，在单向放射性的集权体制下，居（村）委会却变成了准一级政府来承担上级政府下派给居（村）委会的各项行政任务。因而，基层政府、居（村）委会疲于应对上级政府下派的行政任务，往往采取"选择性执行"① "制度性说谎"② 等方式来完成。在此背景下，基层政府组织已经没有足够的能力来为基层民众提供优质的社会服务。

> 上级部门往往把责任下放到我们这里来，可是我们有没有相应的权力，导致我们在执行的过程中很被动，比如税务的工作，很多具体的工作也是一样。人员编制没有增加，但是任务量却不断地增加。

---

① 杨爱平、余雁鸿：《选择性应付：社区居委会行动逻辑的组织分析——以G市L社区为例》，《社会学研究》2012年第4期。

② 张汝立：《目标、手段与偏差——农村基层政府组织运行困境的一个分析框架》，《中国农村观察》2001年第4期。

(HW 社区 B 委员，2013 年 5 月 14 日)

……（以前）政府给我们村委会下派很多任务的，我们总是难以应对，而且下来的任务基本上都是一票否决的，所以我们很紧张啊……当我们完不成政府下派任务的时候呢，那我们就想想办法，找找门路，其实每个村委会都是这样做的。把任务做到政府满意，要么我们就没有评优资格。(LCK 社区 C 支委，2013 年 5 月 17 日)

社区行政服务中心成立之前呢，我们居委会都是在承接政府下派的计生啊、征兵啊、治安啊、维稳啊，很多啦，其实上面有什么部门，下面就有相对应的工作。有一句话说得好，上面千条线，我们只有一个针孔，就堵在我们基层，压力非常大。其实，我们真的算不上什么"基层"，也就是底层，很艰苦啊。……我们还有一点就是没有审批权和决定权（执法权）……农民有一个情绪就是有什么事情都要找你居委会的领导，如果你搞定就好了，如果你搞不定，村民就认为你在拖。所以，处理这些事情的时候，我们的角色很难转变过来的。(DFJ 社区 F 副书记，2013 年 5 月 29 日)

从服务内容来看，作为基层政府派出机构的街道办的主要职责是居民工作、社区工作、社会管理及城市管理等几大块。而居（村）委会不仅要承担发展集体经济、调解居（村）民之间的纠纷等自治事务，还要完成基层政府下派的计划生育、卫生检查等行政任务。"政社分离"改革后，虽然在容桂街道 26 个居（村）中已经成立了行政服务中心来承接政府下派的行政工作，但是居（村）委会和行政服务中心的工作内容有重叠部分。在政府下派大量行政任务无法完成时，受到现有工作人员数量的限制，居（村）委会和行政服务中心一般以"合作"的方式来开展工作。因而，政府、社区（村）行政服务中心及居（村）委会主要承担为居（村）民提供行政性服务的角色。然而，在人口高度密集化的社区，尤其是外来人口密集的地区，社区老年人服务、外来工问题、家庭婚姻问题、社区犯罪人员矫正及青少年教育等社会服务成为基层政府组织、社区（村）行政服务中心或居（村）委会无法供给的领域。总之，政府及居（村）委会工作人员数量和行政能力无法满足民众多元化的服务需求。这必然要求政府创新社会管理与服务模式以满足社会发展的现实需要。

第二节　政府还权与社会组织蓬勃发展

根据广东省委、省政府"富县强镇"及顺德区委、区政府"简政强镇"事权改革方案的相关文件要求，政府要将"不该管、管不好"的职能通过委托、授权及购买服务的方式转移给民间社会组织，通过市场化等方式将自律自管、自担风险的管理事项有序地转向社会，减少政府对市场的不正当的干预。① 这必然要求政府要大力培育专业化、多样性的社会组织以满足政府转移服务职能的需要。然而，国家现阶段的民间组织管理体制限制了民间社会组织发育的空间。在珠江三角洲地区的发达地区镇街，虽然经济社会的快速成长孕育了越来越多的民间社会组织，但其在满足社区（村）民众需求、承接政府转移职能方面的能力还比较弱。因而，为了更好地发挥社会组织承接政府的职能，满足社区（村）民众的多元化服务需求，根据顺德区培育社会组织的相关规定及容桂地区的自身转变，容桂街道承担起培育和发展民间社会组织，让其承担政府转移相关职能的重任。

一　变革社会组织登记制度

新时期，由于民众对社会服务的内容和方式提出了新要求，社会服务水平的优化和提升需要培育和发展民间社会组织。一直以来，我国对民间组织实行"双重管理体制"，成立民间社会组织既要到民政部门登记，并对其进行年检等相关的监管，还要找到业务主管部门进行挂靠，负责其日常管理等内部事务。这种"双重管理体制"严重制约着民间社会组织的孕育与发展，成为制约民间社会组织发展的体制性障碍。为了更好地培育和发展民间社会组织，克服"双重管理体制"对民间社会组织培育的制约，根据《关于规范社会组织管理加快社会组织发展的实施意见》的相关规定，上级政府将社会组织登记和管理权限转移到容桂街道来行使。在此背景下，根据《实施意见》的规定，容桂街道打破以往对民间社会组

---

① 顺德区社会工作委员会编制：《顺德综合改革 30 年》（内部印制）2013 年 1 月，第 18 页。

织实行"双重管理体制"的制约,建立了社会组织直接登记制度。民间社会组织的申请人可以直接向登记管理机关申请登记为独立法人机构,不再要求其他政府部门担任社会组织的业务主管部门。这在一定程度上加大了社会组织的培育和发展的力度。此外,政府还把竞争机制带到社会组织的培育和发展过程中,从而敦促民间社会组织的合理布局、有序准入,促进民间社会组织规范和良性发展。总之,容桂街道对社会组织实行分类登记制度,简化了登记程序,为社会组织的快速成长创造了宽松的政治环境。

二 社会组织承接政府职能

顺德区委、区政府及容桂街道社会工作局出台了多份配套文件大力扶持民间社会组织的成长与发展。经济来源上,政府加大财政支持力度,建立了社会组织专项发展基金,促进民间社会组织功能的发挥。尤其是对新成立的社会工作组织,提供每年10万元的政府财政资助(资助3年)。同时,政府还鼓励慈善机构、热心的民众及企业家对社会组织进行捐助,促进社会组织更好地发展。组织发展上,政府建立了完善的社会组织专业人才引进和培养制度,为符合条件的社会组织负责人提供培训服务,提高其组织管治能力。容桂街道还加大研究制定符合社会组织的人员流动、入户、工资福利、档案管理等政策,为社会组织吸纳人才创造条件。此外,政府还建立了社会组织优秀人才备案制度。在未来的干部选拔、人才选聘等方面优先考虑社会组织的优秀人才。物质支持上,政府为符合条件的社会组织提供办公场地等方面的支持,实行免租、减租等优惠政策,不断地强化其行动策略、社会管理能力和社会服务水平。例如,在引进和培育鹏星社会工作服务社时,为了促进鹏星社会工作社快速适应容桂的经济社会环境、更好地为民众提供服务,政府无偿为其提供了三层小楼作为发展平台,推动社会工作事业不断向前发展(后文专述)。

三 政府强化对社会组织的监管

在转移职能、购买服务之前,政府通过聘请"第三方"对社会组织的能力与资质进行评估定级。这将有利于提升社会组织的能力建设,增强社会组织的公信力。同时,对部分不自律、功能发挥不显著的社会组织进行调整和整改,没有达到评估标准的社会组织给予撤销。通过对社会组织的监管，有利于整合社会资源、优化社会服务的结构布局，促进社会组织的健康、稳定发展。

随着社会组织的蓬勃发展，容桂街道逐步采用购买、委托、授权等方式，使社会组织承担政府转移的管理职能，将原由政府提供的部分公共服务和社会管理任务交由民间社会组织去完成，并对其服务质量和管理水平进行监督。在此背景下，容桂街道正从"全能型政府"向"掌舵型政府"转变。

在此背景下，容桂街道社会组织培育和发展取得较大成绩。截至2013年7月，容桂街道已经成立了包括社会团体和民办非企业两类社会组织共126家。社会团体有47个，涉及工商经济类2个、公益慈善类27个、社会服务类6个、文化体育类11个以及联谊类1个；民办非企业单位有79个，教育类65个、文化体育类6个、社会服务类3个、劳动就业类4个以及卫生类1个。社会组织的管理与服务领域已经覆盖了教育、劳动、社区服务、文化等各大领域。2013年3月，通过对2012年社会组织工作情况的审查，容桂街道共112个社会组织参与审查工作，其中社会团体41个，民办非企业单位71个。除3个社会组织未报送年检资料外，其余109个社会组织年检结果均为合格。① 总之，容桂街道已建立起以慈善类、教育类为主，社会服务、文化服务等为辅，各领域均衡发展的社会组织架构。

第三节　社会组织的发展与社会服务模式创新

随着顺德区委、区政府要求加快社会组织发展的推动，容桂逐步建立了以公益慈善类社会组织为主体的社会团体组织和以教育类社会组织为主体的民办非企业单位的基本格局。各类社会组织在容桂地区的慈善事业、教育事业上发挥重要作用。此外，文化体育类社会组织也得到了迅速发展，且在各自领域发挥作用，实现了容桂地区的经济发展与文化繁荣的协同发展。为了促进并规范社会组织的发展、更好地发挥其应有作用，根据

---

① 李锦余：《容桂社会组织获得长足发展》（http://www.sc168.com/tt/content/2013-08/03/content_385867.htm）2013-8-3.

顺德区委、区政府的社会组织发展规划方案，结合容桂地区的实际情况，容桂街道把经济合作交流类、社会管理与服务类及文体建设类社会组织作为重点发展与培育对象。

一 经济类社会组织：经济社会发展的推动者

容桂街道商会是以在容桂登记注册的民营工商企业为主体自愿组成的非营利性民间组织，由容奇镇商会、桂洲镇商会合并而成的。该商会成立于2000年5月，自组建以来，商会会员不断发展壮大，现有涉及电子家电、精细化工（涂料）、房地产、五金灯饰等200多家会员企业，为地方经济建设和发展做出了积极的贡献，是容桂经济建设的重要推动力量。容桂商会的主要任务和功能："团结、服务、帮助会员，维护会员的合法权益；协调政府与企业的关系；加强会员之间的联络交流；组织会员进行参观、考察、联谊活动。"[①] 2012年10月，在原容桂商会的基础上，容桂商会升级为容桂总商会，成为容桂地区三资企业、私营企业及外商独资企业自愿组织的民间团体，在容桂街道社会工作局与顺德区总商会的指导下开展工作。

为了更好地发挥他们的智慧、更好地服务容桂企业，容桂总商会还成立了两个分支机构——职业经理人协会与青年商会。升级之后，容桂总商会承接了政府下放的各项职能，在容桂地区的公共事务中扮演了更多的角色：积极发展慈善事业、承接政府委托的部分职能及帮扶会员企业转型升级等。

（一）容桂商会利用其自身优势，积极推动慈善事业的发展

容桂辖区内有50万常住人口，其中近30万是外来人口。一方面，外来人口推动地区经济的发展，另一方面也为政府对外来人口的管理带来严峻的挑战。而容桂商会利用其自身资本充裕的优势，充当政府社会管理和公共服务的合作者。

为了更好地发挥外来人口的积极作用，稳定企业员工队伍，容桂商会自发设立了"互助基金委员会"制度，会员企业的员工在遇到突发性疾病、交通事故及家庭遭遇突变等急需资金时可以申请经济援助，及时提供

---

① 《佛山市顺德区容桂总商会章程》（http://www.rongguicc.com/page/about3/index.php）2013-11-14。

紧急救援，这一慈善事业被誉为"企业内部的社保"①。容桂商会"互助基金制度"的设立，有助于缓解外来务工人员在生活中遭遇的困难，促进了劳资关系的和谐、企业员工队伍的稳定及其企业凝聚力的增强。

> 阿军是容桂恒基实业集团的员工，2010年被查出患有胰腺癌，治疗费用不菲，共花去7万多元，其中社保负担3万多元，另外的需自掏腰包。2010年4月，他向该公司互助基金提出救助申请后，基金委员会的10名委员聚在一处，查阅了住院凭证，决定为阿军发放2万元救助金，为他解了燃眉之急。②

此外，容桂总商会还参与慈善事业，推动地区教育的发展。容桂总商会设立了"扶贫助学基金"，对容桂地区的经济困难民众、孤寡老人进行扶助；对学习成绩优秀、家庭经济困难的学生给予必要的资助。2013年3月，在容桂总商会的策划和推动下，容桂企业家通过珍藏品拍卖的方式，筹集800余万善款，并将善款捐送给容桂慈善会用于扶贫助学。③

（二）容桂总商会积极承担政府委托的部分职能

自容桂商会升级以后，容桂商会积极发展慈善事业，开展扶贫助学等重大举措，取得较大的成绩。容桂商会还积极承担政府委托和转移的部分职能，减轻了政府的日常工作量，提高了政府的工作效率。2012年3月，顺德区经济促进局和容桂街道正式把"星光企业"申报的发动、培训、申报等相关工作下放给容桂商会，由其承担政府的相关职能。在这项工作中，容桂商会主要负责辅导企业申报、初步审批的职能，最终的审批则交由顺德经济促进局，形成了政府与商会的分工与协作机制，大大提高了政府行政审批的效率。

此外，为了优化幼儿园的运作模式、提升幼儿园的管理水平，容桂商会也积极参与公立幼儿园非营利监管职能，充分发挥商会的优势力量。2013年8月，容桂商会正式与容桂街道教育局签订协议，采取非营利的

---

① 本刊编辑部：《互助基金委员会：企业的"内部社保"》，《中国商人》2011年第7期。
② 禹规娥等：《探路》，南方日报出版社2011年版，第132页。
③ 《容桂总商会捐800余万善款扶贫助学》《顺德城市网》（http://www.shundecity.com/a/sdjy/2013/0312/93800.html）2013-11-14。

方式承接监管两间容桂公立幼儿园的日常运作。① 至此，容桂街道采取非营利方式进行运作的幼儿园已达到4间。此外，容桂商会还延长其触角介入到敬老院的日常管理，借助社会组织的力量更好地提供服务，提升各种硬软件水平。② 容桂商会参与监管学前教育模式对深化转移政府职能，发挥社会组织的积极作用具有一定的推动性，也是容桂深化"简政强镇"事权改革的重要一步。

（三）容桂总商会搭建政府与企业的桥梁，推动企业转型与发展

容桂商会采取座谈会的形式，提供街道领导与企业面对面接触与交流的机会，从而使政府了解企业发展面临的问题。例如企业经常提到包括厂区建设、产业园区规划、人才引进等具体需求，这就使政府为企业提供的服务具有针对性，更能满足企业的发展需求。容桂街道重视发挥商会的作用，商会也根据自身的特点，积极支持地方经济发展，多次组织本地企业人员到江门、深圳等地考察学习，引入先进理念和经营模式，促进企业转型和自主创新，为企业寻求新的发展空间。③ 容桂街道所扮演的角色是"创建机制""修桥铺路""穿针引线"。

二 服务性社会组织：社会服务的供给者

为了积极落实"简政放权"改革，提升社会管理和社会服务的水平，容桂街道成功培育了服务类社会组织数十家，政府不再把所有的公共事务都揽在手里，通过培育和发展社会组织，以委托、授权、购买服务等方式，将部分技术性、专业性、辅助性的事务交由市场中介和社会组织承担，发挥市场在资源配置上的高效率。而政府主要负责把握大的方向，对社会组织进行引导、监管和协调。通过培育和发展社会组织，三年来，容桂已成功培育和发展出100多家民间社会组织，残疾人服务、青少年服务、慈善救助类服务等社会化服务已基本覆盖了整个容桂地区。

（一）残疾人服务方面

2011年5月，容桂街道成功培育了顺德区首家专门为残疾人提供服

---

① 刘嘉麟：《容桂总商会接管2所幼儿园》（http://news.163.com/13/0822/09/96SEIQU700014AED.html）。
② 林晓格：《创新社会管理 社会组织帮大忙》，《佛山日报》（http://www.citygf.com/FS-News/FS_002003/FS_002003003/201202/t20120227_3035701.html）2013-11-15。
③ 《容桂街道社会组织培育工作情况》（内部资料）。

务的庇护工场——伍威权庇护工场。伍威权庇护工场的前身是成立于1999年11月的容桂仁爱园"阳光之家"。"阳光之家"成立的目的是为残疾人提供一个"平等、参与、共享"的发展平台，满足残疾人职业训练及辅导的需求，为其提供更为宽阔的就业发展空间，强化与社会的沟通能力。目前，容桂伍威权庇护工场主要功能在于为残疾人提供庇护性的就业岗位，开展各种形式的教育培训来提高残疾人的劳动技能和职业素养，使其能很好地融入社会就业，能够在社会上找到自身发展的空间。庇护工场主要采取职业教育与培训、见习实操、师傅带徒弟等策略来培养其自强自立能力尽快融入社会、提升残障人群的社会就业能力，使其能够共享社会发展所带来的文明成果。

容桂伍威权庇护工场采取政府购买服务，接受企业订单以及创办社会企业等运作模式。工场成立后，学员通过自身的努力和培训学习，已有3名学员顺利就业，3名学员获得了辅助性就业机会。在运作模式上，伍威权庇护工场还在不断地探索为残疾人提供社会工作服务，通过专业社工进驻工场，进一步提升工场的运作水平。

此外，借助容桂街道"简政放权"的东风，经容桂街道教育部门、民政部门审批同意，在自闭症儿童家长和幼儿园投资者的推动下，顺德区成立了第一家非营利性民办特殊儿童教育中心——容桂星愿自闭症康复中心，该中心专门为辖区内200多名自闭症儿童提供专业性教育和康复训练。自成立以后，该中心得到政府及社会各界的物质支持和资金捐助。在此基础上，在热衷于此项公益事业的企业家、自闭症儿童家长的支持下，该中心又成立了容桂星愿自闭症关爱者协会，为自闭症患者提供更大的支持和保障。

(二) 青少年服务方面

2010年8月，在容桂街道社会工作局的引导下，在地区青年企业家倡导下，容桂成立了具有非营利性质的青少年促进会（简称青促会）。该会是由辖区内青年企业家自发创办，从事非营利性社会服务，是容桂青年企业家履行社会责任的重要平台。青促会的会员主要由热心的青年企业家、具有丰富经验的退休教育工作者等社会人士组成。作为顺德地区首家由青年企业家自发筹资建立的青少年非营利社团，青促会主要致力于发展各类青少年公益事业，以民间力量参与青少年事务的管理，为青少年的健康成长提供全方位的帮助。在容桂街道"简政放权"的背景下，一方面，青促会承接了政府转移的部分职能；另一方面，青促会推动了青少年事业的稳健发展。因而，青促会主要发挥介入学前教育、青少年成长服务、推广公民基础意识教育及公益扶贫服务的功能。

首先，青促会介入学前教育，改善公立幼儿园的管理水平。2011年8月，受容桂街道教育局的委托，青促会正式介入公立幼儿园的日常管理，开创了社会公益组织监管公立幼儿园的先河。通过参与和监管幼儿园的日常管理、财物使用及教师教学水平等工作，幼儿园的管理水平、办园质量得以提升。其次，青促会通过购买青少年社工服务，促进青少年健康成长。2010年9月，青促会购买启创社工的服务并建立"飞扬地带"。目前，"飞扬地带"主要提供学校、家庭和社区三个方面的服务。通过"学校—家庭—社区"三位一体的服务理念，促进青少年与学校、家庭与社区三者之间的良性互动，帮助青少年挖掘潜能、发展所长。最后，在强化青少年公民教育上，青促会通过开展素质培训、户外拓展、讲座活动等引导青少年树立正确的价值观、人生观和世界观。此外，青促会也积极发挥主动作用，积极引导广大企业家和群众参与希望工程助学活动，支持贫困地区基础设施建设等。

总之，容桂青促会的成立，有助于集聚民间力量和智慧参与地方公共事务的管理，实现地方治理结构的优化，最终形成"政府引导、民间主导"的政府与社会组织协同发展模式。

(三) 慈善救助服务方面

容桂慈善会的前身是顺德慈善会容桂办事处。2008年，顺德慈善会容桂办事处正式改组为容桂慈善会。在容桂街道人力资源和社会保障局的指导和监管下，容桂慈善会成为立足于容桂地区的地方性非营利的慈善型社会组织。容桂慈善会在26个社区（村）全部设立慈善会，形成街道、社区（村）两级慈善救助体系，形成了"横向到边、纵向到底"的慈善救助网络。目前，容桂街道和村（居）两级慈善组织共募集善款1个多亿。在容桂街道26个村（居）福利会中，募集善款最多的将近2000万，最少的也有50多万。在HW社区，2005年成立原慈善福利基金时募捐到165万元，到2009年成立福利会前有余额200多万元，2009年成立福利会时，一次性募捐了600多万元，现时余额有950多万元。

我们社区有比较好的传统。从海尾社区走出去的成功的企业家都

很有爱心，很关心家乡的发展，关心社区的公益事业。（HW社区B委员，2013年5月15日）

我们社区福利会现在有几十万资金，这些资金大部分都是大老板捐给我们的。前几年，我们本地走出去的一个老板，他的户口也在我们这里，现在做房地产。他一次性为我们社区捐了50万。（GZ社区A副主任，2013年5月14日）

村福利会的钱大概有30—40万，都是企业和个人捐助的。我们一般把这些钱都花在老人身上，我们在重阳那个时候就请社区的老人吃饭。还有那些困难户啊，因病致贫那些啦。（SJ社区E副主任，2013年5月16日）

容桂慈善会及各社区（村）福利会的主要功能是募集社会各界的捐赠，帮助容桂地区孤寡老人、残疾人士、贫苦户和其他因重大疾病、灾害造成特殊困难的群体脱离困境，营造良好的社会氛围。

福利会筹集来的这些捐款主要用于对于我们社区里面那些患有重大疾病的人进行资助（家庭困难、长期病患），困难家庭的助学，每年一次的敬老活动（很热闹的，每年举行一次，花费大概要5—6万，发发礼物、利是等），在学校设立的助学金（一般几万块）……一般来说，如果社区常住居民家中有人得重病，家庭很困难的，可以把住院的相关费用收据收集起来，来社区福利会申请救助基金。我们会根据实际情况，居民小组长去调查该家庭的一般情况，理事长主持开会讨论，最后确定资助。（HW社区福利会负责人访谈，2013年4月12日）

自改组以来，容桂慈善会主要围绕助困、助残、助学及助医等方面开展救助活动。2011年，助学上，容桂慈善会投入助学的支出共57.85万元，受惠学生122人；助医上，容桂慈善会发放助医款55.9万，救助困难危重病人共54人次，同时对患重大疾病造成生活困难的家庭共发放6000元的慰问金；助困上，容桂慈善会主要针对辖区内低保户、特困外来务工人员等人群进行资金救助，共资助金额120多万元；助残上，容桂慈善会主要对残疾人、残疾人社会组织及精神病患者实施救助，共资助金额近30万元。① 通过大规模的救助活动,广大市民增强了对容桂地区的认同感,对营造积极的慈善社会氛围具有重要意义。

三 文体类社会组织:社区业余文化的营造者

随着容桂地区经济社会的不断发展,大量高学历人才的入驻,民众对地区的文化服务需求越来越高。为了丰富民众的业余文化生活,满足民众对业余文化的需求,容桂街道把经济与文化结合性发展作为提升容桂地区文化服务的抓手。在顺德区加强社会组织建设和容桂街道"简政强镇"事权改革的指导下,容桂街道大力培育文体类社会组织以满足民众对文体类服务的需求。在街道层面上,容桂街道启动了"文体社会组织培育工程",通过培育文体类社会组织,将文体服务由政府供给转变为社会组织供给,优化了容桂地区文体类社会组织发展的基本格局,提升了容桂地区文体服务的水平。在社区层面上,随着政社分离改革和基层民主建设的不断推进,在容桂街道各居(村)委会的主导下,社区(村)中的民众基于共同的兴趣爱好发展出大量的草根组织,如舞蹈队、棋艺社、太极队等。草根社会组织的发展是培育社会资本的重要力量,是基层社会公共空间的营造者。

(一)注册类社会组织的培育

随着"文体社会组织培育工程"的启动,容桂街道大力扶持相关社会组织的发展,目前,容桂街道已经成立了容桂街道文学艺术界联合会、容桂街道体育联合会,文学艺术界联合会下设文艺分支协会17个,体育联合会下设分支协会12个。② 为了使社会组织能够积极有效地提升文体服务,按照政府的相关文件规定,政府将按照民众对文化服务的需求,提供活动经费与活动项目,由相关协会去承办或协办,政府按照社会需求来提供活动机会和项目,由相关协会承办或协办,由政府支付活动和项目费用。容桂街道也积极创造机会,让条件相对成熟的协会参与承办或协助政府举办文体类活动,进而提高社会组织提供文体类服务的积极性和主动性。此外,为了使文体类社会组织能够发挥持续效力,容桂街道制定了

---

① 《容桂慈善会2012年度会员大会工作报告》(http://www.ronggui.gov.cn/data/main.php?id=70235-4260238)。

② 顺德人民政府:《培育社会组织 容桂文体服务打造新格局》(http://www.foshan.gov.cn/zwgk/zwdt/wqzw/sdq/201310/t20131017_4442587.html),2013-10-17。

《容桂街道2013年文体项目扶持资助办法》，根据文体类社会组织的发展情况，有针对性地扶持并通过分类资助社会组织、竞争获取发展资金、联合举办活动等策略推动相关组织健康发展。

通过对社会组织的培育与发展，容桂街道已经把文艺类、体育类社会组织提供的社会服务覆盖了容桂街道不同地区、不同群体。在满足不同群体对文体服务需求的同时，文体类社会组织的发展对邻里关系的改善、社会资本的培育及公共空间的拓展具有重要的推动作用。

(二) 草根型社会组织的发展

除了注册类社会组织，容桂街道各社区（村）还存在大量的文体类草根组织。这类草根组织对丰富社区（村）业余文化生活同样具有重要作用。随着容桂街道政社分离改革的推进，居（村）委会的自治功能得以回归，居（村）委会的主要功能是调解民间纠纷、丰富业余文化生活、维护社会治安等。在居（村）委会的引导、支持和资助下，各社区（村）成立了大量草根型社会组织。通过笔者调查的9个社区草根组织培育情况来看，大量草根型社会组织在居（村）委会的指导和支持下而成立。

为了保证他们能够顺利地开展社区活动，各居（村）委会为社会组织提供场地及相关的配套设施。一些比较富裕的社区（村）还给他们经费支持，例如，在HW社区，社区居委会每月给社区内的舞蹈队、太极队等600元的补贴。除此之外，各社会组织也积极申请基金项目来保障活动顺利进行。

> 我们居委会，主要是发挥引导和协调工作的作用。这个很重要，因为他们每开展一个活动都需要我们去提供场所，还有安全保卫，所以，我们居委会更多的是配合他们的工作，有些时候在经济上也会给点补贴和扶持。……他们没有一个正式的名号，让他们去筹钱这不是一件很容易的事情的。(SJS社区H主任，2013年5月30日)

> 街道、居委会这边在我们举办社区活动的时候，给予我们很大的支持哦，他们会给我们一点钱。我们参加活动所用的衣服啊，道具啊都是由居委会给我们支持的。另外，我们也申请了一个项目，李嘉诚基金，有4万块钱，我们搞活动会更加有积极性，促进我们活动举办得更加成功。(舞蹈队负责人阿姨C，2013年6月5日)

在居（村）委会努力下，容桂地区草根型社会组织获得了长足发展，在社区建设和社区社会资本的培育方面发挥日益重要的作用，对社区公共空间的拓展、业余文化生活的丰富方面具有重要的推动作用。

> 跳舞其实也是一种体育锻炼，能够有益于人的身心健康，人的心情很愉悦，大家都是家庭主妇，大家可以谈谈厨艺等等。大家可以沟通一下……能够实现社区的和谐，居民来跳舞还是一种正面文化的反映。这样，居民就不会凑在一起，东家长西家短的说闲话。组建舞蹈队以后，大家都是来健身，我们聊的都是健康的话题。我们彼此也多认识一些人，也是扩大人际交往的圈子。（舞蹈队负责人阿姨 E，居民代表，2013 年 6 月 7 日）

> 我们的队员在参加健身队之前也不是很熟悉的，大家相互都不认识的。参加我们的健身队之后，大家都比较熟悉了，相互之间能够很好地沟通，扩大我们的交际范围，这也是一个好的方面吧。这样呢，既锻炼了我们的身体，又认识了很多人，见识也广了，认识的东西也多了。（DFJ 社区阿姨 A，健身队负责人，2013 年 5 月 29 日）

作为基层社会重要行动者，草根型社会组织具有天然的优势，他们通过举办的文体娱乐活动，有效地把社区（村）中的居民联系起来，加强了居民之间彼此的沟通和交流，从而推动社区从"陌生人社区"向"熟人型社区"转变。通过居民之间的深入了解与沟通，居民之间的信任关系逐步确立起来，居民之间的互助行为逐渐形成。① 某种意义上，草根型社会组织所体现的意义已远远超出了社会娱乐，民众在此基础上建立的横向网络完全不同于我国社区中领导与被领导的垂直网络，这种横向的互动网络是社会资本产生的重要源泉。② 除此之外，在社区治理和社区服务供给中，草根型社会组织也积极配合政府的相关工作，将政府的相关活动做得更出色、更到位。

通过 3 年多的发展，容桂街道已培育和发展了涵盖经济发展、慈善救助及文体服务等各类社会组织 100 多个，并正在通过委托、授权、购买服

---

① 罗伯特·帕特南：《使民主运转起来：现代意大利的公民传统》，江西人民出版社 2001 年版，第 195—204 页。
② 娄缤元：《善治之道：草根社会组织参与下的社区治理》，《理论界》2012 年第 12 期。

务等方式创新社会管理与社会服务模式。在此基础上，容桂街道正在不断地加大向社会组织还权赋能的力度，把政府的部分公共事务转移给各类社会组织，让他们参与社会服务的供给，这在一定程度上提高了社会服务的质量和水平。

第四节 政府购买社会服务的实践过程：以鹏星为例

通过前文的分析，容桂街道主动培育和发展社会组织，并以委托、授权及购买服务等方式来提升社会服务的质量，这既为民间社会组织开辟了发挥作用的空间，促进了民间组织的健康成长；又减轻了政府的负担，促进了政府职能的转变。下面，我们通过容桂鹏星社工服务社的个案分析，进一步探讨政府创新社会服务模式的实践。

一 引进服务型社工的背景

"政社分离"改革后，基层公共事务划分为行政事务和社区事务，社区（村）行政服务中心既是政府行政服务在社区（村）的延伸机构和便民服务平台，又承担政府向社区（村）下派或交办的行政事务。而居（村）委会则按照《中华人民共和国城市居民委员会自治法》和《中华人民共和国村民委员会自治法》等法律规定，履行居（村）民自治范围内的事务，主要负责处理社区内部事务、向政府反映居民意见等。

一般而言，政府和社区（村）行政服务中心主要为民众提供行政服务，作为群众自治组织的居（村）委会则主要负责社区（村）内部的自治事务。然而，随着容桂地区经济社会的快速发展，民众对政府提供服务的需求逐渐增大，政府面临着巨大的社会管理和社会服务压力，如老年人问题、外来工问题、婚姻家庭问题、青少年问题等。这些经济发展所带来的社会问题都是社区（村）行政服务中心和居（村）委会所不能解决的。这必然要求政府创新社会服务模式以满足民众多元化的服务需求。

（一）"福利会—社工服务站"运作模式

作为顺德区第一个"千亿大镇"，容桂街道共有各类企业及个体工商户近2万家。作为草根经济发源地，容桂民间集聚大量财富。此外，容桂街道所在的顺德地区向来有强烈的慈善传统，草根经济发展模式孕育了企业家的"浓浓的家乡情结"和"公益精神"。工业化、城市化的快速发展并没有减弱企业家的"草根情结"。

> 我们这里,祠堂、庙宇比较多。每一座庙呢他们自己都会有资金。他们每年通过办一些灯酒啊,那些本地的老板在那里投灯、捐款,那个钱呢来进行助学,给本地的贫困家庭提供一些捐助,他们这些都是民间自发组织的,就没有在街道那边登记。(MG 村 D 副主任,2013 年 5 月 15 日)

容桂地区的企业家和社会人士热衷于地区的慈善事业,政府有效地引导这股风潮,利用民间力量来发展社会慈善事业。为了撬动民间力量,激发企业家捐赠的热情,更好地帮扶困难民众,容桂街道成立了容桂慈善会。在此基础上,街道 26 个社区(村)全部设立慈善组织——社区(村)福利会,形成街道、社区(村)两级慈善救助体系,形成了"横向到边、纵向到底"的慈善网络。社区(村)福利会募捐来的资金主要用于帮扶容桂地区孤寡老人、残疾人士、贫苦户和其他因重大疾病、灾害造成特殊困难的群体脱离困境。正如 GZ 社区 A 副主任和 SJ 社区 E 副主任谈到的:

> 福利会的捐款主要是做社区慈善,帮助低保、有病、困难的群众。还有,最大的开支就是每年重阳节搞的千叟宴,我这里两千多老人,一般要花费 5—6 万来宴请社区老人,并给他们发放利是。我有时候也会找企业来资助和赞助我们。(GZ 社区 A 副主任,2013 年,5 月 14 日)

> 村福利会的钱大概有 30—40 万,都是企业和个人捐助的。我们一般把这些钱都花在老人身上,我们在重阳那个时候就请社区的老人吃饭。还有那些困难户啊,因病致贫那些啦。(SJ 社区 E 副主任,2013 年,5 月 16 日)

福利会主要采取经济救助的方式对困难对象进行帮助,然而这些资助对象(残疾人、低保家庭等)往往不是通过一次性的经济救助就能解决的,而要对其精神层面进行长期关注。在此背景下,容桂街道各社区(村)福利会开始探索创新社会服务模式,为辖区内婚姻家庭、老年人、青少年及外来工等提供专业性的社会服务。

为了更好地解决社区中出现的社会问题、提升社会服务水平,个别社区(村)福利会开始出资招聘专业社会工作人员,探索现代社会工作服务模式。这种社会服务模式可以概括为"社区(村)福利会—社会工作服务站"模式。在运行过程中,社区(村)福利会作为聘用主体,由福利会的会长、副会长等人对其进行考核和监督,社工站作为居(村)委会或社区(村)行政服务中心的派出机构。

然而,"社区(村)福利会—社会工作服务站"运作模式存在严重的弊端:首先,社区(村)福利会的主要负责人属于社区居委会成员,容易干涉社工站工作内容,使社工站成为行政服务中心或居(村)委会的一个下设部门,导致社工站行政化倾向;其次,社会工作人员一般在社区居委会或社区行政服务中心内办公,这使社工受到社区(村)事务的干扰,难以履行其社工职责,导致其社工身份模糊化;最后,因为社会工作是一个专业性很强的职业,福利会缺乏社工管理的专业经验,无法指导和监督社工的工作。此外,由于社工人员分散在各社区(村)开展工作,他们之间缺乏相互间的专业交流、专业督导和专业化的系统培训。

(二)"福利会—专业社工机构—项目化服务"运作模式

为了解决社工发展中存在的问题、保障社会服务质量,容桂街道社会工作局借鉴香港发展社工的经验,结合容桂街道的实际情况,开始探索成立专业性社会工作机构,实行项目化管理的方式创新社会服务模式、提升社会服务的质量和效果。在顺德区委、区政府要求加快社会组织发展和容桂街道"简政强镇"事权改革实践的推动下,2010年8月,容桂街道社会工作局引进和培育的鹏星社会工作服务社正式成立,由政府专项资金和社区(村)福利会资金共同购买他们的社会服务,并聘请独立的第三方专业评估机构对社会服务进行评估。这样,容桂鹏星社工服务社与各社区(村)福利会合作,在政府提供财政补贴下,各社区(村)福利会根据居民需求,通过项目申请向社工服务社购买专业化社工服务。

> 社工组织主要是针对妇女、青少年、残疾人、特困户等开展个案工作,他们还举办一些活动来丰富群众的文化生活。街道办社工局那边会把(部分)钱下拨到我们的社区福利会,然后由我们社区福利

会购买社工组织提供的服务。我们会和他们（鹏星社工服务社）订立一个合同，规定我们需要购买的服务内容，这些服务内容大部分都是根据我们社区的实际情况来定的，例如，青少年服务、老年人服务等等……他们所开展工作的效果还是不错的。例如，低保户家庭通过他们开展的工作克服了不少心理上的障碍和困难，不仅帮他们解决劳动就业问题，帮助小孩辅导功课，也可以联系和帮助社区老人进养老院等等。（GZ社区A副主任，2013年5月14日）

我们社区社工站是政府购买服务的，街道办把经费下拨到社区福利会，由社区福利会去购买他们社工组织的服务。我们现在是购买了三个项目，中年的，老年的，青年的，一年大概要花十多万块吧。有时候，举办一些活动，我们也会有点经费给他们。（DFJ社区F副书记，2013年5月29日）

这样，容桂街道探索了"社区（村）福利会—专业社工机构—项目化服务"的社会服务供给模式，社区（村）社会服务逐步朝专业化、精细化方向发展。首先，作为一项福利事业，社会工作的开展需要一定的资金支持。为了保障社会工作的顺利开展、提升社会服务的质量，容桂街道不断拓宽资金来源，目前，社会工作的经济支持主要来自于公共财政拨款、慈善会专项资金、福利会及其他公益组织资金和其他社会捐助。其次，社工服务机构则采取项目化的方式为社区（村）提供社会服务。最后，为了保障社会工作规范化、社会服务质量，政府则聘请独立的第三方对社工机构及所提供的社会服务进行评估，并将评估结果作为服务采购的重要依据。

（三）容桂街道政府购买社会服务的经验

在市场经济条件下，政府购买社会服务是转变政府职能，利用民间力量来提升社会服务的一种服务供给模式。在容桂街道政府购买社会服务的实践中，政府、市场及社会的互动与合作是构成政府购买社会服务三个密不可分的要素，实现服务供给模式创新的内在动力。容桂街道政府购买社会服务可以概括为："政府引导、社会参与、民间运作、项目服务"。

首先，政府引导：作为一项社会服务供给模式创新，政府购买社会服务需要政府的强力推动。政府在创新服务供给模式中扮演推动和引导角色。容桂实践经验表明，政府的作用主要表现在两个方面：其一，主动引进和培育专业性社会组织。容桂街道办通过引进深圳鹏星社会工作服务社,进行本土化运作,成立了容桂鹏星社会工作服务社。其二,引进专业性社工组织后,政府则建立有效的引导机制,对社会工作发展进行总体规划、政策制定、推动指导、协调统筹。

其次,社会参与:为了动员社会各方力量参与和支持社会服务的开展,容桂慈善会有效地引导26个社区(村)福利会募集民间资金,向专业社工购买社会服务。这在一定程度上拓展了政府购买社会服务的资金来源。

再次,民间运作:社会工作服务的购买及供给主要由民间组织进行具体运作。民间专业机构拥有一定的招聘、管理及培训社工人员的自主权,从而保证专业性社工机构运作的独立性。此外,容桂还推出"社工+义工"运作模式来扩充人力资源。

最后,项目服务:社会服务主要以"服务项目"的形式进行购买和提供。政府有步骤地引导和推动项目化服务,项目服务以点带面,让专业化社会服务覆盖到容桂地区的所有有需要的群体。

二 鹏星社会工作服务社的基本情况

鹏星社会工作服务社成立于2010年8月,是由一批富有创业精神、立志于公益事业的优秀毕业生和资深教师共同发起的,是顺德区首家本土化的专业综合社会工作组织。鹏星社工服务社是由容桂街道办社会工作局培育起来,为政府和社会提供专业化、规范化社会服务的民间非营利性专业机构。该服务社成立之初便以"以人为本,发展自助潜能;开拓进取,创新本土社工"为机构理念,不断地开拓服务领域、提升服务质量、打造优秀的专业团队。为了促进社工服务社健康成长,容桂街道办无偿提供了一栋三层楼房作为办公场所,办公室面积1000多平方米,并拨付启动资金10万元。为了更好地发挥社工在社区(村)中的作用,居(村)委会提供场地、办公室等基本设施来配合他们开展工作。

(一)组织架构

容桂鹏星社会工作服务社具有完备的组织架构(图5-1),由深圳大学社会学系易松国教授担任理事长,另设总干事、副总干事各一名。到2012年5月,机构有专职管理人员6人,专职一线社工35人,专职社工助理12人。机构设有行政部、研究部、服务部三个部门。行政部主要负责机构的财务、人事及行政工作等公共事务；研究部主要负责服务项目的制定及服务过程分析等；服务部则主要负责机构服务落实、服务领域开展等。机构非常重视文化建设，充分调动员工的积极性。机构先后成立了机构团支部、党支部，还应服务项目需要成立项目专业委员会。除此之外，机构还成立了各种功能小组来提升员工的非专业素质，为社工队伍的综合素质提高提供一个平台。

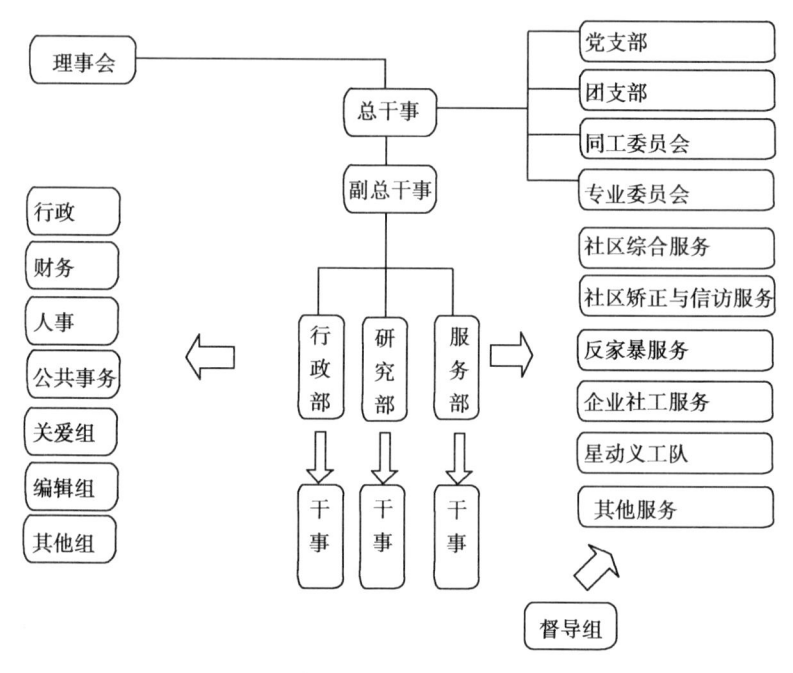

图 5-1 鹏星社会工作服务社的组织架构

此外，社工服务社还聘请了相关专家、学者对机构社工进行岗前培训、专业督导及继续培训等。总之，容桂鹏星社工服务社以"起点高、专业性强、管理完善"等为显著特征，建立了完整的社工管理制度、财务管理制度、员工绩效考核制度、督导及培训制度等。

（二）服务内容

容桂鹏星社会工作服务社以政府专项资金和民间力量购买社会服务为特色，以项目化服务为亮点。目前，鹏星社工服务社所提供的服务已覆盖了容桂街道的 26 个社区（村），服务项目涉及青少年领域、老年人领域、残疾人领域、婚姻家庭领域等。此外，该机构还将社会服务拓展到维稳中心、工厂等，为司法社工服务、反家暴社工服务、企业社工服务等专业化社会服务。2011年3月，容桂街道办综合信访办公室购买了专业人员矫正信访服务项目，把社会工作的专业服务引入到综合信访维稳办公室，成立了阳光社工站。这在一定程度上矫正、安置及帮教信访群众，对基层社会稳定及信访工作的有效开展具有重要作用，实现了"给服务对象带来阳光般的温暖，帮助他们获得成长，最终实现助人自助"。至此，购买社会服务的主体已经从政府与民间力量购买向企业、政府职能部门等多元社会主体购买转变。目前，鹏星社工服务社主要围绕青少年服务、婚姻家庭服务、残障康复服务、外来务工人员服务、低保家庭服务、老年人服务、综治信访维稳社工服务项目、家庭暴力防护中心等八个领域开展服务。

1. 青少年服务：青少年素质能力拓展；边缘青少年心理、行为问题干预；青少年就业、升学支援；青少年社区文化建设；家庭教育，亲子教育、亲子关系工作坊；青少年义工队伍建设。

2. 婚姻家庭服务：单亲、贫困家庭支援计划；夫妻婚姻关系、家庭关系辅导；隔代教育、亲子教育、亲子关系辅导；妇女兴趣班组、朋辈互助小组、义工小组、亲子工作坊；少儿康娱服务，朋辈教育、生活教育、领袖训练。

3. 残障康复服务：组织残障人士社交、康乐活动等；心理辅导，建立乐观的生活心态；社区支持网络建设与反歧视，营造社区支持、关爱、帮助残障人士的氛围；残障人士义工服务，开展残障人士力所能及的社区义工服务；组织残疾人职业康复训练，联系岗位，职业辅导与跟进。

4. 外来务工人员服务：弱势群体就业援助；就业信息提供；职业能力培训、规划、适应；通过社区活动，增强对社区的归属感。

5. 低保家庭服务：整合可利用的资源，如企业捐助、政策扶持、就业培训等，为低保人群提供支持；开展社会适应小组、互助小组；通过探访、咨询、辅导等，全面了解低保个人及家庭的现状与需求，为其提供支持，同时帮助个人及家庭降低压力、挖掘潜能，助其改变，不断提高个人和社会的福利水平。

6. 老年人服务：老年人社区照顾、社区关怀，定期组织义工探访和帮助孤寡、独居、空巢老人；老年人社区康乐服务，组织老年人参观交流、联谊、生日会、表演等；组织老年人手工、健身等兴趣班组；老年人群体生活服务，义工、兴趣、互助小组、社区活动等；个案服务，重点跟进境遇艰难的老年人。

7. 综治信访维稳社工服务项目：为服务对象提供心理辅导、行为矫正等相关专业服务；带领服务对象参加公益劳动，提升自我，回归社会；通过开展法律法规讲座强化社会责任感；安抚信访者的情绪，提供解决问题的建议；为有需要的信访者提供跟踪服务。

8. 家庭暴力防护中心：开展讲座、社区宣传、教育活动；提供热线、网络咨询等家庭关系辅导；提供法律咨询服务；增强受害者的自信心及解决问题的能力；疏解家庭暴力导致的情绪困扰；辅导施暴者改善个人问题及学习以非武力方式解决家庭纠纷。

(三) 服务方式

根据社区（村）或其他购买主体的实际情况，服务项目的产生方式有三种：一是社工机构自行设计项目，建议政府部门、社区（村）福利会或其他社会公益组织立项；二是政府部门、社区（村）福利会或其他社会公益组织直接向领导小组办公室申请立项；三是如果由企业或组织自行购买，社工机构向企业或组织提出并洽谈，政府不介入。例如，DF 社区是容桂街道的老城区之一，是容桂街道 26 个居（村）中人口老龄化比较突出的社区之一。这样，社工则将老年人服务作为重点，为老年人提供康乐服务，组织老年人参观交流、联谊、生日会、表演等；针对外来务工人员集中的 DS 社区，鹏星社工通过各种方式为外来务工人员提供弱势群体就业援助、就业能力培训、规划、适应等。

为了满足不同居（村）民群体多元化社会服务需求、规范社工开展社会服务的内容，根据上年社工开展社会服务的情况，社工服务社拟定下年社工的服务节数和服务内容（表 5-1）

表 5-1　　2013 年鹏星社会工作服务社社工个人服务节数一览表

服务内容	服务数量	服务节数	换算最低服务量
访谈工作	70 次/人	70 节	70 节
个案工作	8 个/人	40 节	30 节，6 个个案以上
小组工作	3 个/人	15 节	10 节
社区活动	5 个	5 节	按实际服务而定
讲座			

续表

服务内容	服务数量	服务节数	换算最低服务量
宣传活动	6期/中心	6节	6节/中心
总服务节数		136节	

备注：A. 1节服务量指社工有目的地直接面对服务对象开展直接服务，其中服务的前期准备包括在内，不另作计算；B. 2013年机构启动使用服务节数规范服务指标，根据合同指标量规定转换成服务节数，全年社工个人服务节数合计136节。

通过表5-1得知，鹏星社工服务社的服务策略围绕个案工作、小组工作、社区活动、讲座及外展宣传及展板等方式来开展社会服务活动。为规范社工服务的开展，通过社区走访、入户调查、社区宣传、与居（委会）沟通等形式，了解社区情况及需求，收集并分析社区居民对社会服务的需求情况，完成社区需求报告，以此作为开展具体的能满足服务使用者需求的服务。

> 我们会在社区里面开展一个问卷调查，了解一些情况，之后我们会和居委会那边沟通，然后协商将要开展什么样的工作的。比如说，在DFJ社区，青少年，老年人，婚姻家庭，哪个领域有突出的问题，我们就围绕这些特殊对象来开展工作。我们开展什么样的工作是和居委会协商出来的。（DFJ社区社工站B干事，2013年5月29日）

以社区（村）个案服务为例，第一步：社工主动接触服务对象，了解其求助原因和需求，根据情况填写个案查询表格，填写初步评估内容；第二步：根据初评内容继续约见服务对象及相关人士面谈来补充相关材料，整理完毕后，向督导及督导助理递交个案查询表和其他相关资料，与督导商讨是否就其需要开立个案以作跟进；第三步：督导同意社工以个案辅导形式继续跟进后，社工需要向服务对象澄清个案流程，服务对象或监护人同意开案后，社工应尽快与案主或其家属签订个案开案协议；第四步：社工在提供服务期间，根据个案介入计划定期约见案主、其家属、其他相关人士，了解个案情况、需要及进展，及时修正介入计划，完善对服务对象的问题、需要的评估，以及评估案主的改变、社工工作手法的成效；第五步：个案结束或转介时，社工需要及时填写个案结案报告或个案转介报告，完成整个个案辅导过程评估、结果评估的部分。

三 政府购买社会服务的成效与限度

政社分离改革前,居(村)委会是社区(村)公共服务的主要供给者。改革后,政府把基层事务划分为政府事务和社区事务,社区(村)行政服务中心成为政府在社区(村)中的便民服务点,处理政府事务,为民众提供行政服务;居(村)委会则逐渐回归到自我管理、自我教育、自我服务的群众性自治组织,承担社区事务。政府购买社会服务后,社区(村)行政服务中心和居(村)委会不再直接承接为特定人群(青少年、残障群体、孤寡老人等)提供针对性社区服务项目,而是通过社区(村)福利会购买专业社工机构的社会服务,并逐渐将该类服务项目转交到社工机构。社区(村)社工站承担了由居(村)委会和行政服务中心承担的部分服务职能,为民众提供专业化社会服务,实现政府服务职能的扩展,形成政府、社区及社会组织的伙伴关系。最终实现了党支部领导下的行政服务中心—居(村)委会—社工服务站"三位一体"的社区治理格局。

虽说政府购买社会服务有助于提升社区(村)的社会服务质量和水平、丰富民众的业余文化生活及拓展社区(村)公共空间,政府与专业性社会组织的合作关系初步形成,但是这一改革实践受制于其现实的约束性条件,因为这一改革实践有其限度。

(一) 居(村)民对社工的认可度不够

社工站进入社区(村)开展社会服务时,居民并不知道社工的作用和功能。很多居民认为:"社区中又多了一个'政府部门'。"当"问您有什么需要或者生活有什么困难"的时候,"他们一般都很现实地说'没钱,没钱……'由于他们不了解我们的工作嘛,就儿戏一样地说我缺钱什么的,敷衍一下。"(DS社区社工站D干事,2013年5月31日)运行两年之后,居民对社工逐步有了初步的认识,但是对参与社工提供的服务(个案服务)仍然会有心理障碍。无论如何,社工服务对社区服务水平的提升、社区稳定和谐的实现都具有重要意义。正如LCK社区C支委所说:

> 就社工的前景来说呢,我还是很看好社工组织的,你看香港就知道了,政府的一些事务都会转移给社工,让他们去进行有针对性的服务,这样的效果会好很多啦。(LCK社区C支委,2013年5月17日)

（二）社工服务站的独立性不足

虽然社区（村）福利会购买社会服务并把具有独立性的社工站嵌入到社区（村）来开展社会服务，但社工服务站并没有摆脱居委会的控制，居（村）委会习惯性地插手干预社工站的具体工作和服务内容，社工要定期向居委会汇报工作。

> 我们主要是购买社工组织的服务，他们一定要按照我们签订的合同来开展工作。另外，我们要指导他们工作，要监管他们的工作，因为是我们购买你们的服务嘛，他们每个月要向我们汇报情况。比如，你这周去服务老人多少次啊，辅导学生的情况啊，做了几个个案啊。(DFJ 社区 F 副书记，2013 年 5 月 29 日)

有些社工服务站设立在行政服务中心，带有浓重的行政化色彩。虽说社工站、居委会、行政服务中心合作办活动可以取得更好的效果，但是这在某种程度上却淡化了社工人员专业化服务意识。

> 目前，社工举办的专业性社工服务还处于探索阶段。由于我们只有两个人，想举办大的活动缺乏人手；大型的活动自己搞不定，就需要和居委会合作。和他们合作就会付出点代价，就是淡化了社工服务的专业化色彩和社工专业的特色。即使居民参加了这种大型的活动，他也感受不到有社工在发挥作用。(XF 社区社工站 E 干事，2013 年 5 月 31 日)

随着市场力量对基层社会的渗透，民众对多元化的公共服务需求不断增多。为了应对这一现实，一些发达省份的地方政府开始探索完善政府社会管理和服务的有效路径。通过对地方政府创新社会服务实践的观察，从服务主体来看，创新社会服务模式主要有两种路径：一种是政府供给论，即政府利用财政资金通过市场化的方式来解决社会管理和服务供给困境，最常见的形式是政府全额出资购买社会服务，如北京、南京、上海等。①

---

① 黄俊辉、李放：《政府购买服务的逻辑与挑战——南京市鼓楼区居家养老服务网的案例研究》，《中共南京市委党校学报》2013 年第 1 期；曾永和：《城市政府购买服务与新型政社关系的构建——以上海政府购买民间组织服务的实践与探索为例》，《上海城市管理职业技术学院学

另一种是社会自我服务论。第三种是社会自我服务论。即通过社区居民自发组成的草根组织（民间组织）参与社区公共服务供给的形式。[①] 通过容桂街道政府购买社会服务实践的观察，容桂街道实现了政府与社会共同出资购买社会服务模式，实现了改革主体概括的"政府引导、社会参与、民间运作、项目服务"模式。

本章小结

随着市场经济对社会个体的渗透、城市化的推进，社区中社会成员的个体观念和公民意识不断地成长，他们希望政府能够提供多样化的社会服务来满足社会成员多元化、个性化的需求。然而，政府对民众的服务需求反应迟钝，其在提供公共物品时经常出现公共服务供给失灵的状况。僵化的政府公共服务供给体制和政府自身能力弱化的现实决定了政府必须要创新公共服务的供给模式。

通过"简政强镇"事权改革经验的分析，在顺德区委、区政府要求加快社会组织建设的背景下，容桂街道探索出创新社会服务相对成功的路径。根据顺德区培育社会组织的相关规定及容桂地区的自身转变，容桂街道承担起培育和发展民间社会组织，让其承担政府转移相关职能的重任。具体措施如下：首先，容桂街道放宽了社会组织准入条件，降低社会组织的成立门槛；其次，容桂街道大力扶持社会组织成长，促使社会组织规范化运作，更好地承接政府转移的职能；最后，政府通过聘请"第三方"对社会组织的能力与资质进行评估，提升社会组织的服务能力。

三年来，容桂街道已成功培育和发展了涵盖经济发展、慈善救助及文体服务等各类社会组织100多个，并把经济发展类、社会服务类和公益慈善类社会组织作为培育的重点。在此基础上，容桂街道正在通过委托、授权、购买服务等方式不断地加大向社会组织放权赋能的力度，把政府的部

报》2008年第1期。

① 朱健刚：《行动的力量——民间志愿组织实践逻辑研究》，商务印书馆2008年版，第166—167页；甘满堂：《乡村草根组织与社区公共生活——以福建乡村老年协会为考察中心》，《福建行政学院学报》2008年第1期；刘智勇：《柔性组织网络建构：基于政府、企业、NPO、市民之间参与与合作的公共服务供给机制创新研究》，《公共管理研究》，格致出版社2008年版。

分公共事务和社会服务转移给各类社会组织，让他们履行政府的部分社会管理职能并参与社会服务的供给，进而提升社会服务质量、改善城市治理结构，最终实现从"全能型政府"向"划桨型政府""服务型政府"转变。这既为民间社会组织开辟了发挥作用的空间，促进了民间组织的健康成长；又减轻了政府的负担，促进了政府职能的转变。

最后，我们通过政府购买鹏星社会工作服务社的案例研究，探讨了容桂街道政府购买社会服务的背景、实践逻辑、实践效果及限度。通过不断挖掘民间力量，容桂街道政府购买社会服务实践创新了社会服务供给模式，实现政府引导与民间参与相结合的路径来创新社会服务的供给模式。在一定意义上，容桂街道政府购买社会服务探索了一种与"政府财政供给模式"和"社会自主供给模式"不同的第三种供给模式，即"政府引导、社会参与、民间运作、项目服务"。通过三年多的探索与实践，社区（村）的社会服务水平得到明显提升，社区治理结构得以优化。容桂街道政府购买社会服务的运作逻辑、服务效果已得到政府和民众的认可。

总之，在广东省委、省政府"富县强镇"的背景下，在上级政府的驱动和基层政府的主动下，容桂街道尝试理顺政府与社会关系，主动培育和发展社会组织，探索向社会放权、创新社会管理，将原来体制内运作的政府服务通过购买服务的方式交由社工组织来运行，大胆探索社会管理和社会服务新模式，即"政府引导、市场辅助、民间运作、社会参与"的社会管理与社会服务的新模式，并逐步建立起以"政府掌舵、社会划桨"为目标、以政府与社会组织协同供给为策略的新型社会服务供给模式。

第六章

改革绩效：基层政府改革的实践效果

第四章与第五章主要分别探讨了容桂街道"简政强镇"事权改革的实践过程。第四章主要分析了"放权逻辑"，其主要涉及上级政权下放权力、变革党政组织机构及完善政府服务体系；第五章主要探讨了"还权逻辑"，其主要涉及政府还权于社会、培育和发展社会组织及创新社会服务模式等。我们需要进一步追问的是：这一改革给基层社会带来什么影响？这一章将从改革的后果出发，探讨这个改革的实践效果。我们从地方治理格局的创新、政府服务质量的提升及社会服务水平等三个方面展开论述。

第一节 地方治理格局的创新

前文通过两个维度（放权逻辑与还权逻辑）揭示了容桂街道"简政强镇"事权改革的实践过程。通过这两个阶段改革，容桂街道改革不仅优化了党政机构内部结构与运作机制，优化了公共权力，提升了公共服务，而且通过政府、市场与社会关系的理顺，创新了社会管理方法，提高了社会服务供给水平，最终形成政府与社会协同的地方治理格局。某种意义上，容桂街道"简政强镇"事权改革不仅提升了政府服务质量、创新了社会服务水平，也给我们呈现出地方治理格局创新的画面。下面，笔者将从"优化党政结构""创新社会管理""提升社会服务"及"回归社区自治"四个维度来展现容桂街道"简政强镇"事权改革的基本图景。

一　优化党政机构：机构重塑、权力优化与决策民主

党政机构改革是容桂街道"简政强镇"事权改革的第一步。首先，

为了实现区—镇/街上下联动改革，按照"同类合并、上下对接、权责一致"的原则，容桂街道把原有的28个党政内部相关职能部门、部分区—镇/街双管单位重组成为13个大职能部门，实现党政机构的有机融合，理顺了党政机构的内部关系，优化了党政机构的运作机制，有效地提升政府的工作效率。容桂街道还利用顺德区政府下放的招录审批权的有利机遇，进行了政府机关聘员制度改革。这在一定程度上增强了政府工作人员的竞争意识，调动了其工作的积极性，提升了政府聘员的晋升空间。其次，在调整党政内部结构的基础上，顺德区政府通过下放社会管理权限，强化了政府的执行力，优化了镇/街道的公共权力。这有效地提高了政府在城市建设、经济发展与社会管理等方面的管理效率，提升了政府服务质量。最后，为了提升政府公共决策的科学化和民主化程度，容桂街道还成立了公共决策和事务咨询委员会作为民众利益表达的平台。决咨委的运作有效地理顺了政府与社会，政府与民众之间的关系。总之，通过党政机构的优化，容桂街道已初步建立起党政合署办公、决咨委决策与监督的既有分工又有合作的党政组织新架构，形成了决策高效、执行有力、监督多元的党政机构运作体系。

二 创新社会管理：政府与社会组织良性互动、协同共治

通过党政内部机构改革，容桂街道搭建起既有分工又有合作的党政组织新架构。然而，随着市场经济的发展，政府需要处理的社会事务逐渐增多且日益复杂化，政府自身能力难以有效处理好方方面面的社会事务。为了有效地进行社会管理，把政府从繁重而琐碎的社会事务中解脱出来，容桂街道利用"简政放权"改革的契机培育和发展民间社会组织并让其参与管理社会事务。通过降低成立门槛、大力扶持、专业监管等策略，容桂街道培育和发展了大量社会组织，并通过公开招标、项目发包、委托代理等方式将原由政府履行的社会管理任务交由民间社会组织去完成，并对其服务质量和管理水平进行监督。最终，容桂街道把政府"管不了、管不好、不该管"的社会事务交还给社会组织，从以政府管理为主向吸纳社会组织全面参与公共治理转变，从而形成政府与社会组织良性互动、协同治理的新格局。总之，政府向社会组织转移社会管理职能突破了传统的行政框架和管理理念，调整了政府在社会管理中的角色定位，实现了社会管理模式的创新。这表明容桂街道正在从"全能型政府"向"掌舵型政府"

转变。

三 创新公共服务：政府与专业性社会组织合作供给

提升公共服务水平是容桂街道"简政强镇"事权改革的核心内容。为此，在顺德区行政服务中心的指导下，容桂街道搭建了以提供政府服务的两级公共服务体系和满足民众多元化社会需求的社会服务体系。首先，为了有效地整合和提升政府服务，容桂街道建立了顺德区首家镇/街道级行政服务中心，有效地整合了政府相关职能部门的服务资源，建设了规范、高效、便民的"一站式""窗口式"政务服务平台。这在一定程度上增强政府的公共服务能力，提升政府工作人员的办事效率。其次，为了凸显政府服务的便民性，容桂街道将政府服务平台延伸到居（村），将与群众日常生产生活密切相关的政府服务领域延伸到基层行政服务中心，直接受理居（村）民的行政事务，将政府服务直接地渗透到社区中的居民。某种意义上，通过构建"两级公共服务体系"，容桂街道逐步建成了服务性网络机构，这种服务性网络结构可以让基层民众时刻感知到"国家的在场"。最后，为了满足民众的多元化公共服务需求，容桂街道尝试将原来体制内提供的公共服务通过购买服务的方式交由专业性社工组织来提供。容桂街道以"政府引导、社会参与、民间运作、项目服务"为指导原则，以"福利会—专业社工机构—项目化服务"为运作模式来提升社区（村）的社会服务水平。这在一定程度上减轻了政府的负担，促进政府职能的转变。总之，政府和专业性社会组织的合作供给提升了公共服务水平，满足了民众的多元需求。

四 回归社区自治：政府管理与社区自治良性互动

社区自治是基层社会有效治理的重要保障。居（村）委会行政化不仅不利于社区（村）的和谐发展，而且影响政府的管理效能。容桂街道以"简政强镇"事权改革为契机，按照"政社分离"改革原则，把基层公共事务主要分为行政事务与社区（村）事务。行政服务中心主要负责落实上级下派的各项行政事务，为居（村）民提供便民服务，协助居（村）民和辖区各类组织、单位办理由上级政府及职能部门审批或备案的各项事务；而居（村）委会则主要负责自治事务，如调解民间纠纷，协助维护社会治安，向政府反映居民的意见、要求，发展社区集体经济，发展慈善互助组织等。这在一定程度上实现了政府管理与基层自治相对分离、良性互动。某种意义上,通过"政社分离"改革,政府并没有从基层社区中退出,相反则是以一种新的形式来重建基层社会,重新唤起民间资源,实现国家(政府)与基层社会的对接与融合。

第二节 政府服务质量的提高

通过"简政强镇"事权改革,容桂街道被赋予了县级行政管理权限,并在经济发展、社会发展、环境卫生等方面获得了更多的社会管理权限。在宏观方面,顺德区政府把重大规划和政策制定、重大设施及项目和财政资金的安排收回到区级政府,在此基础上对镇/街道进行业务指导和考核监督。在微观方面,顺德区把经济和社会事务的管理、公共服务、企业的市场监管等行政管理权限下放到镇/街道,由容桂街道负责具体落实和安排。某种意义上,顺德区政府与容桂街道在职能划分上形成了良好的分工和协作机制,既提高了政府部门的工作效率,又为政府职能的转变奠定基础。因而,这项改革对深化镇街行政体制改革、理顺顺德区政府—容桂街道之间的关系,解决"权小责大、权责不一"的矛盾,提升镇街的经济发展、社会建设的活力等方面具有一定的积极效应。

一 政府服务的聚合:让政府服务提升起来

2010年9月,顺德区政府向容桂街道共下放3197项行政管理权限,其社会管理能力、政府服务水平得到明显改善。为了使这些行政管理权限快速转换成实际效果,容桂街道成立街道级行政服务中心,整合面向群众的行政服务资源,建设规范、高效、便民的一站式政务工作服务平台。

(一)事权改革有效地提升了政府的工作效率。

顺德区政府通过委托授权等方式将3000余项权力下放到镇街,弥补了县政府职能部门对镇/街道的管理滞后的问题,解决了"有权管不了,无权不能管"的尴尬局面。通过委托授权,容桂街道的财政权、行政管理权和执法权等经济社会管理权限得到明显提升。例如,房地产租赁登记从原来15个工作日缩短为1个工作日,个人住宅用地审批从原来24个工作日缩短为10个工作日。此外,500万元资金以下公司注册都可以在街道市监局审批，审批时限比规定时限缩短了50%。增强的社会管理权限更能够适应经济社会发展，有效地提高了政府工作人员的工作效率，改变了镇/街道社会管理权限弱化的问题。

> 容桂街道容里电镀城成立于1995年。2002年前后是容里电镀城最赚钱的时候，一个电镀厂老板一个月可以赚到20万元，但所有的电镀厂都没有使用任何环保设备。到2009年，电镀城内有12个电镀企业。由于长期使用，大部分电镀厂的废水严重腐蚀了管道，未经处理的工业废水直接排入河流和地下，对周边环境危害极大。此外，容里电镀城因排放超标污水危及地下水水质，甚至威胁即将投入使用的广珠轻轨，而被当地政府要求关停搬迁。2009年12月，广东省环保厅开展重金属污染企业专项督察，容里电镀城被确定为整治对象。"简政强镇"事权改革后，容桂街道拥有了环保执法权，便把关闭容里电镀城作为重要工作。2010年1月，新成立的区环境运作和城市管理局容桂分局集中所有执法力量，通过暗访、抽查等措施，查明容里电镀城的废水处理等问题。1月20日，容桂环运局要求电镀城内12家电镀厂在1月31日之前自行关闭。经过各种波折，2010年4月30日，12家电镀厂承诺停产，绝大多数电镀厂已搬迁完毕，工人陆续撤离。具有环保执法权的容桂街道利用三个月搬走了一座已存在15年之久的电镀城。①

（二）事权改革有效地提高了政府服务的便民性

广东省政府赋予容桂街道县级行政管理权限。基于此，顺德区政府下放容桂街道更多的社会管理权限，有效地提高了政府工作人员为人民服务的效果。对于容桂的企业和民众来说，新增的社会管理权限给他们带来了切身的好处。为了突出便民性，容桂行政服务中心采用一站式服务和集合式办公的方式，有效地整合了政府资源，优化了政府服务的流程，提高了政府工作人员的办事效率，有效地为民众提供优质的公共服务。正如顺德区委常委、容桂街道党工委书记L谈到的：

---

① 该案例根据《佛山容里电镀城全部拆迁完》和《探路》整理而成。《中国电镀网》（http://www.zgdiandu.com.cn/news/show-6478.html）；禹规娥等：《探路》，南方日报出版社2011年版，第45—48页。

以前检查工商企业，安监的去一趟，工商的去一趟，卫生部门也要去一趟，企业仅是接待这些检查都花费不少时间和人力物力。但改革后，前往检查的是综合执法队，同一个执法队伍就包含了安监、工商、质监、卫生的执法人员，企业只需要接待一次就可以了，节省了时间，也减少了对企业日常运转的干扰。①

你看，以前没有镇街行政服务中心的时候，均安，那么远，他也要跑到大良去办身份证。半天都办不完。如果资料不齐，缺这个缺那个，就得来回地跑，现在你在自己的镇街搞定就好了，就不用跑来跑去。在镇街办事，还没有那么多人排队，你看以前，我们去区行政服务中心办港澳通行证，那队伍排得能吓死人。特别是放寒暑假的时候。我们这边港澳的人很多。（LCK社区C支委，2013年5月17日）

总之，根据"宏观决策权上移、微观管理权下移""统分结合、便民利民、分步有序"的原则，顺德区政府将涉及城市建设、市场监管、社会管理等3000余项管理权限下放给容桂街道，赋予其更大的社会管理能力，有效地提高了政府在经济发展与社会管理等方面的执行力与效率，使政府的重心不断下移，提升政府服务质量。

二 政府服务的延伸：让政府服务高效起来

在镇/街道级政府服务得以较大提升的同时，为了民众能更有效地享受到优质的政府服务，顺德区委区政府指出，要构建区级、镇/街道级和村/社区级等三级公共服务体系，将政府服务延伸到基层社区。2009年11月，容桂街道借助改革的契机，在村（社区）成立村（社区）行政服务中心，有效地将政府服务延伸到基层社区（村）。这一改革具有双层意义：一方面实现了更好地为基层民众提供优质服务的目的，另一方面也实现了政府服务与社区自治的有效衔接与良性互动。

（一）提升了村（社区）政府服务水平

按照街道办的统一要求，所有社区（村）行政服务中心均采用"窗口式"办公和"一站式"服务的形式，每个窗口都有业务指示牌并保证

---

① 《简政强镇 容桂先行》（http://www.sc168.com/zt/content/2009-11/13/content_122740.htm）。

有至少一个工作人员进行办公。作为政府服务在基层社区（村）的供给组织，村（社区）行政服务中心有效地将政府服务传递到基层社会。

> 成立行政服务中心还是有积极性的（积极意义的）。比如，作为一个普通的群众，你去办一个小孩的落户口，直接去街道办行政服务中心去搞定就可以了。那以前不是这样子的，那我要去公安分局，又要到计生部门，跑城建啊等等，现在不是啦，现在是一排的窗口，你想去相应的窗口办理就可以了，一会儿就搞定了，很方便的。我觉得，其他的省市也要学习我们这样。（SX 村食杂店店主，2013 年 5 月 30 日）

> 我之前汽车年检，那个队伍排得很吓人，现在好多了，成立了行政服务中心后呢，去那里拿号，直接排队，秩序很好，而且办事情的效率快了很多，服务水平也是可以的……现在据说开通了网上年检，我还没有去详细看。总之感觉办事就是比以前方便了。（SJ 社区居民代表，2013 年 5 月 16 日）

与此同时，国家或上级政府的相关政策一般也是经由社区（村）行政服务中心传递到基层社会的家庭和个人，使政府政策落实更具有执行力。

> 能够及时地把政府的服务啊，相关政策啊，规定啊很好地去实施。举一个例子来说，就是办理我们居民的社会保障，原来没有行政服务中心的时候，有委托我们居委会来办，但是有些居委会不一定帮他（街道办）办理，所以我们居民有时候每一个跑到社保局去自己办理。但是现在行政服务中心成立了，我们承接了这个工作，像那个软件啊、程序啊，都在我们行政服务中心建立了，那么居民就可以集中到我们社区来办理了。我们会集中 5—6 天的时间，帮助群众来办理那个社保，他们就感觉比原来要方便很多了。（SJS 社区 H 主任，2013 年 5 月 30 日）

> 现在我们居民办理社保已经不要去跑其他部门了，他们（社保部门）会来到我们社区（行政）服务中心，统一为我们办理。这可省事了，既节约了时间，又不用走那么多路。（社保办理现场的阿

姨，2013年6月1日）

为了保障社区（村）行政服务中心工作人员的服务效率，容桂街道建立了一系列监督机制，如服务承诺制、岗位责任制、办事公开制、过错责任追究制，从而改变行政服务中心工作人员的工作态度。某种意义上，这为提升政府服务水平提供了保障。

> 现在街道办对我们社区行政服务中心的考核特别严格。他们会有特约监察员通过明察和暗访的方式来监督我们的服务态度，明察主要挂牌来观察我们社区行政服务中心的工作人员履职情况；暗访主要是扮演群众通过了解情况、交流等方式调查工作人员提供服务的态度，比如，采取态度不好或故意激怒你的方式。你要是说的不好的话，他们会扣分。还有电话暗访，特约监察员会打电话给你，监督你的服务质量，一般都要求说："您好，我是××部门，我有什么事情可以帮到您吗？"如果不按照政府规定的礼貌用语，那么也会扣分，影响绩效工资。他要求解决的问题必须是你来解决，最多你可以转接一次给别人。如果再找第二个人来解决那就不行了。（GZ社区A副主任，2013年5月14日）

> 社区行政服务中心成立，肯定办事方便啦，简便一点，这是真的！我跟工作人员说"人家群众来办事，要一次告知，都要把办事所需要的材料写给他们，带什么证件，要什么证明，去哪里开证明等等。"以前，居民来办个事，4、5次都办不到，居民肯定会对你（居委会）有意见。现在能够一次性告知人家干什么干什么，这样就为群众节省了很多时间啊。这一点变化真的很大！（XF社区H副主任，2013年5月31日）

（二）实现了村（社区）自治与政府管理的有效衔接与良性互动

政社分离改革后，容桂街道26个社区（村）均成立了行政服务中心，既实现了政府服务渗透到基层社会的目的，又使村（居）委会从"行政化"的困境中解脱出来，从而实现政府服务与基层自治的相对分离与良性互动。

当时成立村行政服务中心，就是为了加强在村的控制力度，成立了政府的事务能够在基层社会开展活动的机构。现在我们也有村委会嘛，我不管你村委会选成什么样，但是如果你不兼任到我行政服务中心的主任或业务主管，你就只领1000块一个月，主任1000；副主任900；委员800。主要的工资就体现在行政服务中心这一边，而且全部的行政工作我不指望你那些人（村委会成员），我街道给财政养（行政服务中心）几个办事员，由那些人来干。但是，如果你（村委会成员）不听话呢，就不聘请到行政服务中心，无论你村委会那边搞什么鬼样，不会对我的行政工作造成任何的影响。主要是当时的维稳压力也比较大，所以这也是维护稳定的有效办法。（MG村D副主任，2013年5月15日）

通过"简政强镇"事权改革，容桂街道把提升政府服务放在首位，并通过构建"两级公共服务体系"将政府服务渗透到基层社会，大大地提升政府服务水平，提高了基层民众对政府的满意度。

从我们调查的9个社区来看，社区居民对居委会干部的工作满意度有了显著提升。7个社区（村）干部反映，居（村）民对社区（村）干部具有较高的评价。基层社区（村）通过国家赋予的自治权，提升了基层民众对政府及居（村）委会的认同度，塑造了国家政权在民众中的良好形象。

与之前相比，我觉得居民对我们社区干部的信任度提高了。我们去年做了一个居民对居委会的信任度调查，从收集回来的数据看，居民总体上对我们居委会的信任度还是蛮高的，对社区居委会的评价还是比较高的。这样，我们工作也增强了积极性。……当社区居民有什么困难或者求助于我们的时候，他们都会主动找我们，这就说明，社区居民对我们居委会的工作还是信任的。如果他不信任你的话，他不会来找你的啦。……一些居民来我们这里投诉小区住宅的问题（房屋质量问题等），我们的处理结果大部分居民还是能够接受的。从这件事情来看，居民还是信任我们居委会干部的，如果他们不信任我们，他们很有可能去上访而不是来找我们协调和解决问题了。（HW社区B委员，2013年5月15日）

现在村民对我们的满意度还挺高的，村民对我们工作人员的信任度提高了。你村民来社区行政服务中心办事了，一定会有人接待我，一定会有一个解释给我，帮我解决问题。以前（行政服务中心成立之前），我们居委会就不是那么好找人，因为没有窗口，结构布局也不合理，没有人主动理办事人。村民来办事找你三五次都找不到人，他们也烦恼了。现在就好很多，起码你来办事都会有人接待，给你个答复。这就解决了居民与工作人员沟通不到位的问题嘛。沟通好了，问题就可以更好地解决了。村民的问题解决了，那么他们不就满意了吗？满意了对我们的信任度就高了嘛。(DFJ社区F副书记，2013年5月29日)

某种意义上，通过两级公共服务体系，容桂街道将政府的公共服务渗透到民众的日常生活之中，提升了政府整合社会的能力，提升了民众对政府的信任度，为政权的合法性奠定了基础。

第三节 社会服务水平的提升

随着市场经济的不断渗透，民众对公共服务的需求日益多元化和复杂化。为了应对这一困境，容桂街道主动培育社会组织，并通过授权、转让、购买等手段引导其发挥作用，进而满足基层民众多元化的利益诉求。通过三年的努力与发展，容桂街道培育了各类社会组织共计100余个。通过创新社会服务供给模式，政府逐步把社会服务项目委托、购买、授权给各类社会组织，带动了社区（村）社会服务整体水平的提高，促进了政府职能的转变，初步实现政府与各类社会组织的合作供给社会服务。

一 提升社会服务质量，满足民众多元化需求

之前，居（村）委会扮演为民众提供社会服务的自治组织。然而，由于外来人口的大量涌入，社区规模不断扩大，扩大居（村）委会承担大量的社区自治事务逐渐增多，如调解民间纠纷、协调管理外来务工人员等事务，对社区（村）低保户、困难民众主要进行经济援助，发放各种救助金，而无暇顾及对低保家庭、残障人士的精神层面的安抚。社工站的

进入有效地弥补了这块工作的空白。社工根据社区（村）的实际情况，以个案服务、小组服务为开展服务的主要方式，满足了民众多元化的社会服务需求。在为社区居民提供社会服务的同时，社工站能够疏导民意，成为政府与居民的缓冲地带，有利于社区的和谐稳定。他们通过服务的手段引导服务对象自立成长，这有助于社区互助网络的形成，将社区不稳定因素扼杀在摇篮中。

> 我觉得，社工组织开展活动的效果非常好，他们开展的活动很有创意（真的）。他们主要对社区中的各类群体去开展活动，比如老年人、青少年、妇女，家庭困难群体等。现在有很多市民都知道社工组织这一块。一般情况下，居民会根据自己的实际情况，去参与他们组织的活动或找他们进行服务或咨询。（HW 社区 B 委员，2013 年 5 月 15 日）

> 通过参与他们（社工站）所举办的小组活动，感觉不一样。他们的活动策划得很有新意，能够把我们的思维都带入进去。这些大学生（社工人员）真的挺厉害的。……通过这个活动（亲子教育），我知道以后应该如何跟孩子沟通、交流，希望像这样有意义的活动以后还会有。（参与社工举办活动的居民，2013 年 4 月 16 日）

因而，政府购买社会服务不仅减轻了街道和居（村）委会的工作压力，而且提升了社会服务的整体质量和效率，满足了民众差异化的社会服务需求，直接提高了民众的生活质量。

二 拓展基层公共空间，丰富民众业余文化

随着外来人口大量涌入，社区（村）逐渐从"熟人社区"向"陌生人社区"转变，社区居民的私密化生活越来越成为主流，人与人之间的交往变得越来越少。阿伦特认为，通过言语和行动，公共领域中的人与人之间通过公共空间会被纳入一种关系，这样个人的表达才有意义、行动才有力量。[①] 草根型社会组织的培育与发展不仅丰富了居（村）民的业余文

---

① 金自宁：《公共空间与政治自由的实践 解读阿伦特积极自由观》，《比较法研究》2009 年第 1 期。

化生活，而且拓宽了社区（村）的公共空间，在此基础上，实现从"陌生人社区"向"熟人社区"转变。

社区活动的开展，在丰富社区居民的业余文化生活的同时，也为居民与居民之间的交流与活动提供了一个沟通的平台，他们的交往行为和关系网络的建构有助于社区信任关系和友谊关系的生成，遵循着共同的价值倾向和行为规范，从而产生社区公共精神和社区认同感。这种公共精神和认同感有利于培养居民的社区意识和公民意识，从而推动公民社会的发展，社区社会组织资本的生成。HW 社区一个居民说：

> 我以前从来都不动的，在家里看电视一看就是四五个钟头，今年我也出来跳跳。现在，每天就像完成任务一样，早上上班之前一定要出来跳几下，回家里洗个澡，再去上班。如果不出来跳一下，心里就不是很舒服，现在笑容都比以前多了很多了、开朗了很多，也交到了很多朋友。有时候，和一些舞伴们去喝喝茶，一些人都说，哎呀，我都没来过这样的地方。
>
> 社区居民以前的休闲方式是散散步、打打太极，或者在家里看电视，都很少有这么多人出来跳舞。一到晚上，好多人都来看公园，一边是我们在跳，还有很多居民在看，如果忍不住的时候，一些居民也跟着我们上来扭两下。(HW 社区退休阿姨，2013 年 6 月 3 日)
>
> 以前，居民的休闲的主要方式都是在家里看电视，现在公园给我们提供了这个场地，我们就经常来这边跳舞，大家一起聊聊天，每天都聊聊美容啊、饮食啊、身材啊等等。(HW 社区工厂女工，2013 年 6 月 2 日)

专业社工服务方面，除了开展个案服务、小组工作外，根据社区（村）的实际情况，社工人员还通过举办社区活动为居（村）民提供具有创新意义的社区活动。在丰富民众业余文化生活的同时，社区活动还通过教授手工技术，提升居（村）民的动手操作能力。如 DFJ 社区，40 多岁的中年妇女一般没有正式工作，除了在家里做家务之外，其他时间都是空闲的。在三八妇女节时，社工 B 通过在大学时学习的手工制作，就搞了一个教授编制丝网花的活动，受到社区居民的极大肯定。

> 我们都很开心，因为这样可以丰富我们的业余文化生活，增加了我们的一些才能，也增强了我们的自信心，看到自己的作品，心里很满足。另外，还有一点，就是在开展活动的过程中，她们之间的交流也是蛮重要的，可以扩大交际圈子，认识更多的人。（DFJ 社区居民，2013 年 5 月 29 日）

在遇到重大节日（端午节、中秋节等）时，社工站一般采取与居（村）委会、行政服务中心合作的方式来举办大型社区活动，让民众更大程度地参与到社区活动中，使社区居民体验到经济发展所带来的好处，进而推动社区的和谐发展。

> 我们社工站经常和居委会一起举办社区活动的，比如，最近的儿童节，因为有妇联啊，居委会一般都会有关于儿童的活动的，我们的服务也有青少年这一块。这样，我们能够充分利用彼此拥有的资源。去年我们是分开举办活动的，今年我们就一同来举办。……我们今年的活动是讲座加上游园活动。居委会会以他们的资源去联系讲师啊。因为我们社工不是本地人的话，就联系不到讲师，就开展不了活动；而游园就可以交给我们来做，因为我们在这方面是有经验的。（XF 社区社工站 E 干事，2013 年 5 月 31 日）

三 激启社会组织活力，推动政社合作共赢

在容桂街道 26 个社区（村）中，在街道办和居（村）委会的支持下，每个社区都存在大量的草根组织，如舞狮队、棋艺队、舞蹈队等。他们一般在居（村）委会的支持下开展活动。他们所开展的活动一方面是丰富业余文化生活，另一方面也能为居（村）委会和街道办所用。例如，每年的敬老大会，居（村）委会会宴请老人，并给老人发红包。而敬老大会需要舞蹈、舞狮等演出时，政府（居/村委会）则采用"行政吸纳服务"[①]的策略更好地促进社会组织的发展，从而实现政府（居/村委会）与草根型社会组织的双赢。

---

① 唐文玉：《行政吸纳服务——中国大陆国家与社会关系的一种新诠释》，《公共管理学报》2010 年第 1 期。

外来务工人员不仅仅通过社会团体组织活动。我们社区举办社区文艺演出和其他社区活动，我们也会邀请他们去演出，他们也很乐意参加我们社区举办的活动。例如，我们社区举办的敬老大会，外来务工人员也组织了舞蹈节目来演出和助兴。在参加社区活动这一块，总体感觉是比较融洽的。（HW 社区 B 委员，2013 年 5 月 15 日）

舞蹈队的成立，既能帮助到政府，又锻炼了居民的身体，丰富居民的业余文化生活，一举两得。比如，每年的 9 月 29 日、重阳节，社区居委会都会举办大型的敬老活动，居委会都会请外面的人来助阵，现在不用了，我们自己组织的舞蹈队就可以搞定了。从去年开始到现在，都是我们在配合居委会。我们也会努力地去演好，因为街道、区里面的领导会过来，我们（节目）的质量还是挺好的，领导给我们的评价也蛮好的。（HW 社区舞蹈队负责人阿姨 C，2013 年 6 月 5 日）

随着基层民众对多元化公共服务的需求，在党组织的领导下，容桂街道积极探索创新社会服务模式，初步搭建起社区（村）居委会、行政服务中心及社工站等分工合作、多元协同的治理格局，实现社区（村）治理结构的优化、社区管理体制的创新。

本章小结

本章探讨了基层政府改革的实践效果，主要从创新地方治理格局、提高政府服务质量及提升社会服务水平等三个方面给予概括。

首先，地方治理格局创新方面，通过放权逻辑与还权逻辑的分析，容桂街道改革呈现出一个地方治理创新的图景。通过党政组织机构改革，容桂街道已初步建立起党政合署办公、决咨委决策与监督的既有分工又有合作的党政组织新架构，形成了决策高效、执行有力、监督多元的党政机构运作体系。在此基础上，为了突破现有困局，容桂街道利用"简政放权"改革的契机培育和发展民间社会组织并让其参与管理社会事务，实现了社会服务供给模式的创新。最终，容桂街道走上政府与社会组织协同治理之路。

其次，提高政府服务质量方面，通过政府服务的聚合和政府服务的延伸，容桂街道搭建起"两级政府服务体系"。通过这种服务性网络结构，容桂街道把政府提供的公共服务渗透到民众的生产和生活当中来影响基层民众的行为方式，让基层民众感受到政府的亲民性，提升了基层民众对国家（政府）的认同，提升了民众对政府的信任度，有利于国家权力渗透到基层社会，进而实现对基层社会的整合。同时，容桂街道通过在社区（村）成立行政服务中心，实现了政府管理与社区自治的有效衔接与良性互动。

最后，提升社会服务水平方面，容桂街道主动培育和发展各类社会组织，将权力归还于社会，有效地激发了社会的活力。在提升社会服务水平，满足民众多元化服务需求的同时，也实现了丰富基层民众的业余文化生活，拓展社区公共空间的目的。同时，社会组织所开展的活动也能为政府所用，在此基础上实现政府与社会组织共赢、共存的局面。

第七章

改革动力：基层政府改革何以可能？

容桂街道"简政强镇"事权改革是一个持续、动态的政治社会过程。基于前文对容桂街道改革的"放权逻辑"和"还权逻辑"的细致分析，已经比较清晰地呈现出"简政强镇"事权改革背景下容桂街道的运作逻辑。某种意义上，这一改革包含两个过程：其一，通过党政机构内部组织格局的变革，实现了基础性权力的增强和行政服务能力的提升；其二，通过党政机构外部治理关系的调整，实现了政府与社会关系的理顺和社会服务能力的强化。那么，基于前文的分析，为了深入阐释"简政强镇"事权改革背景下容桂街道运作逻辑，深化对这一转变过程的理解，我们需要进一步追问：容桂街道"简政强镇"事权改革为什么能够持续进行，这一改革背后的动力机制是什么？通过对这一改革的动力机制分析，我们可以更加深入地理解容桂街道改革的经验和意义。

第一节 地方政府改革动力的两种路径

改革开放以来，随着市场经济的渗透与国家发展战略的调整，一方面，中国维持了30多年的经济快速增长，另一方面，在经济飞速发展的同时，社会矛盾和社会冲突正在逐年加剧。而地方政府改革则为实现经济增长和社会和谐的协调发展提供了某种思路。正在此背景下，我国地方政府正在探索和创新改革路径以实现民主水平、政治合法性的提升，从而实现社会善治与社会进步。纵观国内地方政府改革实践，地方政府改革主要有两种路径：其一是自上而下的改革路径，即"目标型改革线路"；其二是自下而上的改革路径，即"环境型改革线路"。

一 自上而下驱动改革的路径

这种改革模式通常是根据中央的相关政策精神及战略部署，地方政府高层官员确定改革的目标、线路等相关方案，对下级政府进行驱动的改革模式。这一改革的驱动力来于上级政府。因而，这一改革具有较强的政治性。政绩的可预见性和自上而下的干部任用制和考核体系决定了地方政府领导必须准确领悟中央政府、地方高层政府的文件精神及战略部署，扎扎实实地进行地方政府改革创新的实践。[①] 这一改革模式的优势在于上级政府能够给予下级政府较多的优惠政策，大大提高了改革的成功率。根据杨雪冬对过去10年地方政府改革的数据分析得知，地方高层政府的认可和推动是地方政府改革能够持续的重要因素。[②]

某种意义上，上级政府对下级政府的推动和支持往往会促进地方政府改革的推进，营造改革创新的氛围。近年来，广东、浙江等地区涌现出来的地方政府改革的创新案例与上级政府尤其是省级政府的鼓励、支持及推动是分不开的。然而，在单向度集权体制下的中国行政体制，上级政府大都把地方政府改革作为目标控制对象，其改革的具体实施路径往往受到上级政府的左右，这在一定程度上会影响改革的效果。由于地方政府对改革的目标及改革的利益具有不可预测性，虽然他们不会以公开的方式反对改革，但往往采取"弱者的武器"的隐蔽方式进行消极抵抗，从而弱化了改革预期效果。此外，上级政府往往为了争取政绩，实现政治晋升，而忽视地方政府的实际情况，把改革方案强加给地方政府，并要求其在规定的时期内完成改革任务。这在一定程度上将导致上级政府的改革目标与基层社会实际情况的脱节，从而导致改革期待与执行背离的悖论。

二 自下而上主动改革的路径

这一改革模式可以定义为地方政府自我调适的改革模式。随着经济社会的深化发展，经济发展和社会矛盾之间的张力不断地尖锐化，这挑战了地方政府的应对能力，对地方政府的治理能力和地方治理创新构成一定的

[①] 陈家喜、汪永成：《政绩驱动：地方政府创新的动力分析》，《政治学研究》2013年第4期。

[②] 杨雪冬：《过去10年的中国地方政府改革——基于中国地方政府创新奖的评价》，《公共管理学报》2011年第1期。

压力。此外,地区经济的发展催生出大量的民间组织,他们对政府的治理能力、治理理念提出了更高的要求,这在一定程度上给地方政府带来巨大压力。为了解决经济社会发展所带来的社会问题,地方政府根据自身的发展需求进行必要的机构改革以适应经济社会发展的客观需求。杨雪冬通过对第四届和第五届中国地方政府创新奖入围项目的相关政府官员进行的调查显示,"为了解决当地面临的问题"占的比例分别是72.9%(285项)和81.2%(307项)。① 有学者把地方政府改革归纳为主动创新、被动创新两大类和危机—主动型、危机—被动型、发展—主动型及发展—被动型等四种政府改革类型。② 某种意义上,随着经济社会的快速发展,地方政府应该主动地进行创新,这样才能不断地强化自身能力,使发展危机转化成发展机遇。

然而,在中国的复杂化的中央政府与地方政府关系中,地方政府的自主探索往往会因缺乏上级政府甚至高层政府的政治支持,导致改革与原有的制度和社会实践不相符,从而迫使改革回归到原来的路径上去,导致改革回流。此外,地方政府改革也受到"前后逻辑"的影响。在中国现有的干部任用制、干部考核体制及政绩政治性的影响下,政绩具有个体性和不可继承性,地方政府新上任官员必须要拥有属于自己的政绩标签,这将导致原有地方政府改革项目夭折,另起炉灶开展新一轮改革举措,出现改革的"昙花现象""孤岛现象"。③

三 地方政府改革的第三条路径

某种意义上,2009年启动的佛山市顺德区容桂街道"简政强镇"事权改革则提供了一个地方政府改革的第三条路径。2009年以来,作为"简政强镇"事权改革试点,容桂街道以重构党政组织架构为突破口,以厘清政府、社会与市场的关系为改革核心,打出了一套基层政府改革的"组合拳"。基于对容

---

① 杨雪冬:《过去10年的中国地方政府改革——基于中国地方政府创新奖的评价》,《公共管理学报》2011年第1期。

② 杨雪冬:《简论中国地方政府创新研究的十个问题》,《公共管理学报》2008年第1期。

③ 陈家喜、汪永成:《政绩驱动:地方政府创新的动力分析》,《政治学研究》2013年第4期;郭正林:《专家论坛:乡镇体制改革中的"孤岛现象"》,《半月谈》2004年7月30日;黄卫平、邹树彬:《乡镇长选举方式改革:案例研究》,社会科学文献出版社2003年版,第219页;黄卫平、陈家喜:《中国乡镇选举改革研究》,人民出版社2009年版,第223页。

桂街道"简政强镇"事权改革实践的观察与分析,这一实践则提供了一个地方政府改革中的相对成功的案例。这一改革主要包括两个组成部分——"强镇逻辑"和"放权逻辑"。通过这两部分改革,容桂街道在一定程度上优化了党政机构的内部结构、激发了基层社会的活力。

纵观"简政强镇"事权改革实践,容桂街道改革从重构党政结构、增强基础权力、优化决策机制到培育社会组织、提升社会服务、理顺政府与社会关系,稳健的改革过程表明其并没有陷入某些地区政府改革所出现的"改革回流""昙花现象"等困境。相反,经过一年的试点改革,容桂街道"简政强镇"事权改革实践逐步扩散到顺德区其他10个镇/街道,并吸引了专家、学者及新闻媒介对这一改革的持续关注,形成了广泛的社会效应。

2009年启动的容桂街道"简政强镇"事权改革得以持续的动力在于:该改革既来自于上级(包括广东省委省政府)的驱动,又来自于容桂地区经济社会发展压力的推动,最终来自于自上而下的驱动和自下而上的推动激发了改革主体进行主动改革的热情和决心。总之,容桂街道"简政强镇"事权改革提供了地方政府改革的第三种路径——"上级驱动、基层推动、下级主动"的"三动"模式。某种意义上,容桂街道改革得以持续与容桂地区的地方文化与改革环境具有一定的相关性,不可能完全照搬到其他地区。但是无论如何,2009年以来容桂街道的改革实践是中国地方政府改革中一个相对完整、较为系统的改革案例,其改革经验给省内其他县市,乃至全国其他地区地方政府改革与地方治理创新提供了一定的示范意义。

第二节 广东省政府的驱动

自上而下的政策制定和执行关涉到中央政府、省政府及市区级政府。"有效的国家行为要求国家各组织内部及其彼此之间至少存在最低程度的一致性和协调性,这反过来也预设了国家独立于公民社会中诸种力量的最低程度。"① 对地方政府而言,上级(高层)政府的支持是关系到地方政

---

① 参见彼得·埃文斯、迪特里希·鲁施迈耶、西达·斯考克波编著《找回国家》,方力维、莫宜端、黄琪轩等译,三联书店2009年版,第74页。

府改革成功与否的重要指标。在中国的行政体制下,上级政府拥有绝对的权力来控制下级政府,然而在很多改革创新项目上,上级政府并非以命令的方式来驱动改革,而是为改革主体创造更多的优惠条件,配合改革主体进行改革。在容桂街道"简政强镇"事权改革实践中,正是在中央政府、广东省政府、顺德区政府的驱动下,容桂街道改革得以成功地持续下去。

一 中央政府的指导

2008 年,国务院启动了改革开放以来的第六次行政体制改革,此次改革的任务是合并职能相近或相似、职责交叉、多头管理的职能部门归并为一个较大职能部门进行联署办公,进而提高政府的行政效率。因此学界和政府领导称之为"大部制改革"。为此,2008 年 2 月,中国共产党第十七届中央委员会第二次全体会议通过的《关于深化行政管理体制改革的意见》文件指出:

> 推进地方政府机构改革。根据各层级政府的职责重点,合理调整地方政府机构设置。在中央确定的限额内,需要统一设置的机构应当上下对口,其他机构因地制宜设置。调整和完善垂直管理体制,进一步理顺和明确权责关系。深化乡镇机构改革,加强基层政府行为。[①]

2009 年,中央机构编制委员会办公室颁发了《关于深化乡镇机构改革的指导意见》规定,基层政府要以转变政府职能为核心,理顺职责关系,建立精干高效的乡镇行政管理体制和运行机制,实现农村发展,建设服务型政府的重任。2010 年,中央编办、中农办、国家发改委、公安部、民政部及财政部等相关单位联合发文要求发达地区试点乡镇政府开展行政管理体制改革以适应经济社会的发展。[②] 正是在此背景下,全国各级地方政府纷纷出台了地方政府机构改革方案,以行政体制改革为突破口理顺政府机构管理体制、权责关系,最终确保行政管理体制适应经济社会发展的需要。总之,中央政府深化乡镇行政管理体制改革的相关文件为容桂街道

---

① 《关于深化行政管理体制改革的意见》(2008 年 2 月 27 日中国共产党第十七届中央委员会第二次全体会议通过)。

② 《关于开展经济发达镇行政管理体制改革试点工作的通知》中央编办发〔2010〕50 号 (2010 年 4 月 1 日)。

"简政强镇"事权改革提供了制度环境。

二 广东政府的推进

改革开放以来,广东凭借政府主导的外向型经济发展模式实现了经济社会的快速发展,然而在经济发展取得重大成绩的同时,政府、社会、市场之间出现不均衡发展。为此,广东省政府把国务院启动的第六次行政体制改革作为契机,以行政管理体制改革为突破口,实现经济社会发展的顺利转型。2009年12月,为了深入创新行政管理体制机制,增强县级、乡镇/街道的基础性权力,广东省委省政府出台了"富县强镇"事权改革方案规定:

> 以加快政府职能转变为核心,着力减少审批层次和行政干预,创新社会管理方式,健全公共服务体系,完善决策与监督机制,建立适应城乡统筹协调发展需要的行政管理体制和运行机制。①

为此,为了解决人口规模和经济总量较大乡镇/街道基础性权力弱小、权责不对等等困境,广东省委省政府选取佛山市顺德区容桂街道、南海区狮山镇及东莞市长安镇、石龙镇作为"简政强镇"事权改革试点,解决经济发达乡镇/街道"人大衫小""权责失衡"等问题。为了调动容桂街道改革的主动性和积极性,广东省委省政府赋予其优惠政策以增强改革效果。例如,在"宏观决策权上移,微观管理权下移"原则的指导下,在维持目前建制不变的基础上,容桂街道在城市建设、社会管理、市场监管、公共服务等领域获得了县级行政管理权限。这在一定程度上创新了政府的社会管理和服务的手段,激发了改革者的热情。

三 顺德政府的实践

在中央深化行政管理体制改革意见的指导下,2008年11月,在深圳召开的"广东省特区工作会议"上,广东省委省政府选取广州、深圳、珠海及顺德等4个城市作为行政体制改革试点,承担深化地方政府行政体

---

① 《中共广东省委办公厅广东省人民政府办公厅关于富县强镇事权改革的指导意见》(摘要)(2009年12月29日)摘自:《南方日报》2010年1月4日。

制改革的重任。在此背景下，2009年9月，根据中共中央、国务院通过的《关于地方政府机构改革的意见》规定及省委省政府《关于印发佛山市顺德区党政机构改革方案的通知》的相关规定，顺德正式启动以大部制改革为突破口的顺德综合改革。这次改革主要"把原有的41个部门整合为16个较大部门，其中6个属于区党委部门，10个属于区政府部门"。① 一定程度上，顺德区委区政府相关部门的整合提高了政府机构的运作效率，原来部门机构之间相互推诿的现象有所缓解和改善。

某种意义上，容桂街道改革既是广东省委省政府深化地方政府改革的重要战略部署，也是顺德综合改革的延续。如果顺德综合改革没有延伸到最基层的单位，顺德的改革也是不彻底的。正如佛山市委常委、顺德区委刘海书记认为的："要做好综改工作，推进顺德经济社会发展，最基层单位街道的改革也是重点，否则我们的改革就不彻底。"②

为了使顺德综合改革持续推进，对接顺德"大部制"的改革进程，2009年11月，根据广东省委省政府文件精神，佛山市顺德区启动了"简政强镇"事权改革试点工作，并把容桂街道作为广东省"简政强镇"的试点单位。因此，容桂街道"简政强镇"试点工作同区党政机构改革一样具有重要意义。容桂街道改革不仅是广东省委省政府深化行政管理体制改革的重要举措，也是顺德"大部制改革"的延续。在此过程中，容桂街道积极配合佛山市政府及顺德区政府的指导，主动抓住机遇，充分发挥自身优势，推动改革顺利进行。同时，顺德区政府也以扶持者、引导者的身份来鼓励和支持容桂政府进行改革，这是容桂街道"简政强镇"事权改革得以顺利进行的重要条件。原顺德区委书记刘海在《在顺德区容桂街道"简政强镇"事权改革试点工作动员大会上的讲话》（2009年11月9日，录音整理）这样讲道：

> 今年6月我们在向省委汪洋书记汇报工作时，主动提出要在推进区大部制改革的基础上，同步推进镇街改革，得到了汪洋书记的充分肯定。区委还就此成立了专门的工作小组，专题研究镇街行政管理体

---

① 职能部门改革的具体方案可参阅《关于印发佛山市顺德区党政机构改革方案的通知》（粤机编〔2009〕21号）。

② 刘海：《在顺德区容桂街道"简政强镇"事权改革试点工作动员大会上的讲话》（录音整理，2009年11月9日）。

制改革工作。目前，区党政机构改革基本完成，区委区政府内部的各种关系、职能已逐步理顺，为镇街体制改革创造了良好的条件。①

第三节 基层社会的推动

改革开放以来，在香港工业化的影响下，容桂凭借自身的商业意识和创业精神壮大了草根经济的发展，走出一条富有草根特色的经济发展道路，为容桂经济的腾飞奠定了坚实的基础。2012年，容桂街道实现地区经济生产总值386.6亿元。随着市场经济的不断推进，容桂地区经济总量、人口规模都在不断地膨胀，政府管理手段与政府职能已远远不能适应经济社会发展的需求。经济社会的持续发展使得民众对政府提供公共产品和公共服务的期望值逐渐提高、公民的民主意识在不断地增强、企业发展对政府提出的要求逐渐增多，这些外部压力势必给基层政府带来一定的治理压力，促使其进行政府改革。

一 民众对多元服务的诉求

改革开放以来，尤其是20世纪90年代顺德企业产权改革后，容桂地区经济水平取得长足发展，并形成了具有一定特色的产业优势和体制优势，企业的总体实力明显增强。在街道党工委和办事处的带领下，容桂地区的经济总量实现较大突破，一举成为顺德地区著名的"千亿大镇"、响彻全国的"中国品牌名镇"。在地区经济发展取得较大成绩的同时，容桂城乡居民的储蓄存款总额不断地突破，大量财富集聚于民间。其中，2007年，容桂街道城镇人均可支配收入为24455元，是全国平均水平的1.77倍、广东省平均水平的1.38倍和佛山市平均水平的1.12倍。② 容桂街道经济水平的快速发展使得地区民众的收入水平和生活水平显著提高。

随着市场经济的不断渗透，容桂地区经济总量的不断增大，民众生活水平和收入水平的显著提升，民众对政府提供的公共服务需求不断增长。这必然要求政府不断满足民众的公共服务需求。"简政强镇"事权改革

---

① 梁维东：《简政放权、协同共治》，2012年9月12日（讲话稿）。
② 《广东顺德区容桂街道经济发展战略研究（2009—2014）》，第6页。

前，容桂街道党工委和办事处共有90个公务员编制，而所面对的服务对象却是50万人口。基层政府的公共服务和社会管理任务不堪重负。因而，民众对政府公共服务供给水平提出更高要求现实不断地推动着政府创新公共服务供给模式。

> 结合我们社区来讲吧，根据那个马斯诺需求理论嘛，社区居民的物质水平上升了，温饱问题已经解决了，人家可能就心里有需要这种服务了，邻里关系需要改善啊等等。此外，生活压力也增大了，自然而然地就会出现很多的社会问题，发展社会组织，提供专业性的社会服务是解决这些问题的一项很重要的措施。(DS社区社工站D干事，2013年5月31日)

> 社会组织为什么会成长这么快呢？一方面是政府的开明，政府财政支持；另一方面就是我们这个地区有很多先决的条件，发展已经达到一定的程度了，社会问题的增多就会危害到社会的和谐，所以，近年来大量的社工组织都出现了。(ZH社区社工站C干事，2013年5月30日)

随着市场经济的推进与容桂地区经济的快速发展，大量外来务工人员涌入到社区（村）中，根据笔者调查的9个社区，大部分社区的外来人口已经超过本地人口。某种意义上，他们入驻社区（村）可以促进本地企业发展，带来本地经济的繁荣。然而，在繁荣本地经济的同时，各种社会问题、社会矛盾也日趋增多且日益复杂化。这给政府的社会管理和公共服务供给带来前所未有的压力。基层政府履行社会管理和服务的职能遭遇了日益繁重的任务。

> "大部制改革"的动力就是群众有要求，政府就得改的嘛，政府要有危机意识嘛，要转变政府职能。就像企业要升级一样，你为什么要升级？因为，你原来的企业规模和科技含量不行了。政府也一样，如果不转型，就不能实现本地区的更好发展，所以"大部制改革"是必须要推进的……你不改，群众的意见肯定是大的啦。你说办一个准生证要盖20多个章，而且还跑来跑去，很麻烦。群众也希望政府的效率更高一些的。另外，每年的三、四季度，企业都要年审的嘛，

现在企业去年审也方便很多了，不用排队了。在网上直接就可以办了。现在办理企业营业执照也很方便了，这大大地增加了年轻人创业的积极性了。……政府也需要改革，政府为什么改革，改革为什么？就是为了方便企业和群众。这样才能吸引人才来我们地区嘛。政府的效率不高的话，群众和企业意见很大，这么一个小手续这么长时间办不下来，大家都会烦的，政府也能看得到。如果成立一个行政服务中心，一个两个小时就可以办下来了。（LCK 社区 C 支委，2013 年 5 月 17 日）

此外，随着市场经济的发展，尤其是 20 世纪 70 年代以来，大多数威权政体国家正在式微并向民主化政体转型。[①] 市场经济渗透所引起的利益格局的变化、社会结构的变迁有效地推动了民众的利益表达和参与意识。正是在此背景下，自由的经济运行机制和民主化浪潮增强了民众的民主参与意识，具有自主品格的公民精神逐渐形成。民众的民主精神和参与意识迅速觉醒要求政府拓展民众参与公共政策的路径。由于基层政府直面民众的参与诉求，这些政治诉求更为直接和具体，且直接地影响了基层政府应对策略。此外，由于公民利益诉求的多元性和复杂性，政府越来越需要民众的积极参与以便有效地搜集具有代表性和广泛性的民众意见，制定出合乎各方面利益诉求的公共政策。这也意味着传统的民众利益诉求路径已经难以适应不断变化的社会环境。为了回应这一现实，政府需要建立一套完善的民众政治参与和民主表达的组织体系来应对复杂多变的社会环境，以满足民众多元化和复杂化的利益诉求。因而，民众多元化利益诉求的出现推动着政府从"封闭式"运作向"参与式"运作转变。

总之，正是政府面临为民众提供社会管理和服务的压力、民众的民主参与意识的强化推动着容桂街道改革的持续进行。这既是基层政府所面临的外部压力，也是基层政府改革得以持续的动力。因此，容桂地区民众的服务需求成为推动改革的中坚力量。

二 企业深化发展的需求

20 世纪 90 年代企业产权制度改革以来，在容桂街道党工委、办事处

---

① 亨廷顿：《第三波：20 世纪末民主化浪潮》，刘军宁译，上海三联书店 1998 年版。

的带领下，容桂地区的企业产业格局不断形成，优势产业日益突出，逐渐形成了以智能家电、电子信息、医疗保健、化工涂料为主导产业，汽车配件、精密机械、电子商务、物联网等产业领域蓬勃奋起的发展浪潮。近年来，在国际市场的影响下，容桂街道主动加快产业转型升级和鼓励企业自主创新，这增强了容桂地区企业的市场竞争力。目前，全街道共有各类企业及个体工商户近2万家，超亿元企业108家、超十亿元企业15家、超百亿元企业2家，高新技术企业50家，拥有7个中国驰名商标、11个中国名牌产品、27个广东省著名商标、34个广东省名牌产品，形成了完整的地区产业体系。

然而，虽然具有优势地位的制造业是容桂经济发展的主体，并支撑着容桂经济发展的各个环节，形成了容桂的经济总量优势，但这种工业主导的经济发展模式的后劲不足，急需加快产业结构转型和增强企业自主创新能力。为了实现容桂地区经济的进一步发展，容桂政府必须扮演引路人角色，为地区企业提供优质的公共服务以满足企业的需求，保证其在（国际）市场中具有一定的竞争力。

> ……在我们看来，还是社会（主要是企业）的倒逼机制推动我们进行改革，还有就是政府的政绩冲动。因为你不解决这些问题，你顺德的经济没有办法向前上一步的。（顺德区官员访谈材料，2013年5月16日）

容桂地区大部分企业已经成为国际市场的佼佼者，但是这些企业（如海信科龙）的总部还是在容桂。虽说他们是国际化大企业，但是他们还具有一定的本土性，具有浓烈的地区情怀，对容桂地区具有强烈的归属感。他们不仅关心自己企业的发展，而且关心容桂地区的整体发展。这些具有国际视野和本土意识的企业会以开阔的视野和更高的标准来要求政府。

> 其实，我们（领导）也经常和顺德企业家开座谈会。官员和企业家会有接触的。一个项目那么慢，服务也不好等等。如果企业没有发展到一定的程度，企业家对你的要求也不会那么高的，科龙、美的都已经走向国际化了。他肯定是以国际的水平来要求你顺德进行改

革。……顺德改革最主要的动力是企业家，是企业家影响了他们（官员）。(顺德区官员访谈材料，2013年5月16日)

此外，容桂街道的企业家具有一定的"慈善意识"和"奉献精神"。他们不仅关注企业的发展，同时关注地区的整体发展。他们会通过助学、助困、助残等形式为社区（村）提供经济上的资助和精神上的支持。例如，在街道办慈善会的引导下，容桂街道各社区（村）都成立了福利会以帮扶社区（村）需要帮扶的民众。其中，MG村福利会已收集到2000多万元的慈善基金。这些慈善基金主要来自于本村走出去的企业家。这些慈善资金的支持为容桂街道政府改革提供了一定的资金保障。因而，企业发展对政府服务的需求和企业家的慈善奉献精神对容桂街道"简政强镇"事权改革具有一定的推动作用。

总之，容桂街道政府改革有其自身的社会基础和社会需求，没有社会力量的倒逼，政府并不会产生改革的动力。与其他地区地方政府改革的动力相比，容桂街道政府改革的动力则更多地源自于社会力量（民众、企业）的推动。随着经济社会的发展，容桂地区的民间财富不断壮大，企业的力量逐渐增强，形成一股源源不竭的动力推动着政府进行改革。正是改革开放以来容桂地区经济社会的持续发展倒逼了政府改革得以可能。

第四节 地方政府的主动

虽说上级政府的驱动和基层社会的推动在一定程度上推动了基层政府进行改革的积极性和主动性，但是，作为理性人的基层政府往往会担心自身利益受损而采取隐蔽性反抗的方式来抵制改革，进而削减了改革的预期效果。而容桂街道的改革主体积极配合省委省政府、区委区政府的要求，积极推进改革的深化，充分体现了作为改革主体的积极性和主动性。例如，在推动和培育社会组织方面，容桂政府主动将以体制内运行为主的工作交由体制外加以实施，最大限度地调动群众参与社会建设的积极性和主动性。总之，上级政府的支持与经济社会的变化是政府改革的前提和外部条件，改革能否持续则取决于政府的自身条件和政府改革的能动性。

作为地方政府改革的先锋，容桂街道一直是顺德区的经济重镇，从来不缺乏改革的氛围。无论是企业产权制度改革还是农村管理体制改革，顺德区政府改革试点工作很多都放在容桂街道实施。21 世纪初，顺德农村管理体制改革就是在总结容桂街道部分村（居）改革经验的基础上全面铺开的。2009 年 11 月，容桂街道再次扛起改革的大旗，承担着探索为顺德经济社会协调发展扫除障碍与深化全省镇街行政管理体制改革的艰巨任务。为此，容桂街道紧紧抓住改革的机遇，将上级政府的政策准确无误地实施，努力地解决经济社会发展过程中出现的社会问题。

某种意义上，政府官员是地方政府的重要组成者、操作者，地方政府改革是在地方官员的操作和主导下进行的。地方领导的"精英作用"和改革政策空间是推动地方政府创新的主体力量。① 杨雪冬对既往三届地方政府创新奖获得提名资格的 63 个项目统计发现，大部分改革项目的启动主体是各级政府官员，尤其是具体部门中的"一把手"及其决策团队。② 在容桂街道改革的实践中，从改革主体的改革目的到改革实践，容桂街道领导干部扮演着重要角色，并以较为积极的姿态把改革推向深处。

一 改革者的敬业精神

一般而言，地方政府改革的动机主要有两个：一是完成上级政府的改革目标和任务，获取政绩和实现官员晋升；另一个是为了解决经济社会发展中所遇到的实际问题，实现地方治理模式创新。杨雪冬通过对过去十年地方政府改革的统计分析认为，"解决当时工作中出现的问题"成为第四届和第五届中国地方政府改革的主要目的，分别占 72.9% 和 81.2%。③ 然而，在强烈的官本位意识和相对集中行政体制下，为了在"政绩锦标赛"中获得优异成绩，实现地方官员的晋升，地方官员进行政府改革的目的更多是为了实现政治抱负。这便导致地方政府改革带有领导者个人色彩，使改革周期与领导者任职周期勾连起来，从而导致"人在政在、人走政息"现象。④ 因而，有学者指出，地方政府改革应从"政绩合法性"向"政治

---

① 陈雪莲、杨雪冬：《地方政府创新的驱动模式——地方政府干部视角的考察》，《公共管理学报》2009 年第 3 期。

② 杨雪冬：《简论中国地方政府创新研究的十个问题》，《公共管理学报》2008 年第 1 期。

③ 杨雪冬：《过去 10 年的中国地方政府改革——基于中国地方政府创新奖的评价》，《公共管理学报》2011 年第 1 期。

④ 常健、郭薇：《"人走政息"现象剖析》，《人民论坛》2013 年第 3 期。

合法性"转变,使民众能够真正参与改革并从改革中得到改革所带来的好处。[①] 而在容桂街道"简政强镇"事权改革的过程中,容桂街道领导干部及社区(村)主要干部并没有把实现政治抱负放在首位,而是利用改革试点的机遇,主动解决容桂地区经济社会发展所面临的实际问题。

首先,在广东省简政强镇政策指导下,顺德区政府主动提出在区大部制改革的基础上,同步推进镇街改革。为了有效地推进这一改革,区党政机构还成立了专门的工作小组,对镇街行政管理体制改革进行专门研究。其次,容桂街道领导干部及社区(村)主要干部主动配合顺德区党政机构相关职能部门的要求按部就班地推进改革,积极稳妥地制订改革工作计划,以试点改革工作为契机,有效地落实改革的各项工作,大大提升了改革的成效。如在容桂街道开展试点政社分离改革实践中,容桂街道所选取4个试点社区(村)并没有把这次改革当成一个负担,而是将此项试点改革作为上级领导重视本社区(村)发展来看待。在大量外来务工人口的涌入和民众公共服务需求不断多元化和复杂化的背景下,社区(村)社会管理和社区治理面临前所未有的挑战。居(村)委会借助试点改革的有利机遇,努力探索改善社区管理和社区治理的有效方法。

总之,从顺德区、容桂街道到社区(村),各级干部并没有把这项改革试点工作当作政治负担,而是以积极和主动的姿态来探索解决经济社会发展所带来的社会问题。

二 改革者的学习精神

地方政府改革不仅是一个行为,而且是一个过程。成功的地方政府改革可以不断地进行扩散。地方政府改革有两种类型:原创型地方政府改革和学习型地方政府改革。根据前五届中国地方政府创新奖的统计分析,原创型改革为60项,学习型改革为57项。其中,超过10%的受访对象认为本地区地方政府改革属于借鉴其他地区的先进经验。[②] 某种意义上,大部分地方政府改革行为都会或多或少借鉴先进地区的创新经验。纵观中国地

[①] 何增科:《政治合法性与中国地方政府创新:一项初步的经验性研究》,《云南行政学院学报》2007年第2期;何增科:《地方政府创新,从政绩合法性走向政治合法性》,《中国改革》2007年第6期。

[②] 杨雪冬:《过去10年的中国地方政府改革——基于中国地方政府创新奖的评价》,《公共管理学报》2011年第1期。

方政府改革实践，可以把学习型改革划分为体制性学习、自主性学习及无意识性学习三种类型，体制性学习的政府改革类型使用最为频繁。① 通过容桂街道"简政强镇"事权改革实践的观察，容桂政府改革探索了三种学习类型的混合型改革过程。

首先，在容桂街道"简政强镇"事权改革实施过程中，广东省"富县强镇"战略和广东省"简政强镇"改革相关文件赋予容桂政府改革的合法性。这往往是地方政府改革得以持续的前提条件。在改革的过程中，在广东省委省政府的支持下，顺德区委区政府不仅通过下放管理权限等方式支持容桂街道推进改革，而且颁布相关的法规、政策为改革扫除障碍。正是体制性的学习过程赋予了容桂街道"简政强镇"事权改革得以持续的重要因素。其次，容桂街道根据本地区改革的实际情况，有针对性学习和借鉴国内外相关实践和做法。例如，在容桂改革前，顺德区相关领导组织容桂街道领导干部赴浙江等地区学习和借鉴浙江省"强镇扩权"改革的先进经验。在培育和发展社会组织实践中，容桂街道一直把香港社工发展经验作为借鉴对象。② 通过对这些先进经验的借鉴和学习，容桂街道可以根据地区实际情况有目的、有意识地进行改革。此外，容桂街道领导干部具有较强的思考意识。他们喜欢和专家、学者、记者等知识人士学习与交流。这个学习和交流的过程开阔了官员的视野，丰富了官员的知识构成，为容桂政府改革的推进奠定了智力基础。最后，当政府改革遭遇困境或已有的相关做法无法解决实际问题时，地方政府便会凭借自己的知识构成和实践经验来加以解决。在引进现代社工制度的过程中，由于现有的运作模式（福利会—社工服务站）难以解决容桂街道社工发展所面临的困境，在香港社工运作模式的启发下，容桂街道探索出"社区（村）福利会—专业社工机构—项目化服务"运作模式，从而解决社工人员监管难、社工站行政化等困境。因而，混合型改革过程为容桂政府改革持续推进奠

---

① 杨雪冬：《简论中国地方政府创新研究的十个问题》，《公共管理学报》2008 年第 1 期。
② "我们这里靠近港澳，我们有 30—40 万的港澳乡亲，而且我们比较早的去跟新加坡去学习，新加坡和中国还没有建交的时候，我们就已经去过学习了。90 年代以后，包括现在，也派出了大批的干部去学习。虽说成效不大，但是总会'偷'到点东西。就像大批的港澳企业来到顺德一样，让我们的观念，我们引进的这些团队，基本上都是；来自于港澳那边。经济的发展也好，社会的发展也好，都是偷人家的东西，学人家的东西。这个地缘的关系也是很重要的。"
（顺德官员访谈材料，2013 年 5 月 16 日）

定了重要基础。

本章小结

　　基于前文对"简政强镇"事权改革背景下容桂街道运作逻辑的细致分析，本章主要阐释容桂街道"简政强镇"事权改革的动力机制。这有助于我们更深刻地理解容桂街道"简政强镇"事权改革的理论意义和经验意义。与既有的"自上而下驱动式改革"和"自下而上推动式改革"不同，容桂街道政府改革的案例则提供了地方政府改革的第三条路径：这次改革既来自自上而下的有力驱动，又来自基层社会的有效推动，最终"上下双动"激发了改革主体主动进行改革的决心。正是在"上级驱动、基层推动、下级主动"的共同作用下，容桂街道"简政强镇"事权改革得以持续推进。虽说容桂街道"简政强镇"事权改革得以进行与地区非制度性因素有关，不能照搬到其他欠发达地区。但无论如何，这一改革仍然给给省内其他县市，乃至全国其他地区地方政府改革与地方治理创新提供了一定的示范意义。

　　首先，对地方政府而言，上级（高层）政府的支持是关系到地方政府改革成功与否的重要指标。上级政府的政策支持是改革得以推进的重要前提。2008年，国务院启动第六次地方政府行政体制改革和深化乡镇行政管理体制改革为容桂政府改革提供了有效的制度环境；广东省政府"富县强镇"战略则为容桂政府改革提供了实践空间。为了走出经济社会转型困境，广东省委省政府赋予诸多优惠政策以增强其改革效果；顺德区委区政府推行的综合改革为容桂街道政府改革提供了持久动力。某种意义上，容桂街道政府改革既是广东省政府"富县强镇"的战略部署，也是顺德综合改革的重要组成部分。因而，正是在中央政府、广东省政府、顺德区政府的驱动下，容桂街道改革得以成功地持续下去。

　　其次，20世纪90年代顺德企业产权制度改革后，在容桂街道党工委、办事处的带领下，容桂街道凭借其自身优势壮大了草根经济实力，形成了具有一定特色的产业优势经济发展道路。随着民众收入水平的提高和生活品质的提升，传统的政府的社会管理手段和公共服务供给能力难以适应新时期的客观需求。民众对政府提供公共产品和公共服务的期望值逐渐提高、公民的民主意识在不断地增强、企业发展对政府提出的要求逐渐增多，这些外部压力势必给容桂政府带来一定的治理压力，促使其进行政府改革。某种意义上，容桂街道政府改革的动力则更多地源自于社会力量（民众、企业）的推动。没有社会力量的倒逼，政府并不会产生改革的动力。

最后，上级政府的支持与经济社会的变化是政府改革的前提因素和外部条件，改革能否持续则取决于容桂政府的自身条件。在改革者的目的上，在容桂街道"简政强镇"事权改革的过程中，容桂街道领导干部及社区（村）主要干部并没有把实现政治抱负放在首位，而着力利用改革试点的机遇，主动解决容桂地区经济社会发展所面临的实际问题。改革的实施过程上，容桂街道领导干部主动学习、借鉴发达地区的先进经验来为容桂政府改革提供实践支持和智力保障。

总之，上级政府是容桂街道政府改革的合法性赋予者，是体制内政策的支持者。上级政府的政策支持是改革得以推进的前提条件。基层社会（民众、企业）是重要的推动力量，没有社会力量的倒逼，容桂街道政府改革并不会取得预期的改革效果。而地方政府官员是改革的实施者，他们的学习精神、实践能力是容桂政府改革得以持续的重要保障。正是"三方力量"的持续互动和相互配合使得容桂街道"简政强镇"事权改革得以持续。

第八章

基层政府角色转变的理论评析

至此,通过改革成因(历史脉络)、改革实践(放权逻辑与还权逻辑)、改革结果(实施效果)等几个方面深刻而细致的分析。这一章将从改革的实践价值角度来回答"简政强镇"事权改革背景下基层政府的行为转变对国家政权建设的影响。为此,我们从"政权角色的转变"、"政权行为的变迁"及其"基层政府改革本身的价值与限度"三个维度对本书进行理论提升。最终,通过对既往相关研究工作的反思与总结,本书将参与到中国国家政权建设的理论讨论之中,在此基础上凸显本书的研究价值。

第一节 政权角色转变:从"经营型政府"向"服务型政府"

改革开放以来,"分灶吃饭"式财政体制改革与市场经济的演进引发了国家、社会及市场三者之间关系的巨大变化。在地方分权、财政包干制改革的影响下,地方政府发展经济的主动性被激发出来,各级地方政府均通过创办"自己"的企业来扩大经济总量,这在一定程度上为中国经济的腾飞奠定基础。在财政收入的激励下,基层政府通过大力发展乡镇企业来进行乡村工业化建设,他们通过卷入到乡镇企业的生产和运作当中,形成政府与企业相结合的方式来发展地方经济,地方政府像企业家一样成为发展地方经济的主力,他们通过参与企业的管理、资源的分配等方式经营企业[①]。虽说"分灶吃饭"财政体制推动地方经济的快速发展,但是基层

[①] Oi, Jean. "Fiscal reform and the Economic Foundation of Local State Corporatism in China". World Politics. 1992 45 (1); Walder Andrew G., "Local Goverments as Industrial Firms An Organization Analysis of China's Transitional Economy" American Journal of Sociology 1995.

政府通过经营企业所取得的资源并没有惠及基层民众。为此，1994年，中央进行了分税制改革。由于中央可以根据新的税制从乡镇企业拿走更多的税收，乡镇企业面临着严峻的税收负担，基层政府经营企业的动机遭到打击。财政集权效应导致乡镇政权财政乏力，财政政策的变迁对地方政府产生了"驱赶效应"，基层政府纷纷把目光转向了土地的转让与开发。"大兴土木"① 和"生财有道"② 成为地方政府经济发展的增长点。基层政府从"企业经营者"向"土地经营者"、"城市经营者"③ 转变。在发展地方经济的过程中，由于没有处理好经济发展与社会稳定之间的关系，基层政府的经营性行为变迁导致了农民负担的迅速增加，恶化了基层政府与基层民众的良性关系。

为此，中央出台了农村税费改革政策以敦促基层政府实现从"经营型政府"向"服务型政府"转变。然而，税费改革并没有规范基层政府的规范运行，基层政府则以"缺钱"为借口，采取"反倒逼"行为使农村税费改革的效果并没有得到发挥。④ 作为代表国家力量的基层政府与农民的关系日趋松散化，基层政府演化为"悬浮型政权"⑤，财政上严重依赖上级政府的"依附型政权"⑥。基层政府如何从"经营型政府"转变为"服务型政府"成为学界及相关部门共同关注的理论与实践课题。

某种意义上，本书所研究的容桂街道"简政强镇"事权改革实践是基层政府从"经营型政府"向"服务型政府"转变的典型案例。改革开

---

① 周飞舟：《大兴土木：土地财政与地方政府行为》，《经济社会体制比较》2010年第3期。

② 周飞舟：《生财有道：土地开发和转让中的政府和农民》，《社会学研究》2007年第1期。

③ 城市经营者主要指盘活城市资产、招商引资、创造财政收入、提高城市经济竞争力等。周黎安：《转型中的地方政府：官员激励与治理》，格致出版社2008年版，第298页。

④ 李芝兰、吴理财：《"倒逼"还是"反倒逼"——农村税费改革前后中央与地方之间的互动》，《社会学研究》2005年第4期。

⑤ 周飞舟：《从汲取型政权到"悬浮型"政权——税费改革对国家与农民关系之影响》，《社会学研究》2006年第3期。周黎安：《转型中的地方政府：官员激励与治理》，格致出版社2008年版，第298页。李芝兰、吴理财：《"倒逼"还是"反倒逼"——农村税费改革前后中央与地方之间的互动》，《社会学研究》2005年第4期。周飞舟：《从汲取型政权到"悬浮型"政权——税费改革对国家与农民关系之影响》，《社会学研究》2006年第3期。

⑥ 饶静、叶敬忠：《税费改革背景下乡镇政权的"政权依附者"角色和行为分析》，《中国农村观察》2007年第4期。

放40年来，容桂街道凭借临近香港的地理优势和容桂人与生俱来的"商业意识"、"创业精神"，有效地抓住发展机遇，采取"三来一补"的贸易策略，将外向型经济与容桂本地工业发展紧密联系起来，开启了中国外向型经济的大门，推动了农村工业化的迅速发展，为容桂地区工业化发展奠定了坚实的基础。在基层政府的主导下，容桂街道凭借"公有制经济为主、工业为主和大型骨干企业为主"的"三个为主"的经济发展战略，走出一条富有草根特色的经济发展道路，为容桂经济的快速增长奠定了坚实的物质基础。

然而，随着容桂经济总量的快速增长，政府主导型村镇企业的经营模式遭遇了障碍，严重制约了企业发展的活力。企业发展过程中产权不明、公私不分、责权不分等弊端不仅造成了严重的国有资源浪费，而且无法激发企业的创新力。为了拓展企业的发展空间、激发企业的经营活力，容桂所在的顺德县进行了企业产权制度改革，按照"产权明晰、责任明确、贴身经营、利益共用、风险共担"的原则，以"以股份制为主要形式的多种经济成分并存的混合型经济格局"目标，建立"产权明晰、职能分明"的现代企业制度，让村镇企业逐步驶上市场经济体制的快车道。通过这次改革，容桂政府破除了政府管理企业、企业管理社会的计划经济体制束缚，明晰和理顺了产权关系，实现了乡镇集体经济到民营经济等多种所有制形式的过渡。这在一定程度上调动了企业经营者和企业员工工作的积极性，并初步建立了企业的自我约束机制。随着改革的推进，容桂街道基本完成企业产权制度改革，民营经济异军突起，成为容桂经济快速发展的重要力量。

容桂街道企业产权制度改革以后，大批具有市场竞争力的本土企业拔地而起，民营企业的经济增长能力和发展空间不断地得以释放，推动了容桂经济的快速增长。通过十多年的发展，容桂街道成为全国镇域民营经济最发达的地区之一。随着民营经济高速发展，在市场化力量不断渗透、经济结构转型的背景下，容桂街道现行的行政管理体制与经济社会发展规模已经呈现不协调现象，庞大的人口规模、超大的经济总量与狭小的地域面积、孱弱的社会管理能力形成了鲜明的对比。僵化的行政管理体系与孱弱的社会管理能力已经难以适应由于经济发展所带来的经济社会的巨大变化。某种意义上，基层政府改革成为实现经济增长、社会发展与政府管理协调发展的重要抉择。

为了实现经济增长与社会协调发展，容桂街道以"简政强镇"事权改革为契机，探索了一条实现经济发展与社会建设协同发展的道路。容桂街道在重塑党政内部机构、优化党政运作机制的基础上，不断提升政府的公共服务水平和社会服务质量。首先，通过搭建"两级公共服务体系"，容桂街道成立了镇街级行政服务中心和社区（村）行政服务中心，有效地将政府服务下沉到基层社区（村），为民众提供"一站式服务"和"窗口式服务"，大大提升了政府的公共服务水平。目前，政府服务已经覆盖了容桂街道26个社区（村）。其次，为了满足民众公共服务多元化的需求，容桂街道还大力培育和发展社会组织，让社会组织承担政府的部分管理职能和服务职能，形成了"横向到边、纵向到底"的社会服务网络体系。三年来，容桂街道已成功培育和发展各类社会组织100多个，并通过委托、授权、购买服务等方式不断地加大向社会组织放权赋能的力度，把政府的部分公共事务和社会服务转移给各类社会组织，让它们履行政府的部分社会管理职能并参与社会服务的供给，进而提升社会服务质量、社会管理水平。

某种意义上，容桂街道"简政强镇"事权改革探索了一条从"经营性政权"向"服务型政府"转变的容桂经验。

时期	基层政权转变
新中国成立初—改革开放前	代理型政权、代理型政权经营者
改革开放初—分税制改革前	政权经营者；企业经营者
分税制改革初—农村税改前	土地经营者、城市经营者
农村税改以后	悬浮型政权、维控型政权
容桂街道改革案例	迈向"服务型政权"

来源：作者自制。

第二节 基层政府改革的实践价值与实践限度

容桂街道"简政强镇"事权改革背景下基层政府的行为转变对国家政权建设具有一定的积极意义。通过"放权逻辑"，在被赋予部分县级管理权限的基础上，容桂街道进行党政组织机构的变革，通过合并同类项等手段，重新梳理既有部门，并构建出新的大部门体制，这在一定程度上提高了党政机构的运作效率。在此基础上，容桂街道完善了政府服务体系，通过搭建"两级政府服务体系"，把政府服务延伸到基层社区（村），从而大大提升了政府服务水平。与此同时，容桂街道不断地创新社会服务供给方式。为了满足民众对多元化公共服务的需求，容桂街道把政府权力归还给社会，激发社会活力，主动培育和发展各类社会组织，并通过授权、转移或购买等方式来创新社会服务供给模式，从而实现政府与各类社会组织协同供给社会服务的新格局。下面，笔者将从这一改革自身的实践价值和实践限度两个维度来结束本书的探讨。

一　实践价值

2009年11月，在顺德新一轮综合改革的推进下，容桂街道以"简政强镇"事权改革试点为契机，实现了基层政府行为从"经营性行为"向"服务性行为"的转变。某种意义上，容桂街道的改革探索为基层政府从"经营型政府"向"服务型政府"转变提供了一种路径。改革开放以后，广东省珠江三角洲地区一些乡镇凭借政府主导的市场经济与外部要素主导的外向型经济实现了经济的快速发展。然而，随着经济水平的持续发展，其发展背后面临的深层次问题已经不断凸显并制约着经济社会的进一步发展。在这个意义上，容桂街道改革经验也为珠江三角洲地区其他发达地区乡镇/街道实现基层政府行为转变具有一定的启发性。值得注意的是，基层政府的"服务性行为"转向并不是祛除基层政府的"经营性行为"，而是要实现基层政府的"经营性行为"与"服务性行为"协调发展，促进地区和谐发展。

20世纪80年代以来，国内政治学、社会学学者开始应用"国家政权建设理论"来解释基层社会变迁的过程，主要关注国家权力向基层社会渗透的过程与特征。基层政府的行为特性是影响国家政权建设的效果的关键变量。然而，改革开放以来，基层政府成为经营主体与政治主体的混合型政权组织。基层政府凭借其公家身份控制着社会资源，从事经营活动。[①] 然而，这些经营活动并不是为了社区群众谋福利为目的，不再将自己应该担负的行政管理事务和为基层社会提供公共服务看作自己的主业，而以获取更多的资源，控制更多的资源为目的，基层政府逐渐演变为具有

---

① 张静：《基层政府：乡村制度诸问题》，上海人民出版社2007年版。

自主利益的行动主体,扮演着"谋利型政权经营者"。① 我们看到基层政府的行为转变远远未达到国家政权建设的预期目标,而是在某种程度上造成了国家政权与基层社会之间的"紧张关系",基层政府日益离间了国家与社会之间的关系,导致基层政府行为陷入了困境之中。

2006年,中央政府在全国范围内推出农村税费改革,其目的一方面是减轻农民负担、增加农民收入;另一方面是促进基层政府职能转变,有效地为基层民众提供公共服务,实现基层政府从"管制型政权"、"经营型政府"向"服务型政府"转变。然而,由于政策自身的缺陷,农村税费改革并没有有效地根治基层政府的管制性行为、经营性行为。马宝成研究发现,农村税费改革对基层政府行为带来一系列负面效应,如基层政府的财力下降、公共服务能力弱化等。② 相关研究③表明,基层政府并没有实现向"服务型政府"转变,而是成为"悬浮型政权"、"维控型政权"等。

如何实现基层政府从"经营型政府"向"服务型政府"转变是理论工作者和改革实践者普遍关注的重要话题。而本书所呈现的容桂街道改革的探索在一定程度上为基层政府从"经营型政府"向"服务型政府"转变提供了一种改革路径,其改革探索的实践路径值得学界和政府相关部门给予必要的关注。

二 实践限度

虽说容桂街道的改革在一定程度上探索了基层政府从"经营型政府"向"服务型政府"转变的线路,但这一改革自身也具有一定的局限性。一方面,容桂街道改革探索属于"治理创新"层面的改革,而不具有鲜明的"政权改革"层面的改革意涵。因而,这一改革具有一定的局限;另一方面,在某种意义上,这一改革受到的结构性因素制约突出。在压力性行政体制下,基层政府转向服务性行为具有一定的限度。

---

① 杨善华、苏红:《从"代理型政权经营者"到"谋利型政权经营者"——向市场经济转型背景下的基层政府》,《社会学研究》2002年第1期。

② 马宝成:《农村税费改革对基层政府行为的影响》,《山东社会科学》2004年第1期。

③ 李芝兰、吴理财:《"倒逼"还是"反倒逼"——农村税费改革前后中央与地方之间的互动》,《社会学研究》2005年第4期;周飞舟:《从汲取型政权到"悬浮型"政权——税费改革对国家与农民关系之影响》,《社会学研究》2006年第3期。

(一) 这一改革更多地体现在治理创新层面而不是真正意义上的政权改革

通过对改革实践的观察，我们发现这一改革既涉及党政内部组织机构的变革，又涉及党政组织机构外部治理结构的变化，其在一定程度上可以界定为综合性改革。但这一改革仍然属于治理层面的改革，并没有真正意义上的政权改革意涵。虽说这次改革既涉及党政组织机构的变革，又涉及政府、社会及市场关系的理顺与调整，但党政、社会及市场之间关系调整的格局具有一定的不均衡性。在整个改革中，党委和政府始终处于绝对的主导地位。如果说这一改革实现了政府与社会多元协同治理的新格局，那么这一新的治理格局实质上是党委执掌政权、政府主导治理的前提下的多元协同共治。所以，这一改革可以界定为有限的治理层面的改革。在党政主导下，这种地方治理格局的创新既使得政府与社会组织之间的协同具有非对称性，也使得政府与社会组织的合作呈现出不平等性。

从国家政权建设的中国经验来看，国家政权建设的目的是通过基层政府的承接作用，实现国家政权对基层社会的整合，最终实现基层民众对国家的认同。虽说容桂街道改革属于治理层面的改革，不具有政权改革的意涵，没有触动基层政府的本质和内核，但是基层政府的治理结构和治理机制则出现了新变化，其改革的意图已经朝向"服务型政府"的方向迈进，同样对加强国家政权建设具有重要意义。因而，这一改革同样值得肯定。

(二) 这一改革面临着结构性因素的约束进而削弱改革的成效

虽说容桂街道具有改革的主动性，在改革的过程中，始终把提升公共服务、创新治理结构等方面作为改革的核心，并取得了一定的成绩。但是这一改革自身也面临着难以摆脱的结构性因素的约束。因而，这一改革具有一定的限度。虽说中央政府已经出台了相关文件，如《中央机构编制委员会办公室关于深化乡镇机构改革的指导意见》、《关于开展经济发达镇行政管理体制改革试点工作的通知》，《中共广东省委办公厅广东省人民政府办公厅关于富县强镇事权改革的指导意见》等，基层政府改革已经得到广东省政府甚至中央政府的支持与指导，但在改革的具体实施过程中，仍与政策文本存在一定的距离。

由于历史的惯性，现行的行政体制具有一定的集权色彩，上级政府下达的行政命令，基层政府必须无条件地执行，而缺乏依据地区发展实际情况进行讨价还价的余地。在容桂街道"简政强镇"事权改革过程中，简政放权的本意是促进基层政府行为的转变。然而，在改革实践的过程中，压力型行政体制给基层政府改革提出了新的挑战。随着放权改革的持续推进，在街道办与社区（村）之间，上级政府下达给街道办的越来越多各类行政任务的同时，街道办与社区（村）之间也存在着这种配合关系，这就导致了社区（村）的各类行政任务也在不断地增多。一些社区干部抱怨："改革并没有把我们从考核中摆脱出来，而是又把我们推进深渊"、"改革以后，虽说上面（上级政府）的权力下放了，给我们带来了些好处，但是行政任务越来越多……"[①] 与权力下放相伴随的便是各类社会事务的下放，与之前相比，社区（村）行政服务中心成立后政府下派的工作任务逐渐增多。在我们调查的9个社区（村）中，大部分社区（村）干部抱怨改革后社区（村）的各类社会事务在逐渐增多。一些社区（村）干部普遍感觉任务繁重，且很多与基层民众无关。基层治理中"上面千条线、下面一根针"的困境并没有被打破。

基层政府是国家政权体系的基层组织，其主要任务是负责辖区内经济社会发展、相关的公共事务及为民众与企业提供优质的公共服务。然而，在压力型行政体制下，上级政权源源不断地将与基层政府职能无关的行政任务纳入到政府职能的范围内，致使其成为难以彻底转变为服务型政府。实践证明，如果不革除现行的压力型行政体制，则很难实现真正意义上"服务型基层政府"。这就要求高层政府切实抛弃阻碍基层政府转型所遭遇的深层次结构性障碍。只有消除这些结构性障碍才能从本质上为基层政府改革铺平道路，推动改革继续前行，否则只能陷入改革的怪圈之中。

虽然因改革的实践过程与结构性因素的制约，容桂街道"简政强镇"事权改革具有一定的限度，改革过程中存在一系列问题。但容桂街道的改革探索确实是中国地方治理创新中一个值得关注的典型案例。因此，这一改革的实践值得我们给予充分肯定，其改革的经验值得我们去关注、去总结。

---

① 对容桂街道办干事C的访谈，2013年5月5日。

结束语

服务性整合：国家政权整合基层社会的一种路径

国家政权建设是统治者创设一系列制度、规则和机构把分散的、多中心的、割据的社会通过权威贵族组织起来，实现国家的统一，从而建立起国家与社会的直接联系的转变过程，其基本目标是建立一个合理化的，能够对社会有效动员和监控的政权体系。从近代以来中国经验来看，国家政权建设涉及国家政权如何通过有效的手段实现对基层社会的整合，实现国家权力渗透到基层社会，从而增强国家政权的合法性。这在一定程度上表明国家政权建设是一个国家政权自上而下渗透和自下而上整合的双向建设过程。国家政权整合基层社会具有多种面向，每面向都具有一个国家政权建设的实践主题。一般而言，国家整合（国家政权建设）是"通过国家的经济、政治、文化等力量将国家内部的各个部分和要素结合为一个有机的整体"。为此，笔者认为，国家政权通过三个面向（经济层面、政治层面、文化层面）实现对基层社会的整合。

第一个层面是经济层面的整合。国家政权通过安插征税部门（工作人员）汲取税收资源来支撑中国现代化建设，进而实现对基层社会的整合。杜赞奇通过对20世纪上半叶华北农村的研究表明，为了支撑中国国家政权建设，国家不断地加大税收汲取力度，从而迫使村庄的"保护型经纪人"蜕变为"赢利型经纪人"，导致"国家政权建设内卷化"的后果，最终导致20世纪前半叶中国政权向基层社会渗透和国家政权现代化建设努力的失败。[1] 黄冬娅通过对1949年以来广州工商所案例的研究发现，统治者力图延伸其社会控制的触角推动了国家社会控制能力和代理人监控能力的发展，从而推动国家基础权力的发展。[2]

---

[1] ［美］杜赞奇：《文化、权力与国家》，王福明译，江苏人民出版社2008年版。
[2] 黄冬娅：《转变中的工商所——1949年后国家基础权力的演变及其逻辑》，中央编译出版社2009年版。

第二个面向是政治层面的整合。国家通过政权、政党、社会组织等将散落在基层社会的群体或个人整合到国家政权体系中,与此同时又将国家权力通过各类政治组织和社会组织的中介作用渗透到基层社会,实现国家政权与基层社会的双向整合。徐勇认为,传统社会国家政权对基层社会的整合和渗透能力较低,国家政权与基层社会属于油与水的关系,国家治理是"无根的统治"。① 新中国成立以来,国家通过"政权下乡"、"政党下乡"等方式有效地将国家权力渗透到基层社会,通过中国共产党的组织和动员能力实现对基层社会的有效整合,使国家政权在乡土社会扎根。② 杨翠萍通过对农村妇女组织渗透乡村社会过程的分析认为,农村妇女组织在国家政权建设过程主要以国家的政治需要为主,具有浓厚的国家架构色彩。③ 同样,石发勇通过上海志愿者法律服务组织的研究发现,志愿者组织通过普法活动将法律知识传递到基层社会,促进了新规则的确定和地方政治秩序的形成,从而推进国家政权建设。④

第三个层面是文化层面的整合。一般而言,国家政权整合基层社会主要通过政权组织、政党、政治权力及社会组织等来实现。但在深层意义上,意识形态、政策法律、政治话语等同样对国家建构具有重要影响。李海金通过土地改革时期农村政治身份对国家政权建设的影响认为,中国共产党和国家依据生产关系对农民给予其差异性的政治、经济待遇,建构起一套新型的身份识别系统。这种"身份符号"影响国家政权与基层农民之间的关系,并改革国家政权对基层社会的整合机制。⑤ 随着现代媒体的发展,媒体在国家政权建设过程中的作用日益突出。费爱华通过电视下乡对国家政权建设的影响分析认为,电视下乡有效地提升了农民的自主意

---

① 徐勇:《"政党下乡":现代国家对乡土社会的整合》,《学术月刊》2007年第8期。
② 徐勇:《"政权下乡":现代国家对乡土社会的整合——农村基层政府行为的国家视角》,《贵州社会科学》2007年第11期;徐勇:《"行政下乡":动员、任务与命令——现代国家向乡土社会渗透的行政机制》,《华中师范大学学报》(人文社会科学版)2007年第5期
③ 杨翠萍:《组织下乡:现代国家中的妇女组织建构——以华北黄县的史料分析与实证调查为例》,《妇女研究论丛》2009年第1期。
④ 石发勇:《法律、志愿服务组织与国家政权建设——以上海志愿者法律服务组织为例》,《社会主义研究》2011年第4期。
⑤ 李海金:《"符号下乡":国家整合中的身份建构——侧重于土地改革时期的分析》,《贵州社会科学》2007年第11期。

识，建立了政策直达机制，提升了国家在广大乡村民众中的权威地位。①某种意义上，文化整合具有政治整合不具备的恒力和耐力，它能够更加深入地影响到社会个体的心灵世界和意识深处。

根据以上三个层面总结可以看出，国家整合基层社会具有不同的面向，而不同的面向又具有不同的国家建构故事，得出不同的国家政权建设类型，如税收国家、财政国家、公民国家等不同的国家政权建设面向。而本书的研究主要关注国家政权建设的第二个面向，关注的焦点是基层政府特质如何影响国家政权建设。一般来说，基层政府在国家政权建设过程中扮演着"钟摆"角色，能否摆正基层政府的定位很大程度上决定着国家政权建设的效果。

晚清以前，中国地方行政实践广泛采取"简约治理模式"和"士绅治理模式"来实现国家权力对基层社会的渗透和整合，乡绅、族长等精英群体在基层社会的乡村治理和社会管理中充当重要角色，国家政权并没有有效地将基层社会整合到国家政权体系中，也没有形成基层民众对国家的认同。近代以来，在西方列强驱动下的中国现代化建设的背景下，国家政权被迫渐渐地渗透到基层社会。然而，在国家政权渗透基层社会的过程中，传统的权力文化网络遭到破坏，地方精英逐渐变成具有掠夺性的"赢利型经纪人"。他们不仅没有实现对基层社会的有效治理，反而借助国家的公共权力来关注个人利益的得与失，从而导致国家政权的"内卷化"。

新中国成立以后，封建社会的地主阶级、家族势力遭遇重创，国家政权通过"政权下乡"策略将散落于基层社会的权力集中到国家中，同时又将国家权力通过人民公社渗透到基层社会，实现对基层社会的改造和组织。同时，通过"政党下乡"的方式，国家政权实现对农民的组织和动员，把传统的乡绅社会改造成为现代政党领导和组织下的政治社会。正是在"政权下乡"和"政党下乡"的背景下，基层政府主要扮演着链接国家政权与基层社会的关键纽带。一般而言，国家政权通过基层政府将国家政策和国家权力传递到基层社会，实现对基层社会的有效渗透和有利整合。

改革开放以来，在经济发展主义主导下，基层政府主要通过"经营

---

① 费爱华：《"电视下乡"：新时期国家整合乡村社会的逻辑》，《学海》2012 年第 5 期。

企业"、"经营土地"、"经营城市"等策略来发展经济。某种意义上，基层政府"经营企业"、"经营土地"等行为并不是以为基层民众的牟取利益为目的，也不是以为基层民众提供优质的公共服务为首业，而是以攫取更多的利益和资源为目的，沦为"谋利型政权"。由于基层政府发展经济的行为是以损害基层民众的利益为代价的，最终导致基层政府与基层民众之间的紧张关系。为了转变基层政府的经营性行为，中央政府试图通过农村税费改革倒逼乡镇政府对自身进行改革，促使乡镇政府转变职能，进而为农村提供基本的公共服务。然而，这一改革缺乏全局性考虑，农村税费改革并没有实现预期目标。由于基层政府自身财政严重不足、基层政府自身治理能力的弱化，农村税费改革后的基层政府逐渐成为悬浮于国家与基层民众之间的政权组织，制造了国家与民众之间的中空层，国家与基层民众之间的关系日益松散化。有学者认为重塑中间层是实现乡村善治和理顺国家与民众的重要步骤。那么应该如何营造中间层，营造怎样的中间层，尚需要学界做进一步的推进。总之，如何实现国家权力有效地渗透到基层社会，实现对基层社会的有力整合成为当代中国国家政权建设的重要任务。在一定意义上，基层政府行为在国家政权建设过程中具有决定性意义，是我们思考当代中国国家政权建设的前提。

某种意义上，容桂街道"简政强镇"事权改革下基层政府的再造则为改善国家政权建设提供了一种探索性思路。作为"简政强镇"事权改革试点，容桂街道以"重构党政组织架构"为突破口，在此基础上厘清了政府、社会与市场的关系，打出了一套基层政府改革的"组合拳"。作为一项整体性改革，这一个改革实践主要包括两个步骤：第一步是党政机构内部结构的调整：其涉及完善行政结构、增强行政管理权力配置，优化公共决策机制，提升公共服务职能等；第二步是党政机构外部治理结构的优化：其涉及政府放权、还权于社会，增强社会组织服务能力，激发基层社会的活力等。这一整体性改革在一定意义上是基层政府走出"经营性行为"，实现从"经营性行为"向"服务性行为"转变的一个典型案例。

通过对容桂街道"简政强镇"事权改革实践的观察和总结，本书将使用"服务性整合"的分析性概念来概括容桂街道的改革实践对国家政权建设的影响。"服务性整合"指在上级政府的支持与指导下，在党政机构改革、强化基层政府的社会管理能力的基础上，基层政府通过搭建公共服务网络体系将政府服务与社会服务渗透到基层社会的家庭和个人，缓解了政府与民众之间的紧张关系，建立起政府与民众的合作关系，实现了基层民众对国家政权的认同，改善了国家政权建设的成效。

国家统治的合法性和有效性主要取决于被统治者的认同。传统社会的基层民众对国家政权的认同主要基于抽象的统治者的领袖魅力，而现代国家的认同主要取决于国家政权对民众提供的公共服务水平和质量。一般而言，民众对国家政权的认同和基层政府的认同是并行和互强的，国家政权认同机制是建立在基层政府认同机制的基础上的。从政权的级别来看，中央及省级政权的任务是实现对基层社会的政治统治，而基层政府的主要功能在于为辖区内提供公共服务，它所提供的公共服务内容和质量直接影响民众对政府和国家的感知。基层政府（乡镇政府、街道办事处）是基层民众产生国家感知的重要对象，民众对基层政府的认同在一定程度上可以间接地强化民众对国家政权的认同。基层政府把公共服务传递给基层民众，从而有效地建立起基层民众对国家政权的认同机制。某种意义上，以公共服务来强化民众对国家政权认同成为国家政权建设的重要路径。

通过对"简政强镇"事权改革实践的观察与分析，容桂街道逐步建成了服务性网络结构。通过这种服务性网络结构，容桂街道把政府提供的公共服务渗透到民众的生产和生活当中来影响基层民众的行为方式，让基层民众感受到政府的亲民性，提升了基层民众对国家（政府）的认同，这种服务性网络结构可以让基层民众时刻感知到"国家的在场"。并在一定程度上有利于国家权力渗透到基层社会，进而实现对基层社会的整合。总之，随着经济社会快速发展，国家政权对基层社会的整合愈来愈依靠基层政府向基层民众提供公共服务，通过提供公共服务建构国家权威，使国家成为社会不可或缺的"有用者"，而不是社会的"赘生物"。容桂街道在党政内部机构变革的基础上，通过搭建"两级公共服务体系"与大力培育和发展社会工作制度，搭建起多元服务主体供给机制，有效地将民众需要的政府服务和社会服务渗透到基层社会中的家庭和个人，进一步强化国家政权对基层社会的整合力度，也能够将政府力量渗透到基层社会，培养民众对政府的认同机制。

参考文献

一 著作类

［美］艾尔·巴比：《社会研究方法》，华夏出版社2000年版。

巴泽尔：《产权经济分析》，费方域等译，上海人民出版社1997年版。

［美］彼得·埃文斯、迪特里希·鲁施迈耶、西达·斯考克波编著：《找回国家》，方力维、莫宜端、黄琪轩等译，三联书店2009年版。

［美］布迪厄、华康德：《实践与反思》，中央编译出版社1998年版。

［美］查尔斯·蒂利：《强制、资本和欧洲国家》，魏洪钟译，上海人民出版社2007年版。

邓正来：《国家与社会——中国市民社会研究》，北京大学出版社2008年版。

董海军：《塘镇：基层社会的利益博弈与协调》，社会科学文献出版社2008年版。

［美］杜赞奇：《从民族国家拯救历史——民族主义话语与中国现代史研究》，王宪明等译，社会科学文献出版社2003年版。

［美］杜赞奇：《文化、权力与国家》，王福明译，江苏人民出版社2008年版。

费孝通：《中国绅士》，中国社会科学出版社2006年版。

［美］弗朗西斯·福山：《国家建构——21世纪的国家治理与世界秩序》，黄胜强、许铭原译，中国社会科学出版社2007年版。

［美］弗里曼、毕克威、赛尔登：《中国乡村，社会主义国家》，社会科学文献出版社2002年版。

［美］格尔茨：《文化的解释》，译林出版社1999年版。

郭圣莉：《城市社会重构与国家政权建设——建国初期上海国家政权

建设分析》，天津人民出版社 2006 年版。

［美］亨廷顿：《第三波：20 世纪末民主化浪潮》，刘军宁译，上海三联书店 1998 年版。

侯伊莎：《激活和谐社会的细胞——"盐田模式"制度研究》，中央编译出版社 2007 年版。

黄冬娅：《转变中的工商所——1949 年后国家基础权力的演变及其逻辑》，中央编译出版社 2009 年版。

黄卫平、陈家喜：《中国乡镇选举改革研究》，人民出版社 2009 年版。

黄卫平、邹树彬：《乡镇长选举方式改革：案例研究》，社会科学文献出版社 2003 年版。

黄玉：《乡村中国变迁中的地方政府与市场经济》，中山大学出版社 2009 年版。

［美］黄宗智：《长江三角洲小农家庭与乡村发展》，中华书局 1992 年版。

［美］黄宗智：《华北的小农经济与社会变迁》，中华书局 2000 年版。

［美］黄宗智：《集权的简约治理：中国以准官员和纠纷解决为主的半正式基层行政》，载《经验与理论：中国社会、经济与法律的实践历史研究》，中国人民大学出版社 2007 年版。

瞿同祖：《清代地方政府》（修订版本），晏锋、何鹏、范忠信译，法律出版社 2011 年版。

李昌平：《我向总理说实话》，光明日报出版社 2002 年版。

［美］李怀印：《华北村治——晚清和民国时期的国家与乡村》，中华书局 2008 年版。

李守经等主编：《中国农村基层社会组织体系研究》，中国农业出版社 1994 年版。

李学举等：《中国乡镇政权的现状与改革》，中国社会出版社 1994 年版。

林德荣：《可怕的顺德——一个县域的中国价值》，机械工业出版社 2009 年版。

林德荣：《中国千亿大镇》，广东人民出版社 2010 年版。

林尚立等：《改革开放 30 年：政治建设与国家成长》，中国大百科全书出版社 2008 年版。

［美］罗伯特·K. 殷：《案例研究：设计与方法》，周海涛主译，李永贤、张蘅参译，重庆大学出版社 2004 年第 3 版。

［美］罗伯特·帕特南：《使民主运转起来：现代意大利的公民传统》，江西人民出版社 2001 年版。

［美］迈克尔·曼：《社会权力的来源》（第一卷），刘北成、李少军译，上海人民出版社 2007 年版。

欧阳静：《策略主义——橘镇的运作逻辑》，中国政法大学出版社 2011 年版。

乔尔·S. 米格代尔：《强社会与弱国家——第三世界的国家社会关系及国家能力》，江苏人民出版社 2012 年版。

荣敬本等：《从压力型体制向民主合作制的转变——县乡两级政治体制改革》，中央编译出版社 1998 年版。

孙立平：《转型与断裂——改革以来中国社会结构的变迁》，清华大学出版社 2004 年版。

孙中山：《三民主义》，岳麓书社 2000 年版。

托克维尔：《论美国的民主》，商务印书馆 2011 年版。

王国斌：《转变的中国：历史变迁与欧洲经验的局限》，江苏人民出版社 2005 年版。

王铭铭、王斯福主编：《乡土社会的秩序、公正与权威》，中国政法大学出版社 1997 年版。

王绍光：《分权的底线》，中国计划出版社 2007 年版。

王先明：《近代绅士》，天津人民出版社 1997 年版。

温铁军：《中国农村基本经济制度研究》，中国经济出版社 2000 年版。

吴理财：《改革与重建——中国乡镇制度研究》，高等教育出版社 2010 年版。

吴毅：《村治变迁中的权威与秩序——20 世纪川东双村的表达》，中国社会科学出版社 2002 年版。

吴毅：《小镇喧嚣：一个乡镇政治运作的演绎与阐释》，三联书店 2007 年版。

［美］西达·斯考切波：《国家与社会革命：对法国、俄国和中国的

比较分析》，上海人民出版社 2007 年版。

肖滨等：《为中国政治转型探路——广东政治发展 30 年》，广东人民出版社 2008 年版。

徐建牛：《基层政府行为演进的制度逻辑》，上海三联书店 2012 年版。

徐南铁：《大道苍茫——顺德产权改革解读报告》，广东人民出版社 2002 年版。

徐勇、邓大才：《政治学研究：从殿堂到田野——实证研究进入中国政治学研究的历程》，载《中国人文社会科学三十年：问题与回顾》，复旦大学出版社 2008 年版。

应星：《大河移民上访的故事》，三联书店 2001 年版。

于建嵘：《岳村政治——转型期中国乡村政治结构的变迁》，商务印书馆 2001 年版。

于水：《乡村治理与农村公共产品供给》，社会科学文献出版社 2008 年版。

禹规娥等：《探路——中国首部记载镇街社会管理创新图书》，南方日报出版社 2011 年版。

张厚安等编著：《中国乡镇政权建设》，四川人民出版社 1992 年版。

张静：《基层政府：乡村制度诸问题》，上海人民出版社 2007 年版。

张静：《现代公共规则与乡村社会》，上海书店出版社 2006 年版。

张乐天：《告别理想：人民公社制度研究》，上海人民出版社 2005 年版。

［美］张仲礼：《中国绅士研究》，上海人民出版社 2006 年版。

张仲礼：《中国绅士——关于其在 19 世纪中国社会中作用的研究》，李荣昌译，上海社会科学院出版社 1991 年版。

招汝基：《顺德县志》，中华书局 1996 年版。

招汝基等：《先行者的 30 年——追寻中国改革的顺德足迹》，新华出版社 2008 年版。

赵树凯：《乡镇治理与政府制度化》，商务印书馆 2011 年版。

中共中央文献研究室编：《毛泽东农村调查文集》，人民出版社 1982 年版。

周黎安：《转型中的地方政府：官员激励与治理》，上海人民出版社

2008年版。

朱健刚：《行动的力量——民间志愿组织实践逻辑研究》，商务印书馆2012年版。

邹谠：《二十世纪中国政治——从宏观历史与微观行动角度》，牛津大学出版社1994年版。

二 论文类

艾云：《上下级政府间"考核检查"与"应对"过程的组织学分析——以A县"计划生育"年终考核为例》，《社会》2011年第3期。

曹正汉：《中国上下分治的治理体制及其稳定机制》，《社会学研究》2011年第1期。

常健、郭薇：《"人走政息"现象剖析》，《人民论坛》2013年第3期。

陈锋：《论基层政府的"嵌入式治理"——基于鲁中东村的实地调研》，《青年研究》2011年第1期。

陈华栋、顾建光、蒋颖：《建国以来我国乡镇政府机构沿革及角色演变研究》，《社会科学战线》2007年第2期。

陈家喜、汪永成：《政绩驱动：地方政府创新的动力分析》，《政治学研究》2013年第4期。

陈抗、Arye L. Hillman、顾清扬：《财政集权与地方政府行为变化——从援助之手到攫取之手》，《经济学》（季刊）2002年第4期。

陈剩勇、张丙宣：《强镇扩权：浙江省近年来小城镇政府管理体制改革的实践》，《浙江学刊》2007年第6期。

陈伟东：《城市基层社会管理体制变迁：单位管理模式转向社区治理模式——武汉市江汉区社区建设目标模式、制度创新及可行性研究》，《理论月刊》2000年第12期。

陈雪莲、杨雪冬：《地方政府创新的驱动模式——地方政府干部视角的考察》，《公共管理学报》2009年第3期。

陈益元：《建国以来农村基层政府行为研究述评》，《文史博览》2007年第9期。

邓大才：《概念建构与概念化：知识再生产的基础——以中国农村研究为考察对象》，《社会科学研究》2011年第4期。

邓燕华、阮横府：《农村银色力量何以可能？——以浙江老年协会为例》，《社会学研究》2008 年第 6 期。

狄金华：《通过运动进行治理：乡镇基层政府的治理策略——对中国中部地区麦乡"植树造林"中心工作的个案研究》，《社会》2010 年第 3 期。

董磊明：《强大的常规性权力何以必要——论村庄政治中的基层组织体系》，《人民论坛·学术前沿》2012 年第 10 期。

费爱华：《"电视下乡"：新时期国家整合乡村社会的逻辑》，《学海》2012 年第 5 期。

冯猛：《后农业税费时代乡镇政府的项目包装行为 以东北特拉河镇为例》，《社会》2009 年第 4 期。

甘满堂：《乡村草根组织与社区公共生活——以福建乡村老年协会为考察中心》，《福建行政学院学报》2008 年第 1 期。

桂勇、崔之余：《行政化进程中的城市居委会体制变迁——对上海的个案研究》，《华中理工大学学报》（社会科学版）2000 年第 3 期。

郝娜：《政治学语境中的"国家政权建设"——一个关于理论限度的检视》，《中共浙江省委党校学报》2010 年第 3 期。

何增科：《地方政府创新：从政绩合法性走向政治合法性》，《中国改革》2007 年第 6 期。

何增科：《政治合法性与中国地方政府创新：一项初步的经验性研究》，《云南行政学院学报》2007 年第 2 期。

贺雪峰：《农村乡镇建制：存废之间的思考》，《中国行政管理》2003 年第 6 期。

胡荣：《农民上访与政治信任的流失》，《社会学研究》2007 年第 3 期。

黄冬娅：《比较政治学视野中的国家基础权力发展及其逻辑》，载肖滨主编《中大政治学评论》（第三辑），中央编译出版社 2008 年版。

黄俊辉、李放：《政府购买服务的逻辑与挑战——南京市鼓楼区居家养老服务网的案例研究》，《中共南京市委党校学报》2013 年第 1 期。

黄宗智：《集权的简约治理：中国以准官员和纠纷解决为主的半正式基层行政》，《开放时代》2008 年第 2 期。

黄宗智：《认识中国——走向实践出发的社会科学》，《中国社会科学》2005 年第 1 期。

简·奥伊：《当代中国的国家与农民》，《国外社会学》1996 年第 5—6 期。

金山爱：《基层干部的政治激励机制——中国地方政府发展经济的动力》，《深圳大学学报》2001 年第 6 期。

金太军：《推进乡镇机构改革的对策研究》，《中国行政管理》2004 年第 10 期。

金自宁：《公共空间与政治自由的实践——解读阿伦特积极自由观》，《比较法研究》2009 年第 1 期。

李本立：《二十年代容奇经济概况》，《顺德文史》1983 年第 2 期。

李海金：《"符号下乡"：国家整合中的身份建构——侧重于土地改革时期的分析》，《贵州社会科学》2007 年第 11 期。

李慷：《关于上海市探索政府购买服务的调查与思考》，《中国民政》2001 年第 6 期。

李芝兰、吴理财：《"倒逼"还是"反倒逼"——农村税费改革前后中央与地方之间的互动》，《社会学研究》2005 年第 4 期。

刘承礼：《中国式财政分权的政治基础及其在中央政府层面的表现》，《天津社会科学》2012 年第 2 期。

刘金志、申端锋：《乡村政治研究评述：回顾与前瞻》，《开放时代》2009 年第 10 期。

刘智勇：《柔性组织网络建构：基于政府、企业、NPO、市民之间参与与合作的公共服务供给机制创新研究》，《公共管理研究》（集刊），格致出版社 2008 年版。

娄缤元：《善治之道：草根社会组织参与下的社区治理》，《理论界》2012 年第 12 期。

卢晖临、李雪：《如何走出个案——从个案研究到扩展个案研究》，《中国社会科学》2007 年第 1 期。

路平：《一把打开发展难题的钥匙——顺德市桂洲镇的产权改革及其连锁效应》，《广东经济》1995 年第 12 期。

吕德文：《治理钉子户——基层治理中的权力与技术》，博士学位论文，华中科技大学，2009 年。

罗兴佐：《"第三种力量"》，《浙江学刊》2002 年第 2 期。

马宝成：《农村税费改革对基层政府行为的影响》，《山东社会科学》2004年第1期。

马骏：《中国公共行政学研究的反思：面对问题的勇气》，《中山大学学报》2006年第3期。

马晓河、武翔宇：《中国农村乡镇机构改革研究》，《农业经济问题》2006年第2期。

欧阳静：《运作于压力型科层制与乡土社会之间的乡镇政权——以橘镇为研究对象》，《社会》2009年第5期。

潘维：《质疑"镇行政体制改革"——关于乡村中国的两种思路》，《开放时代》2004年第2期。

丘海雄、徐建牛：《市场转型过程中地方政府角色研究述评》，《社会学研究》2004年第4期。

邱泽奇：《乡镇企业改制与地方威权主义的终结》，《社会学研究》1999年第3期。

渠敬东、周飞舟、应星：《从总体性支配到技术治理——基于中国30年改革经验的社会学分析》，《中国社会科学》2009年第6期。

饶静：《乡镇机构改革的双重视角分析》，《农业经济问题》2006年第9期。

饶静、叶敬忠：《税费改革背景下乡镇政权的"政权依附者"角色和行为分析》，《中国农村观察》2007年第4期。

饶静、叶敬忠：《我国基层政府角色和行为的社会学研究综述》，《社会》2007年第3期。

沈立人、戴园晨：《我国"诸侯经济"的形成及其弊端和根源》，《经济研究》1990年第3期。

沈延生：《乡政的兴衰与重建》，《战略与管理》2002年第6期。

沈延生、张守礼：《自治抑或行政：中国乡治的回顾与展望》，《中国农村研究》（2002年卷），中国社会科学出版社2003年版。

石发勇：《法律志愿服务组织与国家政权建设——以上海志愿者法律服务组织为例》，《社会主义研究》2011年第4期。

孙立平、郭于华：《软硬兼施：正式权力非正式运作的过程分析——华北B镇收粮的个案研究》，载《清华社会学评论》特辑，鹭江出版社2000年版。

孙立平、王汉生、王思斌、林彬、杨善华：《改革以来中国社会结构的变迁》，《中国社会科学》1994年第2期。

唐文玉：《行政吸纳服务——中国大陆国家与社会关系的一种新诠释》，《公共管理学报》2010年第1期。

陶然、刘明兴、章奇：《农民负担、政府管制与财政体制改革》，《经济研究》2003年第4期。

托尼·赛奇：《盲人摸象：中国地方政府分析》，《经济社会体制比较》2006年第4期。

王富伟：《个案研究的意义及限度——基于知识的增长》，《社会学研究》2012年第5期。

王汉生、王一鸽：《目标管理责任制：农村基层政府的实践逻辑》，《社会学研究》2009年第2期。

王华华、陈国治：《我国城市化中土地征收引发的群体性事件防控研究》，《求实》2011年第10期。

王宁：《代表性还是典型性？——个案的属性与个案研究方法的逻辑基础》，《社会学研究》2005年第1期。

吴理财：《国家整合转型视角下的乡镇改革——以安徽省为例》，《社会主义研究》2006年第5期。

吴理财：《我国乡镇政府改革的困境与出路——翻烧饼：谷城县乡镇改革述评》，《武汉大学学报》（哲学社会科学版）2007年第3期。

吴理财：《乡镇机构改革：可否跳出精简—膨胀的怪圈》，《贵州师范大学学报》（社会科学版）2006年第6期。

吴理财：《中国大陆乡镇政府何去何从》，《二十一世纪》（香港）2003年第4期。

吴淼：《基于社会资本的农村公共产品供给效率》，《中国行政管理》2007年第10期。

吴毅：《治道的变革——也谈中国乡村社会的政权建设》，《探索与争鸣》2008年第9期。

吴振兴：《近代珠江三角洲机器缫丝业的发展及其对社会经济的影响》，《广东社会科学》1991年第5期。

肖滨：《演变中的广东模式：一个分析框架》，《公共行政评论》2011年第6期。

肖滨、郭明:《以"治权改革"创新地方治理模式——2009年以来顺德综合改革的理论分析》,《公共行政评论》2013年第4期。

谢立中:《结构—制度分析,还是过程—事件分析?——从多元话语分析的视角看》,《中国农业大学学报》2007年第4期。

徐勇:《"服务下乡":国家对乡村社会的服务性渗透——兼论乡镇体制改革的走向》《东南学术》2009年第1期。

徐勇:《"回归国家"与现代国家的建构》,《东南学术》2006年第4期。

徐勇:《"行政下乡":动员、任务与命令——现代国家向乡土社会渗透的行政机制》,《华中师范大学学报》(人文社会科学版)2007年第5期。

徐勇:《"政党下乡":现代国家对乡土社会的整合》,《学术月刊》2007年第8期。

徐勇:《"政权下乡":现代国家对乡土社会的整合——农村基层政府行为的国家视角》,《贵州社会科学》2007年第11期。

徐勇:《当前中国农村研究方法论问题的反思》,《河北学刊》2006年第2期。

徐勇:《国家整合与社会主义新农村建设》,《社会主义研究》2006年第1期。

徐勇:《论城市社区建设中的社区居民自治》,《华中师范大学学报》(人文社会科学版)2001年第3期。

徐勇:《县政、乡派、村治:乡村治理的结构性转换》,《江苏社会科学》2002年第2期。

徐勇:《乡村治理结构改革的走向——强村、精乡、简县》,《战略与管理》2003年第4期。

徐勇、黄辉祥:《目标责任制:行政主控型的乡村治理及绩效——以河南L乡为个案》,《学海》2002年第1期。

徐勇、慕良泽:《田野与政治:实证方法的引入与研究范式的创新——徐勇教授访谈》,《学术月刊》2009年第5期。

颜海林、张秀:《论有限政府的基本转变》,《湖南大学学报》(社会科学版)2010年第1期。

杨爱平、余雁鸿:《选择性应付:社区居委会行动逻辑的组织分析——以 G 市 L 社区为例》,《社会学研究》2012 年第 4 期。

杨翠萍:《组织下乡:现代国家中的妇女组织建构——以华北黄县的史料分析与实证调查为例》,《妇女研究论丛》2009 年第 1 期。

杨善华、宋倩:《税费改革后中西部地区乡镇政权自主空间的营造——以河北 Y 县为例》,《社会》2008 年第 4 期。

杨善华、苏红:《从"代理型政权经营者"到"谋利型政权经营者"——向市场经济转型背景下的乡镇政权》,《社会学研究》2002 年第 1 期。

杨雪冬:《过去 10 年的中国地方政府改革——基于中国地方政府创新奖的评价》,《公共管理学报》2011 年第 1 期。

杨雪冬:《简论中国地方政府创新研究的十个问题》,《公共管理学报》2008 年第 1 期。

叶贵仁、钱蕾:《"选择式强镇":顺德简政强镇改革路径研究》,《公共行政评论》2013 年第 4 期。

叶麒麟、郑庆基:《论乡镇政府在征地中的角色定位——从乡镇政府行政行为的逻辑谈起》,《湖北社会科学》2006 年第 10 期。

于建嵘:《从刚性稳定到韧性稳定——关于中国社会秩序的一个分析框架》,《学习与探索》2009 年第 5 期。

于建嵘:《土地问题已成为农民维权抗争的焦点——关于当前我国农村社会形势的一项专题调研》,《调研世界》2005 年第 3 期。

于建嵘:《乡镇自治:根据与路径》,《战略与管理》2002 年第 6 期。

曾永和:《城市政府购买服务与新型政社关系的构建——以上海政府购买民间组织服务的实践与探索为例》,《上海城市管理职业技术学院学报》2008 年第 1 期。

詹成付:《关于深化乡镇体制改革的研究报告》,《开放时代》2004 年第 2 期。

张静:《国家政权建设与乡村自治单位——问题与回顾》,《开放时代》2001 年第 9 期。

张良:《从"汲取式整合"到"服务式整合":乡镇治理体制的转型与建构——基于国家政权建设的视角》,《中共浙江省委党校学报》2010 年第 2 期。

张汝立:《目标、手段与偏差——农村基层政府组织运行困境的一个分析框架》,《中国农村观察》2001年第4期。

张元元、朱卫平:《顺德市企业产权制度改革的启示与思考》,《南方金融》1995年第9期。

赵余德:《土地征用过程中农民、地方政府与国家的关系互动》,《社会学研究》2009年第2期。

折晓叶、陈婴婴:《项目制的分级运作机制和治理逻辑——对"项目进村"案例的社会学分析》,《中国社会科学》2011年第4期。

中共广东省委党史研究室:《顺德产权制度改革引领企业改革新方向》,载《广东经济发展探索录》,广东人民出版社2009年版。

周飞舟:《从汲取型政权到"悬浮型"政权——税费改革对国家与农民关系之影响》,《社会学研究》2006年第3期。

周飞舟:《大兴土木:土地财政与地方政府行为》,《经济社会体制比较》2010年第3期。

周飞舟:《分税制十年:制度及其影响》,《中国社会科学》2006年第6期。

周飞舟:《生财有道:土地开发和转让中的政府和农民》,《社会学研究》2007年第1期。

周文、赵方:《改革的逻辑:从市场体制到市场社会》,《教学与研究》2013年第5期。

周雪光:《"逆向预算软约束":一个政府行为的组织分析》,《中国社会科学》2005年第2期。

周雪光:《基层政府的"共谋现象"——一个政府行为的制度逻辑》,《社会学研究》2008年第6期。

邹谠:《中国廿世纪政治与西方政治学》,《经济社会体制比较》1986年第4期。

三 外文文献

Alasuutari, researching Culture: Qualitative Method and Cultural Studies, Sage Publications, 1995.

Bernstein, Thomas P. &Xiaobo lv, "Taxation without Representation in Contemporary Rural China" Cambridge University Press, 2003.

Clive Seale, The Quality of Qualitative research, Sage Publications,

1999.

David Silverman, Doing Qualitative research: A Practical Handbook, Sage Publications, 2000.

Evans, P., Embedded Autonomy: States and Industrial Transformation. Princeton University Press.

Jin, Hehui., Yingyi Qian, and Berry Weingast, regional Decentralization and FiscalIncentives: Federalism, Chinese Style, Journal of Public Economics2005 (89): 1719-1742.

Lin N. "Local Market Socialism: Local Corporation in Actionin Rural China" Theory and Society, 1995 (3)

Migdal, J. S., Atul, K. & Vivienne, S., State Power and Social Forces: Domination and Transformation in the Third World. Cambridge University Press.

Oi, Jean, "Local State Corporatism" in Jean C. Oi (eds.), Rural China Takes Off: Institutional Foundations of Economic Reform, University of California Press. 1999.

Oi, Jean, "The Evolution of Local State Corporatism" in Andrew Walder (eds.), Zou ping in Transition: The Process of Reform in Rural North China, Harvard University Press. 1998.

Oi, Jean. "Fiscal reform and the Economic Foundation of Local State Corporatism in China". World Politics. 1992 45 (1).

Peng, Yusheng, "Chinese Villages and Townships as Industrial Corporations: Ownership, Governance, and Market Discipline" American Journal of Sociology 106 2001, (5).

Qian, Yingyi., and Chenggang Xu, "Why China's Economic reforms Differ: the M-Form Hierarchy and Entry \ \ Expansion of the Non-State Sector", Economics of Transition 1993 (1): 135-170.

Robert E. Stake, Qualitative Case Studies, In Norman K. Denzin and Yvonna S. Lincoln (eds.), The Sage Handbook of Qualitative research, Sage Publications, 2005.

Sui. Helen F. "Agents and Victims in South China", Yale University, 1989. Andrew J. Nathan, Authoritarian resilience, the Journal of Democracy,

Vol. 14, No. 1.

Susan L. Shirk, "China: Fragile Superpower", Oxford University Press, 2007.

Vivienen Shue, "The reach of the State: Sketches of the Chinese Body Politic", Stanford University Press, 1988.

Walder Andrew G., "Local Goverments as Industrial Firms An Organization Analysis of China's Transitional Economy" American Journal of Sociology 1995.

四 媒体、网络及政府文件

《北漂小伙为办护照返乡 6 次多跑 3000 公里：他们玩弄百姓》（http://news.ifeng.com/mainland/special/banzhengnan/content-5/detail_2013_10/11/30241939_0.shtml）。

范展莹：《勇当改革先锋 顺德披挂上阵》，《顺畅网—珠江商报》。

《佛山市顺德区容桂街道"简政强镇"事权改革试点工作方案》。

《佛山市顺德区容桂总商会章程》（http://www.rongguicc.com/page/about3/index.php）2013-11-14.

《关于深化行政管理体制改革的意见》（2008年2月27日中国共产党第十七届中央委员会第二次全体会议通过）

《关于举办顺德区家族企业接班与传承专题讲座的通知》，《容桂总商会网》（http://www.rongguicc.com/news/html/?256.html）2013-11-14

《关于开展经济发达镇行政管理体制改革试点工作的通知》中央编办发［2010］50号（2010年4月1日）

《关于印发佛山市顺德区党政机构改革方案的通知》（粤机编［2009］21号）。

《关于组团参加广州"转型升级、香港博览"活动》，《容桂总商会网》（http://www.rongguicc.com/news/html/?255.html）2013-11-14.

《广东省委办公厅、省政府办公厅关于简政强镇事权改革的指导意见》（粤办发［2010］17号）。

《互助基金委员会：企业的"内部社保"》，《中国商人》2011年第7期。

《简政强镇 容桂先行》（http：//www.sc168.com/zt/content/2009-11/13/content_122740.htm）。

《进一步厘清政社关系深化社区（村）公共事务管理体制改革试行办法》。

李锦余：《容桂社会组织获得长足发展》（http：//www.sc168.com/tt/content/2013-08/03/content_385867.htm）2013-8-3.

梁维东：《简政放权、协同共治》，2012年9月12日（讲话稿）。

林洪浩等：《政府推动民间运作的政府购买服务模式》《广州日报》2008年7月15日。

林晓格：《创新社会管理 社会组织帮大忙》，《佛山日报》（http：//www.citygf.com/FSNews/FS_002003/FS_002003003/201202/t20120227_3035701.html）2013-11-15.

刘海：《在顺德区容桂街道"简政强镇"事权改革试点工作动员大会上的讲话》（录音整理，2009年11月9日）。

刘嘉麟：《容桂总商会接管2所幼儿园》（http：//news.163.com/13/0822/09/96SEIQU700014AED.html）。

《容桂慈善会2012年度会员大会工作报告》（http：//www.ronggui.gov.cn/data/main.php？id=70235-4260238）。

《容桂13机构挂牌迎接顺德316项权限下放》，《南方日报》2009年12月2日。

《容桂街道公共服务质量督查制度》。

《容桂街道公共决策和事务咨询工作概况》。

《容桂街道公共决策和事务咨询工作总结》。

《容桂街道公共决策和事务咨询委员会暂行规定。》

《容桂街道公共事务服务中心聘用人员管理》。

《容桂街道社会组织培育工作情况》（内部资料）。

《容桂总商会捐800余万善款扶贫助学》《顺德城市网》（http：//www.shundecity.com/a/sdjy/2013/0312/93800.html）2013-11-14.

容桂街道公共决策与事务咨询委员会办公室编：《容桂街道公共决策和事务咨询公报》2013年第1期（2013-03-15）。

容桂街道人民政府网（http：//www.shunde.gov.cn/data/main.php？id=18089-4260031）

容桂鹏星社会工作服务社《社会工作案例汇编》。

顺德区社会工作委员会编制：《顺德综合改革 30 年》（内部资料），2013 年 1 月。

顺德人民政府：《培育社会组织　容桂文体服务打造新格局》（http://www.foshan.gov.cn/zwgk/zwdt/wqzw/sdq/201310/t20131017_4442587.html），2013-10-17.

中共《广东省委、广东省人民政府关于佛山市顺德区开展综合改革试验工作的批复》，粤委［2009］35 号。

附录一

容桂街道"简政强镇"事权改革试点的相关文件材料

佛山市顺德区容桂街道"简政强镇"事权改革试点工作方案的通知

根据《中共广东省委 广东省人民政府关于佛山市顺德区开展综合改革试验工作的批复》(粤委〔2009〕35号)要求,结合容桂实际,制定本方案。

一 指导思想

深入贯彻落实科学发展观,以转变政府职能关系为核心,理顺关系,简政放权,创新运作机制,下移工作重心,实现体制机制适应和促进经济社会发展,建设宜商宜居、科学发展的新容桂,为全省深化镇级行政管理体制改革、建设服务型政府探索经验和提供示范。

二 主要任务

(一)理顺责权关系,简政放权按照"宏观决策权上移、微观管理权下移"的原则,在维持街道目前建制不变的前提下,通过授权、委托和下伸机构等方式,在产业发展、城市建设、社会管理、市场监管、公共服务等方面,依法赋予街道办事处县级管理权限,建立职责统分统合、责权清晰一致的层级管理体制。按照"人随事走,费随事转"的原则,区在下放事权的同时配套相应的人员和经费。

(二)推进社会管理和公共服务体制改革,建立协同治理机制

1. 按照"放减并举"的原则,在区下放管理权限的同时,推进行政审批制度改革,明确街道办事处需转移的职能和事项,通过授权、购买服

务等多种方式交由市场中介和社会组织承担。

2. 建立多元化、专业化的社会管理服务体系。发展社区服务,培育社会组织;建立现代社工制度,发展义工队伍,吸收优秀外来务工人员参与社会管理和提供公共服务,构建社团和社区相互支持、社工、义工和优秀外工相互补充的"两社三工"的社会管理服务体系。

3. 吸纳社会力量参与决策。从党代表、人大代表、政协委员以及社会各界人士中选取代表,组建街道公共决策和事务咨询委员会,负责对街道的公共决策、财政预算、资金使用和项目建设等与市民利益密切相关的事项提出意见和建议,表达各方利益诉求。建设电子政务,加强媒体和网络问计问政。

(三) 实行政社分离,建立互动合作的社区管理体制

1. 实行政社分离。将基层事务区分为行政事务和社区事务。区政府、街道办事处逐步统筹基层行政事务的管理和开支;强化居(村)委员会的自治职能,在社区(村)党组织的领导下办理法定事务。实现政府治理与基层自治的相对分离、良性互动和有效衔接。

开展统筹社区行政事务试点工作。选择街道建成区的若干连片社区以及一个人口较多、社会管理任务重的城郊村(社区),整合区和街道有关部门的下伸机构及其人员,成立市民服务中心,作为街道的办事和服务机构,统一负责办理行政事务。

2. 加强基层民主政治建设。严格按照有关法律法规,加强对居(村)委员会工作和村级集体经济组织的指导、支持和监督,扩大基层群众自治范围,充分发挥基层自治组织功能。探索推进村级集体经济产权制度改革。

3. 逐步加大街道对社区(村)的市政设施建设、社会事业、环境卫生、城市管理等方面的统筹力度,提高社会福利水平。

(四) 完善机构设置,理顺管理关系

1. 完善机构设置。对接区大部门体制,根据容桂实际,整合街道内设机构,科学配置行政管理职能。党工委、办事处综合设置机构11个,其中:设置党工委办公室、监察审计办公室、组织工作办公室、维稳和综合治理委员会办公室和财政办公室等5个内设机构,设置经济促进局、宣教文体局、社会工作局、人力资源和社会保障局、城市建设局、卫生和人口计划生育等6个直属机构。机构正职由街道党工委副书记、党工委委员

和办事处副主任兼任，实现党务、政务决策和管理的扁平化。

区发展规划和统计局规划报建所容桂业务窗口、区国土城建和水利局容桂国土房产管理所由区垂直管理调整为容桂街道办事处管理，划入街道城市建设局。区司法局容桂司法所由垂直管理调整为容桂街道办事处管理，划入街道维稳和综合治理委员会办公室，挂容桂司法所牌子。

2. 理顺管理关系。区环境运输和城市管理局容桂分局、区市场安全监管局容桂分局实行双重领导体制，以街道领导为主，日常管理、人事任免和绩效考核由街道负责，人员和业务经费由区财政直接划拨到街道办事处。上级政府部门派出（驻）容桂机构的党群工作实行属地管理。

3. 完善职务配备。街道党工委书记、办事处主任按副处级领导职务配备。完善街道领导干部的职务配备，形成上下相互衔接、内部合理清晰的职务结构。

（五）推进配套改革，加大政策支持力度

1. 创新公务员和机关聘员管理制度。在公务员队伍试行聘任制。根据街道经济发展情况和个人表现，探索建立公务员和聘员的灵活薪酬制度。完善聘员的职位序列，建立职业化的聘员队伍。机关聘员管理办法由区委组织部制订。

2. 推进事业单位分类改革。明确事业单位功能定位，推动事业单位建立法人治理结构，改革事业单位的人员聘用、财政供给和绩效管理机制。条件成熟的事业单位可以与主管部门脱钩转制走向市场，由政府向其购买服务。

3. 健全监督问责机制。对下放到街道管理的权限和事项，建立严格的管理制度和监督机制。推行政务公开，强化新闻媒体监督和社会监督。建立行政问责的具体实施程序和运行机制，健全以街道部门负责人为重点对象的问责制度。监督问责办法由区政务监察和审计局制订。加强区对街道财政运作的监管，增强预决算约束。财务监管办法由区财税局制订。

4. 完善绩效考核评价办法。开展以落实科学发展观为核心的绩效考评工作，加强对街道的经济发展质量、城市管理、公共服务、民生福利、生态环境、民主法制建设等情况的考核，建立符合容桂实际的绩效评价指标体系。考评办法由区发展规划和统计局制订。

5. 以中等城市的经济人口规模对容桂进行定位，在经济、社会、文化等事务方面赋予街道更大的管理权限和人财物支持，在规划编制、"三旧"改造、自主创新、服务业发展、交通建设、区域合作等方面加大对街道的政策扶持力度,将容桂建设成为顺德的资助创新基地、总部经济基地和宜商宜居城区。

三 组织实施

容桂街道"简政强镇"事权改革试点工作在区委、区政府和容桂街道党工委、办事处的领导下推进。成立领导小组,负责统筹协调、组织实施和总结评价试点工作。试点工作于 2009 年 11 月部署实施,2010 年上半年基本完成。区有关部门要根据试点工作方案,抓紧制定配套措施和办法,确保改革顺利推进。

中共佛山市顺德区委　佛山市顺德区人民政府
关于简政强镇事权改革的实施意见

(二〇一〇年七月十五日)

根据省、市关于简政强镇事权改革的精神和部署，在总结容桂街道试点经验的基础上，现就在全区各镇（街道）推进该项工作提出如下意见。

一　指导思想

深入贯彻落实科学发展观，以转变政府职能、理顺责权关系为核心，简政放权，重心下移，完善机制，构建责权一致、分工合理、决策科学、执行顺畅、监督有力的镇级行政管理体制，促进政府职能向创造良好发展环境、提供优质公共服务、维护社会公平正义转变，建设公共服务型政府。

二　主要任务

（一）理顺区镇的责权关系，扩大镇政府（街道办事处）的管理权限。

1. 按照"宏观决策权上移、微观管理权下移"的原则，理顺区镇（街道）之间的职责关系。区级主要负责全区经济社会发展规划、宏观政策的制订和实施，探索创新管理体制和运行机制，统筹重点区域、事项和项目发展，加强与完善对镇（街道）的业务指导和监督考核。镇级主要负责经济社会发展的微观管理和服务，重点强化面向社区、企业和群众的市场监管、社会管理和公共服务职能。

2. 根据区镇的职责划分，在经济社会管理方面赋予镇（街道）县级行政管理权限，依法下移相应的行政许可、行政执法及其他行政管理权，增强镇（街道）对经济社会事务的管理能力。

3. 完善和延伸行政服务。推进镇（街道）行政服务中心建设，建立完善区镇两级行政审批服务标准体系，加强信息化建设，推广网上审批，方便企业和市民办事。

4. 区属部门要做好对镇（街道）用权的指导、培训、衔接和监督工作，明晰和完善行权程序，建立用权责任制，确保用权规范顺畅、有权必有责、用权必问责、违法必追究。

5. 按照事权和财权相统一的原则，进一步理顺区、镇（街道）之间的财政分配关系，建立与落实"一城三片区"规划和事权改革相匹配的财力分配机制，增加镇（街道）财力。完善转移支付制度，加大对经济相对欠发达镇（街道）的补助，促进区域协调发展和基本公共服务均等化。

6. 建立完善以落实科学发展观为核心的镇（街道）绩效考评机制，实行分类指导，引入村（居）委会和市民评议。

（二）理顺政府和社会的关系，建立协同治理格局。

1. 加强民主决策。在坚持和完善民主集中制的基础上，对镇（街道）的财政预算、公共设施建设、社会事业发展等与市民利益相关的决策，完善专家论证、社会咨询、相关利益方听证以及网络问政等机制，扩大公众对公共决策的参与度。各镇（街道）成立公共决策咨询委员会，加强决策咨询工作。

2. 加大简政放权力度。推进行政审批制度改革，精简审批事项和环节；逐步将公民、法人和社会组织能够自主自律解决、市场机制能够自行调节的事项，通过授权、委托、购买服务等方式由政府转移给市场和社会办理，形成多元化的经济社会管理服务投入体系和运行机制，建设"小政府、大社会"。

3. 鼓励和支持各方力量参与社会建设。大力培育社会组织和社会工作机构，发展慈善福利事业和社区服务，建立社工队伍，鼓励公众参与志愿服务，加强对困难群体和边缘人群的社会救助、心理疏导和人文关怀，化解社会矛盾，建设和谐社会。

4. 完善政务公开和社会监督。全面推行镇（街道）政务公开，推进镇（街道）党政机关及其所属机构预决算在网络等新闻媒体公开。充分发挥新闻媒体、社会组织、村（居）委会、市民等社会力量的监督作用，建立内外结合的监督制度。

（三）理顺政府与社区关系，实现政府治理与基层自治的良性互动和有效衔接。

1. 深化社区公共事务管理体制改革试点工作。将社区（包含村）公共事务划分为行政事务和自治事务。区镇两级政府逐步统筹社区行政事务的管理和开支，在较大的社区或连片社区设立行政服务中心，作为镇政府

（街道办事处）在社区的办事机构，负责办理行政事务。社区行政服务中心主任可聘请社区党组织书记担任。强化村（居）委会自治职能，在村（社区）党组织的领导下加强民主建设，办理法定事务，发展社区服务，兴办福利事业。按照责权利对等的原则，完善试点社区"两委"及工作人员的工资福利制度，提高其为当地服务的责任感和积极性。容桂街道要深化社区公共事务管理体制改革，继续探索经验，提供示范。其他镇（街道）可根据自身情况，选择具备条件的社区开展试点工作。

2. 加强对农村发展管理的指导、支持和监督。加强对农村集体经济发展的引导和规划，增加农村集体经济组织的资产性收入，促进农民就业。健全民主议事制度，规范和完善村务财务公开及管理，探索建立农村集体资产管理交易平台，促进农村村务财务及资产管理交易的公开透明。

3. 加大政府对农村市政设施建设、社会事业发展、环境卫生、城市管理等方面的经费支持力度，加快城乡一体化发展步伐。

（四）理顺机构和人事关系，提高镇（街道）的管理服务能力。

1. 推进机构改革。镇（街道）设置综合性办事机构11个和双重管理机构2个，其中：设置党（工）委办公室、监察审计办公室、组织工作办公室、宣传文体办公室、综治信访维稳办公室等5个内设机构，设置经济促进局、社会工作局、财政局、人力资源和社会保障局、国土城建和水利局、卫生和人口计划生育局等6个直属机构，设置区市场安全监管局基层分局、区环境运输和城市管理局基层分局2个区镇（街道）双重管理机构。政府（办事处）办公室、人大（工委）办公室与党（工）委办公室合署办公，挂公共决策咨询办公室牌子、法制办公室牌子；纪律检查（工作）委员会机关按有关规定设置，监察审计办公室与其合署办公；教育局和宣传文体办公室合署办公。人民武装部按有关规定设置，工会、共青团、妇联等群团组织按有关章程设置，归口社会工作局。镇（街道）11个综合性办事机构以及两个双重管理机构的正职，由镇（街道）党（工）委委员、副镇长（办事处副主任）兼任。

区国土城建和水利局基层国土城建管理所由区垂直管理调整为镇政府（街道办事处）管理，划入镇（街道）国土城建和水利局。区司法局基层司法所由区垂直管理调整为镇政府（街道办事处）管理，划入镇（街道）综治信访维稳办公室，加挂镇（街道）司法所牌子。区市场安全监管局基层分局、区环境运输和城市管理局基层分局实行双重管理体制，以镇

(街道）领导为主，日常管理、人事任免和绩效考核由镇（街道）负责。上级政府部门派出（驻）镇（街道）机构的党群工作实行属地管理。

2. 优化镇（街道）领导职数和职务配备。根据上级及区委关于乡镇领导班子配备的有关规定，设镇（街道）党政领导班子成员15名。镇（街道）党政正职的职级配备按省有关文件规定执行。按照"先行先试、统筹兼顾、重心下移、上下衔接"的原则，完善镇（街道）其他党政领导班子成员和中层干部的职级配备。

3. 推进事业单位分类改革。明确事业单位的功能定位，不再保留承担行政职能的事业单位，将其职能划入镇（街道）机关；条件成熟的事业单位可以与主管部门脱钩转制走向市场，由政府向其购买服务。对继续保留的事业单位加强财政保障，推动事业单位建立法人治理结构，完善人员聘用、财政供给和绩效管理机制。

4. 深化人事制度改革。探索建立灵活的用人制度，对专业性较强的公务员职位和辅助性公务员职位实行聘任制；完善镇（街道）机关聘员的聘用、工资福利、职务设置与管理以及考核、奖惩等机制，建立专业化的聘员队伍。

三 组织实施

各镇（街道）要按照省、市关于简政强镇事权改革精神和区委、区政府的统一部署，结合自身实际，精心组织，开拓创新，扎实推进改革工作。区属有关部门要根据区的实施意见，抓紧制订出台配套政策文件，加强对镇（街道）改革工作的业务指导，确保改革顺利推进。简政强镇事权改革工作于2010年7月启动，9月底前基本完成；镇（街道）机构改革工作于2010年7月完成。

附录二

容桂街道"简政强镇"事权改革访谈提纲

一 社区干事访谈

1. 社区行政服务中心成立之前,居委会的工作人员是如何配备的?能否提供一份改革前,居委会的相关情况(组织机构的设置、组织机构的功能、经费收支的自主权、自治章程等)。

2. 社区行政服务中心成立之前,社区居委会都做些什么工作?工作过程中遇到了哪些困难?您认为社区居委会难以自治起来的真正原因是什么?街道办对居委会的工作影响怎么样?

3. 社区行政服务中心成立之前,居委会干部是如何产生的?街道办(政府)对居委会干部的选举有无影响?如有,是如何影响的?您能简单地谈谈吗?

4. 您认为,社区行政服务中心成立之前,街道办与居委会之间的关系如何?能否举出例子?街道办通过什么途径控制村委会?怎样来考核居委会呢?我们是如何应对街道办下派的任务的?如果有一票否决,哪些任务属于一票否决的?村委会又是如何给予应对的?能否讲讲当时的一些情形呢?

5. 社区行政服务中心成立之前,社区居委会如何丰富社区居民的业余文化生活,取得什么成效,遇到什么困难?

6. 您怎样理解"简政强镇"背景下社区行政服务中心的成立?成立社区行政服务中心具有什么意义?当时成立社区行政服务中心的过程是怎样的?社区服务中心、村委会及党支部是一肩挑的吗?如果是一肩挑,有什么优点或者缺点呢?有没有相关的记录或者报道?您能回忆一下当时的情形吗?

7. 您认为,社区行政服务中心成立以后,社区居委会自治起来了吗,具体表现怎样，与之前改革之前的居委会相比发生了怎样的变化？如果没有自治起来，为什么没有自治起来？什么因素导致居委会难以自治？如果社区自治起来了，按照您的理解，街道办在其中发挥什么作用？

8. 社区行政服务中心成立之后，社区居委会都做些什么工作，扮演什么角色？街道办下派的任务是由居委会来承接，还是由社区行政服务中心来承接？您认为，社区行政服务中心在街道办与社区居委会之间扮演什么角色？街道办与村委会的关系怎么样的？村委会和社区行政服务中心的关系是怎么样的？你认为改革以后社区工作事务还存在哪些问题，该如何解决？

9. 居委会主任和书记的工作有什么具体分工吗？您认为，党支部和居委会的工作差异主要体现在哪些方面？居委会和社区行政服务中心的工作有哪些方面的差异？

10. 您能否讲讲社区行政服务中心的人员情况（或提供一份电子、纸质版材料），社区行政服务中心的工作人员是如何产生的？谁来考核他们？指标有哪些？

11. 对比社区行政服务中心成立前后，社区居民参与社区活动发生了怎样的变化？居委会工作发生什么变化？

12. 您认为，社区行政服务中心的成立对社区居民有什么样的影响？改革之后社区居民对居委会干部的信任度提高了？还是降低了？为什么？社区居委会与社区居民之间的关系是更好了？还是更加紧张了？有一些相关的案例给予验证吗？您认为改善社区居民与村委会、街道办（政府）的关系的根本办法是什么？或者贵社区已经采取了哪些方面的改革呢？

13. 过去的一年里，贵社区居民之间的纠纷矛盾主要是什么样的事情？社区居委会在其中扮演的角色是什么（社区居委会在调解矛盾中发挥什么作用）？

14. 容桂街道作为一个经济强镇，贵社区吸引了不少外来人口，面对如此庞大的外来人口，如何管理的呢？有什么特色的管理经验呢？取得哪些成就？外来人口能够参与到村庄或社区治理吗？如果有，如何参与？

15. 外来人口给村庄治理带来什么困难？您认为应该如何化解呢？他们能够享受到本地区的福利待遇吗？如何培养他们的村庄或社区认同感？贵社区是如何丰富外来务工人员的业余生活的？我们居委会做了什么工作或努力？外来人口是如何参与社区（村庄）治理的？能够提供相关的案

例或改革规章吗?（关于外来人口融入的相关文件和材料）。

16. 您认为外来人口的进入对于村庄的发展具有什么影响？具体表现在哪些方面？另外，外来人口入驻对容桂街道或社区的社会管理带来哪些挑战？请您谈谈，外来人口的入驻对社区的治安产生什么影响？

17. 贵社区为丰富社区居民的业余文化生活做了哪些努力，取得什么成效，存在什么问题？请您简单地谈一谈。外来人口可以通过什么途径参与社区业余文化生活？贵社区在为社区居民提供公共服务这一块做了哪些努力，取得什么成效，存在什么问题？

18. 您能否介绍一下，贵社区一共有多少社会组织（如海尾妇女儿童之家等）、活动团队、志愿组织？他们是怎么建立起来的呢？他们开展活动的情况怎样？活动经费如何获得？居委会、街道办在这些组织中所起到的作用是什么？开展活动的限制性因素是什么？

19. 贵社区的社区福利会每年能够接收多少社会捐助，这些捐助都是什么性质的，这些款项用来做什么？能否提供一个捐助单位或捐助个人的名单。

20. 贵居委会组织了哪些社区活动？能提供一份基本记录吗？包括活动的名称、开始和结束的时间、地点、组织人，参加人的数量，取得的效果、居委会的花费。在组织活动中遇到的最大困难及障碍是什么？您觉得居民参与组织活动的积极性高吗？能否举两个例子。

21. 社区中政府退休人员有多少？他们参与社区组织的活动的积极性怎样？在参与活动中充当什么角色，具有什么作用？

22. 贵社区居委会一般多久开一次居民代表会议？主要讨论什么问题？解决什么问题？您觉得，居民们的满意度怎么样？

23. 贵社区的社会工作服务站是什么时候建立的？有几个社工服务站？建立以后主要从事什么工作，效果如何？你如何理解街道办、居委会与社工站的关系？

二 居民代表访谈

24. 您参与过社区组织的公共活动吗？参与的原因是什么？如果您没有参加过，为什么不参加呢？

25. 您觉得居委会是什么样的组织，他们的工作任务是什么？您知道该社区已经进行改革了吗？您能介绍下怎么改革了吗？如果知道，您认为现在的居委会扮演什么角色？政改之前的居委会和现在的居委会有何不同？

26. 您去过社区行政服务中心办理事情吗？总体感觉怎么样？您觉得社区行政服务中心的服务态度好吗？如果没去过，您觉得社区行政服务中心是做什么的？谈谈您的看法？

27. 您觉得居委会是什么样的组织，他们工作的首要目标是什么？他们为什么会积极的组织社区居民参加集体活动？

28. 您觉得贵社区里近几年发生了什么变化？为什么会发生这些变化？您感觉贵社区生活舒适吗？能够给出您的评价吗？

29. 根据您的观察，贵社区的治安状况怎么样？如果治安很好，为什么很好？如果不好，能谈谈您的看法吗？

30. 您是通过什么途径参与到社区事务的？您如何评价现在的居委会所开展的工作？您在日常生活中有哪些事情会求助于居委会？

31. 小区有哪些自己建立的组织？您对这些活动的看法怎么样（参与人数、活动意义等）？社区里什么人会积极参与组织社区的各类活动？您会主动地组织社区居民活动吗？

32. 社区干部（居委会）在社区中开展活动，社区居民配合吗？和几年前相比，有什么变化？原因是什么？如果不配合的话，为什么不配合？

33. 您参与过社工站组织的活动吗？具体是什么活动呢？您对社工开展的活动的看法怎么样？

34. 与改革开放前相比，社区（村落）的业余文化生活发生了什么变化？

35. 您认为外来人口的进入对于社区的发展具有什么影响？外来人口入驻对容桂街道的社会管理带来哪些挑战？

36. 社区（村）里，存在村民自发组织的娱乐、生产和其他方面的组织吗？如果有，请您介绍两个代表性、影响比较大的组织，他们是怎么建立起来的，有哪些活动，负责人情况，他们和村委会、党支部是什么关系？

37. 您认为当前社区建设中哪些问题比较迫切地需要得到解决？您觉得应该怎样解决？

38. 根据您的观察，目前社区居民最需要居委会干部提供什么服务？为什么要提供这种服务呢？

三 舞蹈队、太极队的负责人

39. 了解舞蹈队成立的基本情况（在什么背景下成立的？为什么成立这个舞蹈队？成立时面临什么困难？如何克服的？）。

40. 居委会、街道在举办活动过程中发挥什么作用？

41. 我们所举办的活动具有什么意义，对社区发展有什么作用？

42. 外来人口参与舞蹈队的情况如何？您认为，外来人员参与舞蹈队具有什么意义？

43. 妇女儿童之家是在什么背景下成立的？您能简单地谈谈吗？妇女之家成立具有什么意义？

四 社工组织工作人员访谈

44. 您认为，容桂街道社区社会组织发展如此迅速的原因是什么呢？

45. 您觉得，贵社区为什么要发展社工服务工作？什么原因促使您去成立一个社会组织呢？在成立该组织的过程中遇到什么困难？能谈谈您的看法吗？

46. 根据您的理解，社工组织、居委与街道之间的关系是怎样的？

47. 根据您的观察，社工组织发展的过程中，政府（街道办）在其中扮演什么角色？除了政府在发挥作用，社工组织成立还有其他因素发挥作用吗？在组织成立的过程中，政府是包办，还是不予干预呢？

48. 贵组织嵌入到社区开展社工服务是街道的意向？还是居委的意向？还是？为什么呢？什么原因促使您把社工组织进入社区提供服务呢？

49. 在社区居委会购买服务中，街道办在其中发挥什么作用？您在开展社工服务中遇到什么困难？您觉得应该如何更好地发挥社工组织在社区服务中的作用？

50. 我们进入社区开展服务，居委会为我们提供了什么帮助？如果没有居委会的帮助，您觉得社会组织能否顺利地开展工作？

51. 我们在开展服务的过程中，采取了哪些策略更好地为居民提供服务？

52. 贵社工组织的工作内容是由自己来定？还是街道来定？还是居委会来定？为什么？

53. 社工开展活动的经费是由谁来出，例如我们举办的xx活动？这个活动取得什么效果?参与的人数多吗?有什么意义呢?

54. 社工组织刚刚进入社区的时候,居民对我们的认可度怎么样?出现了什么问题?如何解决这些问题的呢?

55. 现在社区居民对社工站所开展的社会工作认可度高吗?居民喜欢来到社工站解决问题吗?在您处理过的案例中,能讲几个成功的案例吗?

附录三

容桂街道各社区主要干部访谈对象与访谈时间

（注：各居民访谈对象略）

顺德区委领导 A，2013 年 5 月 12 日
容桂街道办干事 B，2013 年 3 月 29 日
容桂街道办干事 C，2013 年 5 月 5 日
容桂街道办干事 D，2013 年 5 月 6 日

GZ 社区 A 副主任，2013 年 5 月 14 日
HW 社区 B 委员，2013 年 5 月 15 日
LCK 社区 C 支委，2013 年 5 月 17 日
MG 村 D 副主任，2013 年 5 月 15 日
SJ 社区 E 副主任，2013 年 5 月 16 日
DFJ 社区 F 副书记，2013 年 5 月 29 日
SX 村 G 副主任，2013 年 5 月 30 日
SJS 社区 H 主任，2013 年 5 月 30 日
XF 社区 J 副主任，2013 年 5 月 31 日

W 社会组织 L 干事，2013 年 4 月 10 日
P 社工组织 A 干事，2013 年 3 月 30 日
DFJ 社区社工站 B 干事，2013 年 5 月 29 日
ZH 社区社工站 C 干事，2013 年 5 月 30 日
DS 社区社工站 D 干事，2013 年 5 月 31 日
XF 社区社工站 E 干事，2013 年 5 月 31 日
RX 社区社工站 F 干事，2013 年 5 月 31 日
SJS 社区社工站 G 干事，2013 年 6 月 3 日

HW 社区社工站 H 干事，2013 年 6 月 3 日
HX 社区社工站 J 干事，2013 年 6 月 4 日
QC 社工组织 K 干事，2013 年 6 月 4 日
青促会 M 干事，2013 年 6 月 5 日

DFJ 社区太极队负责人 A，2013 年 5 月 29 日
HW 社区舞蹈队负责人 B，2013 年 6 月 5 日
HW 社区健身队负责人 C，2013 年 6 月 5 日
HW 社区健身队负责人 D，2013 年 6 月 5 日